高等院校互联网+新形态教材·经管系列(二维码版)

高级财务会计
(微课版)

章毓育　主编

清华大学出版社
北京

内 容 简 介

本教材基于应用型本科"高级财务会计"课程教学实践和学生学习的实际特点编写。作为高等院校互联网+新形态教材·经管系列(二维码版)教材之一,本教材的主要内容为企业特殊业务事项的会计处理,具体包括非货币性资产交换、租赁、外币折算、所得税会计、债务重组、会计调整、企业合并、合并财务报表、股份支付、会计信息披露。此外,本教材还配有课程内容微课视频、习题讲解微课视频、相关准则微课视频、相关教学拓展微课视频,以及课后练习答案等二维码资源。

本教材既可作为高等院校会计学、财务管理、审计学等相关专业课程教材,也可作为财经相关从业人员的参考书。

本书封面贴有清华大学出版社防伪标签,无标签者不得销售。
版权所有,侵权必究。举报:010-62782989,beiqinquan@tup.tsinghua.edu.cn。

图书在版编目(CIP)数据

高级财务会计:微课版/章毓育主编. —北京:清华大学出版社,2023.9
高等院校互联网+新形态教材. 经管系列:二维码版
ISBN 978-7-302-64608-2

Ⅰ.①高… Ⅱ.①章… Ⅲ.①财务会计—高等学校—教材 Ⅳ.①F234.4

中国国家版本馆 CIP 数据核字(2023)第 168577 号

责任编辑:梁媛媛
装帧设计:李 坤
责任校对:李玉茹
责任印制:宋 林

出版发行:清华大学出版社
  网　　址:http://www.tup.com.cn, http://www.wqbook.com
  地　　址:北京清华大学学研大厦 A 座　　邮　编:100084
  社 总 机:010-83470000　　邮　购:010-62786544
  投稿与读者服务:010-62776969, c-service@tup.tsinghua.edu.cn
  质量反馈:010-62772015, zhiliang@tup.tsinghua.edu.cn
  课件下载:http://www.tup.com.cn, 010-62791865

印 装 者:大厂回族自治县彩虹印刷有限公司
经　　销:全国新华书店
开　　本:185mm×260mm　　印 张:14.75　　字　数:355 千字
版　　次:2023 年 9 月第 1 版　　印　次:2023 年 9 月第 1 次印刷
定　　价:49.00 元

产品编号:095046-01

前　言

《会计学本科专业教学质量国家标准》规定："会计学专业核心课程至少要包括基础会计(会计学原理)、中级财务会计、高级财务会计等知识模块。"作为财务会计的"高级"或"高阶"课程，"高级财务会计"主要讲授企业特殊业务或特殊企业业务的会计理论和实务。但是，该课程的具体教学内容与实践在不同高校、不同时期有着很大的差别，那么"高级财务会计"究竟应该教什么？怎么教？在教研层面至今一直存有争议，莫衷一是，相应的各种教材，无论是组织结构还是内容呈现也都各有千秋。

不过，我们可以换一种思路看待这个问题和现状：在"基础会计学"和"中级财务会计"的教学主体内容高度几乎一致的情况下，在财务会计知识模块内，高级财务会计的教学差异给各个地区、各个层次、各类高校的会计学专业教学留下了些许能够关注特点、凝练特色的"判断空间"。"会计之美更多地在于会计师的职业判断！"——教师对于"高级财务会计"教学内容和方式的选择及成果实现也是体现"财务会计教学之美"的重要方面。

基于应用型本科的教学实践和学生学习的实际情况，本教材的编写强调以下特点。

(1) 内容上，符合"国标"基本原则，主要关注企业各类特殊业务的会计处理，但不单一追求"高、难、精、尖"，而是与应用型本科学生的就业实际相联系，强调通过企业特殊业务教学，反馈财务会计基本原则与方法，夯实财务会计知识模块基础能力。

(2) 教学上，更多地重视会计准则的阅读与理解，并遵从现今准则修订更多地向会计智能化技术手段在实务应用改革上靠拢的现实，将过去强调"会计分录的正确表达"逐渐转向"合同和事项的合理判断"及"价值计量的公允反映"，并将这一思路落实到学生会计执业理念培养之中，对学生的财会职业生涯发展有所指引和铺垫。

(3) 方法上，尽可能贴近当前本科教学实践及融合先进技术，在教材各章均添加丰富的二维码资源，包括课程内容微课视频、习题讲解微课视频、相关准则微课视频、相关教学拓展微课视频，以及课后练习答案等，以满足不同层次学生在课程学习或教材阅览时的不同需求，也为教师适应或实现"线下教学""线上教学"或"线上线下一体化教学"等不同教学方式提供资源基础。

(4) 体例上，本教材在目标定位、内容结构、难度层次等方面与清华大学出版社高等院校互联网+新形态教材·经管系列(二维码版)的《基础会计学》(王蕾、陈淑贤主编)、《中级财务会计》(赵丽、章毓育主编)、《会计综合模拟实训教程》(陈淑贤、王蕾主编)教材实现"趋同",并与上述教材相互搭配和联动,呈现应用型本科会计学专业"财务会计模块"完整的知识链条和综合的培养方案——基础会计学:会计基本理论、基本方法和基本技能。中级财务会计:企业日常业务的会计反映与信息披露。高级财务会计:企业特殊业务事项的判断和会计处理。会计实务:企业仿真业务全流程账务处理和核算技能。

  本教材由章毓育主编,并负责全书结构的设计与内容的编写,主要面向普通高等院校会计、财务管理、审计等专业开设的高级财务会计课程,也可供相关职业资格考试复习之用。

  本教材在编写过程中还得到了许多前辈的指点、同人的帮助及清华大学出版社的大力支持,在此深表感谢!因为时间仓促,书中难免存在疏漏之处,敬请不吝指正!

编 者

目录

第一章　非货币性资产交换 1
第一节　非货币性资产交换的概念及认定 1
一、非货币性资产的概念 1
二、非货币性资产交换的概念 2
三、非货币性资产交换的认定 2
第二节　非货币性资产交换的确认和计量 3
一、非货币性资产交换的确认和计量原则 3
二、商业实质的判断 3
第三节　非货币性资产交换的会计处理 5
一、以公允价值为基础计量的会计处理 5
二、以账面价值为基础计量的会计处理 8
三、涉及换入多项资产或换出多项资产的情况 9
四、非货币性资产交换的披露 11
本章课后练习 11

第二章　租赁 15
第一节　租赁概述 16
一、租赁的概念及特点 16
二、租赁的识别 16
三、租赁的分拆与合并 18
第二节　承租人的会计处理 19
一、一般租赁的处理 19
二、短期租赁和低价值资产租赁 24
第三节　出租人的会计处理 25
一、出租人的租赁分类 25
二、出租人对融资租赁的会计处理 26
三、出租人对经营租赁的会计处理 29
第四节　特殊租赁业务的会计处理 30
一、转租赁 30
二、售后租回交易 32
三、租赁的列报与披露 34
本章课后练习 36

第三章　外币折算 39
第一节　外币折算会计基础概念 39
一、外汇与汇率 39
二、记账本位币 41
三、汇兑差额 42
第二节　外币交易会计处理 44
一、外币交易的概念 44
二、外币交易的核算程序 44
三、外币交易的会计处理 45
第三节　外币财务报表折算 52
一、外币财务报表折算概述 52
二、外币财务报表折算的基本方法 52
三、我国境外经营财务报表的折算 55
四、境外经营的处置 58
五、信息披露 58
本章课后练习 58

第四章　所得税会计 63
第一节　所得税会计概述 63
一、所得税会计的概念 63
二、所得税会计的方法 64
第二节　计税基础和暂时性差异 65
一、计税基础 65

二、暂时性差异 71
第三节 所得税会计的处理 72
  一、递延所得税资产与递延所得税
    负债的确认和计量 72
  二、所得税费用的确认和计量 76
  三、所得税会计的账务处理 78
  四、所得税的列报 81
本章课后练习 82

第五章 债务重组 85
第一节 债务重组概述 85
  一、债务重组的概念和特点 85
  二、债务重组的方式 86
第二节 债务重组的会计处理 87
  一、债权和债务的终止确认 87
  二、债权人的会计处理 88
  三、债务人的会计处理 91
  四、债务重组的相关披露 94
本章课后练习 94

第六章 会计调整 97
第一节 会计政策及其变更 98
  一、会计政策 98
  二、会计政策变更 98
  三、会计政策变更的会计处理 99
  四、会计政策变更的披露 100
第二节 会计估计及其变更 102
  一、会计估计 102
  二、会计估计变更 102
  三、会计估计变更的会计处理 103
  四、会计估计变更的披露 103
第三节 前期差错更正 104
  一、前期差错的概念 104
  二、前期差错更正的会计处理 104
  三、前期差错更正的披露 105
第四节 资产负债表日后事项 106
  一、资产负债表日后事项概述 106

  二、资产负债表日后调整事项 107
  三、资产负债表日后非调整事项 110
本章课后练习 110

第七章 企业合并 113
第一节 企业合并概述 113
  一、企业合并动因 113
  二、企业合并的常见分类 114
  三、基于会计准则的企业合并 115
第二节 吸收合并的会计处理 119
  一、吸收合并的会计处理问题 119
  二、同一控制下吸收合并的会计
    处理 119
  三、非同一控制下吸收合并的会计
    处理 121
第三节 控股合并的会计处理 123
  一、控股合并的会计处理问题 123
  二、同一控制下控股合并的会计
    处理 123
  三、非同一控制下控股合并的会计
    处理 125
本章课后练习 127

第八章 合并财务报表 133
第一节 合并财务报表概述 133
  一、合并财务报表的概念 133
  二、合并财务报表的相关理论 134
  三、合并范围 134
第二节 合并财务报表编制的程序 135
  一、合并财务报表编制的前期准备
    事项 135
  二、合并财务报表的编制程序 136
第三节 长期股权投资与所有者权益的
    合并处理 137
  一、同一控制下的控股合并 137
  二、非同一控制下的控股合并 142
第四节 集团内部交易事项的抵销处理 145

一、集团内部存货交易..................145
　　二、内部固定资产交易..................149
　　三、内部无形资产交易..................153
　　四、内部债权债务项目..................153
　　五、合并引发的所得税会计处理.....156
　第五节　合并财务报表的编制..................158
　　一、合并资产负债表的编制...........158
　　二、合并利润表和所有者权益
　　　　变动表的编制..........................158
　　三、合并现金流量表的编制...........170
　　四、合并财务报表附注..................173
　本章课后练习...174

第九章　股份支付..................................179

　第一节　股份支付概述..................179
　　一、股份支付的定义和特征...........179
　　二、股份支付的四个主要环节.......180
　　三、股份支付的主要类型..............181
　第二节　股份支付的确认和计量..........182
　　一、股份支付的确认和计量原则.....182
　　二、可行权条件的种类、处理
　　　　和变更.......................................183
　　三、权益工具公允价值的确定........185
　　四、股份支付的会计处理...............188

　　五、股份支付会计处理的应用
　　　　举例...189
　　六、股份支付的信息披露...............192
　本章课后练习...193

第十章　会计信息披露..........................197

　第一节　分部报告..................................198
　　一、分部报告概述........................198
　　二、报告分部的确定....................198
　　三、分部信息的披露....................206
　第二节　中期财务报告..........................211
　　一、中期财务报告概述................211
　　二、中期财务报告的确认与计量....212
　　三、中期财务报表的编制............214
　　四、中期财务报告附注................216
　第三节　关联方披露..............................218
　　一、关联方披露概述....................218
　　二、关联方关系的认定及例外
　　　　情况...218
　　三、关联方交易............................221
　　四、关联方的披露........................222
　本章课后练习...223

参考文献..225

第一章 非货币性资产交换

【学习目标】
- 了解非货币性资产交换的概念及认定。
- 熟练掌握非货币性资产交换业务的会计核算。

【学习内容】
- 非货币性资产交换的相关概念和非货币性资产交换的认定。
- 非货币性资产交换的确认与计量原则。
- 非货币性资产交换具体业务的会计处理。

【学习重点】

换入资产以公允价值计量的会计核算。

【学习难点】

非货币性资产交换损益和增值税的处理。

【准则依据】

《企业会计准则第7号——非货币性资产交换》。

1-1 《企业会计准则第7号——非货币性资产交换》(拓展阅读)

第一节 非货币性资产交换的概念及认定

一、非货币性资产的概念

资产按未来经济利益流入(通常表现形式是货币金额)是否固定或可确定,分为货币性资产和非货币性资产。非货币性资产是相对于货币性资产而言的。所谓货币性资产,是指企业持有的货币资金和将以固定或可确定的金额收取的资产,包括库存现金、银行存款、应收账款和应收票据等。所谓非货币性资产,是指货币性资产以外的资产。该类资产在将来为企业带来的经济利益不固定或不可确定,包括存货(如原材料、包装物、低值易耗品、库存商品等)、固定资产、在建工程、生产性生物资产、无形资产、投资性房地产、长期股权投资等。

判断货币性资产与非货币性资产的关键，在于该资产在将来为企业带来的经济利益是否固定或者是否可以确定。如果该资产在将来为企业带来的经济利益是固定的或者是可以确定的，就是货币性资产；反之，如果该资产在将来为企业带来的经济利益是不固定的或者是不可以确定的，则是非货币性资产。

二、非货币性资产交换的概念

企业在生产经营过程中，有时会出现这种状况，即甲企业需要乙企业拥有的某项设备，而乙企业恰好需要甲企业用于生产产品的专利技术，双方有可能通过互相交换上述设备和专利技术达成交易，这就是一种非货币性资产交换行为。通过这种非货币性资产的交换，企业一方面满足了各自生产经营的需要；另一方面也在一定程度上减少了货币性资产的流出。

非货币性资产交换是一种非经常性的特殊交易行为，是企业主要以固定资产、无形资产、投资性房地产和长期股权投资等非货币性资产进行的交换。该交换不涉及或只涉及少量的货币性资产(补价)。

企业发生非货币性资产交换事项，适用准则为《企业会计准则第 7 号——非货币性资产交换》。该准则所说的非货币性资产交换，仅包括企业之间主要以非货币性资产形式进行的互惠转让，即企业取得一项非货币性资产，必须以付出自己拥有的非货币性资产作为代价。企业非货币性资产交换不包括以下几种情况。

(1) 企业与所有者或所有者以外方面的非货币性资产非互惠转让(如以非货币性资产作为股利发放给股东，或以非货币性资产向职工发放福利，或政府无偿提供非货币性资产给企业等)。

(2) 在企业合并、债务重组中取得的非货币性资产。

(3) 企业以发行股票的形式取得的非货币性资产。

(4) 企业以存货换取客户的非货币性资产。

(5) 关联方之间发生的非货币性资产交换。

(6) 企业用于交换的资产目前尚不存在或尚不属于本企业等。

通常情况下，交易双方对于某项交易是否为非货币性资产交换的判断是一致的。需要注意的是，企业应从自身的角度出发，根据交易的实质判断相关交易是否属于本章所规定的非货币性资产交换。例如，投资方以一项固定资产出资取得对被投资方的权益性投资，对于投资方来说，换出资产为固定资产，换入资产为长期股权投资，属于非货币性资产交换；对于被投资方来说，则属于接受权益性投资，不属于非货币性资产交换。

三、非货币性资产交换的认定

非货币性资产交换的交易对象主要是非货币性资产，交易中一般不涉及货币性资产，或只涉及少量货币性资产(补价)。一般来说，如果补价占整个资产交换金额的比例低于 25%，就认定所涉及的补价为"少量"，则该交换为非货币性资产交换；如果该比例等于或高于 25%，则该交换不视为非货币性资产交换。

对于公允价值能够可靠确定的非货币性资产，非货币性资产交换的认定条件可以用下面公式表示：

支付的货币性资产/换入资产公允价值(或换出资产公允价值+支付的货币性资产)<25%

或者

收到的货币性资产/换出资产公允价值(或换入资产公允价值+收到的货币性资产)<25%

如果上述比例高于或等于25%，则视为货币性资产交换，适用《企业会计准则第14号——收入》等相关准则的规定。

第二节　非货币性资产交换的确认和计量

一、非货币性资产交换的确认和计量原则

(一)非货币性资产交换的确认原则

在非货币性资产交换中，换入资产应当在其符合资产定义并满足资产确认条件时予以确认；换出资产应当在其满足资产终止确认条件时终止确认。根据以上原则，企业将换入的资产视为购买取得资产进行初始确认；将换出的资产视为销售或处置资产进行终止确认。

非货币性资产交换中的资产应当符合资产的定义并满足资产的确认条件，且作为资产列报于企业的资产负债表上。因此，通常情况下，换入资产的确认时点与换出资产的终止确认时点应当相同或相近。在换入资产的确认时点与换出资产的终止确认时点存在不一致的情形下，在资产负债表日，企业应当按照下列原则进行会计处理：换入资产满足资产确认条件，换出资产尚未满足终止确认条件的，在确认换入资产的同时将交付换出资产的义务确认为一项负债；换入资产尚未满足资产确认条件，换出资产满足终止确认条件的，在终止确认换出资产的同时将取得换入资产的权利确认为一项资产。

(二)非货币性资产交换的计量原则

非货币性资产交换同时满足下列条件的，应当以公允价值为基础计量：①该项交换具有商业实质；②换入资产或换出资产的公允价值能够可靠地计量。不满足上述条件的非货币性资产交换，应当以账面价值为基础计量。

以公允价值为基础计量的非货币性资产交换，企业应当以换出资产的公允价值为基础确定换入资产的成本，换出资产的公允价值与其账面价值之间的差额计入当期损益，但换出资产的公允价值不能可靠地计量或有确凿证据表明换入资产的公允价值更加可靠的，企业应当以换入资产的公允价值为基础确定换入资产的初始计量金额，换入资产的公允价值与换出资产账面价值之间的差额计入当期损益。

以账面价值为基础计量的非货币性资产交换，企业应当以换出资产的账面价值为基础确定换入资产的初始计量金额，换出资产终止确认时不确认损益。

企业在确定换入资产成本的计量基础和交换所产生损益的确认时，需要判断该项交换是否具有商业实质，以及换入资产或换出资产的公允价值能否可靠地计量。

二、商业实质的判断

在判断资产交换是否具有商业实质时，企业应当重点考虑该项资产交换预计使企业未来

现金流量发生变动的程度。只有当换入资产的未来现金流量和换出资产的未来现金流量相比发生较大变化，或使用换入资产进行经营和继续使用换出资产进行经营所产生的预计未来现金流量现值之间的差额较大时，才表明该交易的发生使企业经济状况发生了明显改变，交换才具有商业实质。

认定某项非货币性资产交换具有商业实质，必须满足下列条件之一。

(1) 换入资产的未来现金流量在风险、时间分布或金额方面与换出资产显著不同。

企业应当对比考虑换入资产与换出资产的未来现金流量在风险、时间分布或金额三个方面，对非货币性资产交换是否具有商业实质进行综合判断。通常情况下，只要换入资产和换出资产的未来现金流量在风险、时间分布或金额中的某个方面存在显著不同，就表明满足商业实质的判断条件。

【例 1-1】甲企业以其用于经营出租的一幢公寓楼，与乙企业同样用于经营出租的一幢公寓楼进行交换，两幢公寓楼的租期、每期租金总额均相同，但是甲企业的公寓楼是租给一家财务及信用状况良好的知名上市公司作为职工宿舍，乙企业的公寓楼则是租给多个个人租户。相比较而言，甲企业无法取得租金的风险较小，乙企业取得租金则依赖于个人租户的财务和信用状况，两者现金流量流入的风险或不确定性程度存在明显差异，可以认为两幢公寓楼的未来现金流量显著不同，因而交换具有商业实质。

(2) 使用换入资产所产生的预计未来现金流量现值与继续使用换出资产所产生的预计未来现金流量现值不同，且其差额与换入资产和换出资产的公允价值相比是重大的。

从市场参与者的角度分析，换入资产和换出资产的未来现金流量在风险、时间分布或金额方面可能相同或相似。但是，对于企业自身而言，鉴于换入资产的性质和换入企业经营活动的特征等因素，换入资产与换入企业其他现有资产相结合，能够比换出资产发挥更大的作用，使换入企业受该换入资产影响的经营活动部分产生的现金流量与换出资产明显不同，进而使用换入资产进行相关经营的预计未来现金流量现值与继续使用换出资产进行相关经营的预计未来现金流量现值存在重大差异，当其差额与换入资产和换出资产的公允价值相比是重大的时，则表明资产交换具有商业实质。

【例 1-2】丙企业以持有的某非上市公司 A 企业的 10%股权换入丁企业拥有的一项专利权，假定从市场参与者的角度来看，该股权与该项专利权的公允价值相同，两项资产未来现金流量的风险、时间分布和金额也相似。通过第(1)项判断条件难以得出交易是否具有商业实质的结论。根据第(2)项判断条件，对换入专利权的丙企业来说，该项专利权能够解决其生产中的技术难题，使其未来的生产产量成倍增长，从而产生的预计未来现金流量现值与换出的股权投资有较大差异，且其差额与换入资产和换出资产的公允价值相比是重大的，因而认为该交换具有商业实质。对换入股权的丁企业来说，其取得丙公司换出的 A 企业 10%股权后，对 A 企业的投资关系由重大影响变为控制，从而产生的预计未来现金流量现值与换出的专利权有较大差异，且其差额与换入资产和换出资产的公允价值相比也是重大的，因而可认为该交换具有商业实质。

企业在判断非货币性资产交换是否具有商业实质时，通常还可以通过考虑资产是否属于同一类别进行分析。同类别的资产是指在资产负债表中列示为同一报表项目的资产；不同类别的资产是指在资产负债表中列示为不同报表项目的资产，如存货、固定资产、无形资产、投资性房地产、长期股权投资等都是不同类别的非货币性资产。一般来说，不同类别的非货币性资产产生经济利益的方式不同，其产生的未来现金流量在风险、时间分布或金额方面也有很大不同，不同类别非货币性资产之间的交换是否具有商业实质，通常较容易判断；而同类别非货币性资产之间的交换是否具有商业实质，则通常较难判断，需要根据上述两项判断条件综合判断。

第三节 非货币性资产交换的会计处理

一、以公允价值为基础计量的会计处理

非货币性资产交换具有商业实质且换入资产或换出资产的公允价值能够可靠计量的，应当以换出资产的公允价值和应支付的相关税费作为换入资产的成本进行初始计量，换出资产公允价值与换出资产账面价值的差额计入当期损益。

(一)不涉及补价的情况

1. 换入资产不涉及补价的情况

对于换入资产，企业应当以换出资产的公允价值和应支付的相关税费作为换入资产的成本进行初始计量。换出资产的公允价值不能够可靠计量，或换入资产和换出资产的公允价值均能够可靠计量但有确凿证据表明换入资产的公允价值更加可靠的，应当以换入资产的公允价值和应支付的相关税费作为换入资产的初始计量金额。

其中，计入换入资产的应支付的相关税费应当符合相关会计准则对资产初始计量成本的规定。

(1) 换入资产为存货的，包括相关税费、使该资产达到目前场所和状态所发生的运输费、装卸费、保险费及可归属于该资产的其他成本。

(2) 换入资产为长期股权投资的，包括与取得该资产直接相关的费用、税金和其他必要支出。

(3) 换入资产为投资性房地产的，包括相关税费和可直接归属于该资产的其他支出。

(4) 换入资产为固定资产的，包括相关税费、使该资产达到预定可使用状态前所发生的可归属于该资产的运输费、装卸费、安装费和专业人员服务费等。

(5) 换入资产为无形资产的，包括相关税费及直接归属于使该资产达到预定用途所发生的其他支出。

上述税费均不包括准予从增值税销项税额中抵扣的进项税额。

2. 换出资产不涉及补价的情况

对于换出资产，企业应当在终止确认换出资产时，将换出资产的公允价值与其账面价值之间的差额计入当期损益。换出资产的公允价值不能够可靠计量，或换入资产和换出资产的公允价值均能够可靠计量但有确凿证据表明换入资产的公允价值更加可靠的，应当在终止确认时，将换入资产的公允价值与换出资产的账面价值之间的差额计入当期损益。

计入当期损益的会计处理，视换出资产的类别不同而有所区别。

(1) 换出资产为固定资产、在建工程和无形资产的，应当视同资产处置处理，计入当期损益部分，通过"资产处置损益"科目核算。

(2) 换出资产为投资性房地产的，按换出资产公允价值或换入资产公允价值确认其他业务收入，按换出资产账面价值结转其他业务成本，二者之间的差额计入当期损益。

(3) 换出资产为长期股权投资的，应当视同长期股权投资处置处理，计入当期损益部分，通过"投资收益"科目核算。

【例1-3】A公司以其生产的一批办公桌交换B公司的库存商品若干台复印机。A公司办公桌的账面成本为90 000元，公允价值为100 000元。B公司复印机的账面成本为110 000元，公允价值为100 000元。A公司换入复印机作为固定资产管理，发生运杂费4 000元，以银行存款支付；B公司换入办公桌作为库存商品管理，发生运杂费2 000元，以现金支付。至交换日前A公司和B公司均没有为存货计提跌价准备。办公桌和复印机计税价格等于公允价值，适用增值税税率为17%。假定上述交换具有商业实质。

在交换日，A公司换入复印机作为固定资产，换出办公桌为库存商品，且交换具有商业实质。故作如下会计处理。

换入复印机的成本=换出办公桌的公允价值+换出办公桌对应增值税销项税额+复印机的运杂费-换入复印机对应增值税进项税额=100 000+17 000+4 000-17 000=104 000(元)

应确认的损益=换出办公桌的公允价值-办公桌的账面价值=100 000-90 000=10 000(元)

借：固定资产——复印机　　　　　　　　　　　　104 000
　　应交税费——应交增值税(进项税额)　　　　　17 000
　　贷：主营业务收入　　　　　　　　　　　　　　100 000
　　　　应交税费——应交增值税(销项税额)　　　　17 000
　　　　银行存款　　　　　　　　　　　　　　　　4 000
借：主营业务成本　　　　　　　　　　　　　　　　90 000
　　贷：库存商品——办公桌　　　　　　　　　　　　90 000

在交换日，B公司换入办公桌作为库存商品，换出复印机亦为库存商品，且交换具有商业实质。故作如下会计处理。

换入办公桌的成本=换出复印机的公允价值+换出复印机对应增值税销项税额+办公桌的运杂费-换入办公桌对应增值税进项税额=100 000+17 000+2 000-17 000=102 000(元)

应确认的损益=换出复印机公允价值-复印机的账面价值=100 000-110 000=-10 000(元)

借：库存商品——办公桌　　　　　　　　　　　　102 000
　　应交税费——应交增值税(进项税额)　　　　　17 000
　　贷：主营业务收入　　　　　　　　　　　　　　100 000
　　　　应交税费——应交增值税(销项税额)　　　　17 000
　　　　现金　　　　　　　　　　　　　　　　　　2 000
借：主营业务成本　　　　　　　　　　　　　　　　110 000
　　贷：库存商品——复印机　　　　　　　　　　　　110 000

(二)涉及补价的情况

对于以公允价值为基础计量的非货币性资产交换，涉及补价的，支付补价方和收到补价方应当分情况处理。

1. 支付补价方

支付补价方应当以换出资产的公允价值加上支付补价的公允价值和应支付的相关税费作为换入资产的成本；换出资产的公允价值与换出资产账面价值的差额应当计入当期损益。其计算公式为：

换入资产成本=换出资产的公允价值+支付补价的公允价值+应支付的相关税费

计入当期损益的金额=换出资产的公允价值-换出资产账面价值

有确凿证据表明换入资产的公允价值更加可靠，即以换入资产的公允价值为基础计量的，应当以换入资产的公允价值和应支付的相关税费作为换入资产的初始计量金额，换入资产的公允价值减去支付补价的公允价值，与换出资产账面价值之间的差额计入当期损益。其计算公式为：

换入资产成本=换入资产的公允价值+应支付的相关税费

计入当期损益的金额=换入资产的公允价值-支付补价的公允价值-换出资产账面价值

2. 收到补价方

收到补价方应当以换出资产的公允价值减去收到补价的公允价值，再加上应支付的相关税费，作为换入资产的成本；换出资产的公允价值与换出资产账面价值的差额应当计入当期损益。其计算公式为：

换入资产成本=换出资产公允价值-收取补价的公允价值+应支付的相关税费

计入当期损益的金额=换出资产的公允价值-换出资产账面价值

有确凿证据表明换入资产的公允价值更加可靠，即以换入资产的公允价值为基础计量的，应当以换入资产的公允价值和应支付的相关税费作为换入资产的初始计量金额，换入资产的公允价值加上收到补价的公允价值，与换出资产账面价值之间的差额计入当期损益。其计算公式为：

换入资产成本=换入资产的公允价值+应支付的相关税费

计入当期损益的金额=换入资产的公允价值+收到补价的公允价值-换出资产账面价值

【例1-4】C公司将一台生产用车床与D公司一辆运货卡车相交换，两公司交换的目的都是使用。车床的原始价值为120 000元，交换日累计折旧为20 000元，已计提固定资产减值准备为7 000元，公允价值为90 000元；卡车的原始价值为210 000元，交换日累计折旧为120 000元，公允价值为90 000元。D公司另以银行存款10 000元支付给C公司。在交易过程中C公司发生运杂费1 200元，以银行存款支付。车床和卡车的计税价格等于公允价值，适用增值税税率为13%。假定上述交换具有商业实质。

根据资料分析，D公司支付给C公司10 000元，占整个交易金额的比例为11.11%[10 000/(80 000+10 000)×100%]，小于25%，因此这笔交易属于非货币性资产交换。

在交换日，C公司换入卡车作为固定资产，换出车床亦为固定资产，同时收到补价，且交换具有商业实质，故作如下会计处理。

换入卡车的成本=90 000+11 700-10 000+1 200-11 700=81 200(元)

应确认的损益=90 000-(120 000-20 000-7 000)=-3 000(元)

借：固定资产清理	93 000
累计折旧	20 000
固定资产减值准备	7 000
贷：固定资产——车床	120 000
借：固定资产清理	1 200
贷：银行存款	1 200
借：固定资产——卡车	81 200
应交税费——应交增值税(进项税额)	11 700
银行存款	10 000
资产处置损益	3 000
贷：固定资产清理	94 200
应交税费——应交增值税(销项税额)	11 700

在交换日，D公司换入车床作为固定资产，换出卡车亦为固定资产，同时支付补价方，且交换具有商业实质，故作会计处理为：

换入车床的成本= 90 000+11 700+10 000-11 700=100 000(元)

应确认的损益= 90 000-210 000-120 000= 0(元)

借：固定资产清理	90 000
累计折旧	120 000
贷：固定资产——卡车	210 000
借：固定资产——车床	100 000
应交税费——应交增值税(进项税额)	11 700
贷：固定资产清理	90 000
银行存款	10 000
应交税费——应交增值税(销项税额)	11 700

二、以账面价值为基础计量的会计处理

非货币性资产交换不具有商业实质，或者虽然具有商业实质但换入资产和换出资产的公允价值均不能可靠计量的，企业应当以换出资产的账面价值和应支付的相关税费作为换入资产的初始计量金额。无论是否支付补价，企业在终止确认换出资产时均不确认损益。

(一)不涉及补价情况下的会计处理

对于换入资产，企业应当以换出资产的账面价值和应支付的相关税费作为换入资产的初始计量金额。对于换出资产，企业在终止确认时不确认损益。

(二)涉及补价情况下的会计处理

涉及补价的，支付补价方和收到补价方应当分情况处理。

1. 支付补价方

支付补价方应当以换出资产的账面价值加上支付补价的账面价值和应支付的相关税费，

作为换入资产的初始计量金额，不确认损益。其计算公式为：

换入资产成本=换出资产的账面价值+支付补价的账面价值+应支付的相关税费

2. 收到补价方

收到补价方应当以换出资产的账面价值减去收到补价的公允价值，再加上应支付的相关税费，作为换入资产的初始计量金额，不确认损益。其计算公式为：

换入资产成本=换出资产账面价值-收到补价的公允价值+应支付的相关税费

【例1-5】 沿用例1-4的资料，假定C、D两公司的资产交换因未满足条件而不具有商业实质，故以账面价值为基础进行会计处理。

C公司(收到补价方)在交换日应作会计处理为：

换入卡车的成本=(120 000-20 000-7 000)-10 000+1 200 =84 200(元)

借：固定资产清理	93 000	
累计折旧	20 000	
固定资产减值准备	7 000	
贷：固定资产——车床		120 000
借：固定资产清理	1 200	
贷：银行存款		1 200
借：固定资产——卡车	84 200	
银行存款	10 000	
贷：固定资产清理		94 200

D公司(支付补价方)在交换日应作会计处理为：

换入车床的成本=(210 000-120 000)+10 000=100 000(元)

借：固定资产清理	90 000	
累计折旧	120 000	
贷：固定资产——卡车		210 000
借：固定资产——车床	100 000	
贷：固定资产清理		90 000
银行存款		10 000

三、涉及换入多项资产或换出多项资产的情况

在非货币性资产交换中，企业可以以一项非货币性资产同时换入另一企业的多项非货币性资产，或同时以多项非货币性资产换入另一企业的一项非货币性资产，或以多项非货币性资产同时换入另一企业的多项非货币性资产。对于涉及换入或换出多项资产的非货币性资产交换的计量，企业同样应当首先判断是否符合以公允价值为基础计量的两个条件，再分情况确定各项换入资产的初始计量金额，以及各项换出资产终止确认的相关损益。

(一)以公允价值为基础计量

1. 以换出资产的公允价值为基础计量

(1) 对于同时换入的多项资产，由于通常无法将换入资产与换出的某项特定资产相对应，

因此应当按照各项换入资产的公允价值的相对比例(换入资产的公允价值不能够可靠计量的，可以按照各项换入资产的原账面价值的相对比例或其他合理的比例)，将换出资产公允价值总额(涉及补价的，加上支付补价的公允价值或减去收到补价的公允价值)分摊至各项换入资产，以分摊额和应支付的相关税费作为各项换入资产的成本进行初始计量。

(2) 对于同时换出的多项资产，应当将各项换出资产的公允价值与其账面价值之间的差额，在各项换出资产终止确认时计入当期损益。

2. 以换入资产的公允价值为基础计量

(1) 对于同时换入的多项资产，应当以各项换入资产的公允价值和应支付的相关税费作为各项换入资产的初始计量金额。

(2) 对于同时换出的多项资产，由于通常无法将换入资产与换出的某项特定资产相对应，因此应当按照各项换出资产的公允价值的相对比例(换出资产的公允价值不能够可靠计量的，可以按照各项换出资产的账面价值的相对比例)，将换入资产的公允价值总额(涉及补价的，减去支付补价的公允价值或加上收到补价的公允价值)分摊至各项换出资产，分摊额与各项换出资产账面价值之间的差额，在各项换出资产终止确认时计入当期损益。

【例1-6】E公司决定以一批电动车(库存商品)和持有的X公司股票(交易性金融资产)，与F公司交换其所持有的Y公司股权(长期股权投资)和一台数控机床设备(固定资产)。

E公司库存商品账面余额为150万元，公允价值(计税价格)为200万元；交易性金融资产的账面余额为260万元(其中，成本为210万元，公允价值变动为50万元)，公允价值为300万元。交易过程中E公司以银行存款支付换入固定资产相关运杂费32万元。

F公司的长期股权投资的账面余额为300万元，公允价值为350万元；固定资产的账面原值为240万元，已计提折旧100万元，公允价值(计税价格)150万元，另外，F公司以银行存款向E公司支付增值税差价6.5万元，同时支付与换入库存商品相关的运杂费20万元。

假设两公司都没有为资产计提减值准备，E公司和F公司换入的资产均不改变其用途。涉及增值税税率均为13%，并假定非货币性资产交换具有商业实质且公允价值能够可靠计量，则相关会计处理如下。

(1) 交换日，E公司换入资产成本总额=200+300=500(万元)
换入长期股权投资的成本=500×350/(350+150)=350(万元)
换入固定资产的成本=500×150/(350+150)+32=182(万元)

借：长期股权投资	3 500 000
固定资产	1 820 000
应交税费——应交增值税(进项税额)	195 000
银行存款	65 000
贷：主营业务收入	2 000 000
应交税费——应交增值税(销项税额)	260 000
交易性金融资产——成本	2 100 000
——公允价值变动	500 000
投资收益	400 000
银行存款	320 000
借：主营业务成本	1 500 000
贷：库存商品	1 500 000

借：公允价值变动损益	500 000	
贷：投资收益		500 000

(2) 交换日，F公司换入资产成本总额=350+150=500(万元)

换入交易性金融资产的成本=300(万元)

换入库存商品的成本=500-300+20=220(万元)

借：固定资产清理	1 400 000	
累计折旧	1 000 000	
贷：固定资产		2 400 000
借：库存商品	2 200 000	
应交税费——应交增值税(进项税额)	260 000	
交易性金融资产——成本	3 000 000	
贷：长期股权投资		3 000 000
固定资产清理		1 400 000
应交税费——应交增值税(销项税额)		195 000
投资收益		500 000
资产处置损益		100 000
银行存款		265 000

(二)以账面价值为基础计量

(1) 对于同时换入的多项资产，由于通常无法将换出资产与换入的某项特定资产相对应，因此应当按照各项换入资产的公允价值的相对比例(换入资产的公允价值不能够可靠计量的，可以按照各项换入资产的原账面价值的相对比例或其他合理的比例)，将换出资产账面价值总额(涉及补价的，加上支付补价的账面价值或减去收到补价的公允价值)分摊至各项换入资产，再加上应支付的相关税费，作为各项换入资产的初始计量金额。

(2) 对于同时换出的多项资产，各项换出资产终止确认时均不确认当期损益。

四、非货币性资产交换的披露

企业应当在附注中披露与非货币性资产交换有关的下列信息。

(1) 非货币性资产交换是否具有商业实质及其原因。

(2) 换入资产、换出资产的类别。

(3) 换入资产初始计量金额的确定方式。

(4) 换入资产、换出资产的公允价值及换出资产的账面价值。

(5) 非货币性资产交换确认的损益。

1-2　非货币性资产交换(微课视频)

本章课后练习

一、单项选择题

1. 下列项目中，属于货币性资产的是(　　)。

A. 作为交易性金融资产的股票投资
B. 准备持有至到期的债券投资
C. 可转换公司债券
D. 作为可供出售金融资产的权益工具

2. 企业进行具有商业实质且公允价值能够可靠计量的非货币性资产交换时，同一事项可能同时影响双方换入资产入账价值的因素是（　　）。
   A. 企业支付的补价或收到的补价
   B. 企业为换出资产支付的运杂费
   C. 企业换出资产计提的资产减值准备
   D. 企业换出资产的账面价值

3. 下列关于非货币性资产交换，不正确的是（　　）。
   A. 在同时换入多项资产，具有商业实质且换入资产的公允价值能够可靠计量的情况下，应当按照换入各项资产的公允价值占换入资产账面价值总额的比例，对换入资产的成本总额进行分配，确认各项换入资产的成本
   B. 企业持有的应收账款、应收票据及持有至到期投资，均属于企业的货币性资产
   C. 在具有商业实质且其公允价值能够可靠计量的非货币性资产交换中，换出资产的公允价值和账面价值之间的差额计入当期损益
   D. 在不具有商业实质的情况下，交换双方不确认损益

4. 在不涉及补价的情况下，甲公司发生下列交易或事项时，应按《企业会计准则第7号——非货币性资产交换》进行会计处理的是（　　）。
   A. 以持有的应收账款换取乙公司的无形资产
   B. 以持有的投资性房地产换取乙公司的固定资产
   C. 以持有的应收票据换取乙公司的电子设备
   D. 以持有的债权投资换取乙公司的一项股权投资

5. 对于甲公司而言，下列各项交易中，应按非货币性资产交换准则进行会计处理的是（　　）。
   A. 甲公司以一批产成品交换乙公司一台汽车
   B. 甲公司以所持联营企业丙公司20%股权交换乙公司一批原材料
   C. 甲公司以一项专利权交换乙公司一项非专利技术，并以银行存款收取补价，所收取补价占换出专利权公允价值的30%
   D. 甲公司以应收丁公司的2 200万元银行承兑汇票交换乙公司一幢办公用房

二、多项选择题

1. 非货币性资产交换同时换入多项资产的，在确定各项换入资产的成本时，下列说法中不正确的有（　　）。
   A. 非货币性资产交换不具有商业实质，或者虽具有商业实质但换入资产的公允价值不能可靠计量的，应当按照换入各项资产的原账面价值占换入资产原账面价值总额的比例，对换入资产的成本总额进行分配，确定各项换入资产的成本
   B. 均按各项换入资产的账面价值确定
   C. 均按各项换入资产的公允价值确定

D. 非货币性资产交换不具有商业实质,或者虽具有商业实质但换入资产的公允价值不能可靠计量的,应当按照换入各项资产的公允价值占换入资产公允价值总额的比例,对换入资产的成本总额进行分配,确定各项换入资产的成本

2. 下列说法中,可以表明换入资产或换出资产的公允价值能够可靠计量的有( )。
   A. 换入资产或换出资产存在活跃市场
   B. 换入资产或换出资产不存在活跃市场,但同类或类似资产存在活跃市场
   C. 不存在同类或类似资产的可比市场交易,应当采用估值技术确定其公允价值,采用估值技术确定的公允价值估计数的变动区间很小,视为公允价值能够可靠计量
   D. 不存在同类或类似资产的可比市场交易,在公允价值估计数变动区间内,各种用于确定公允价值估计数的概率能够合理确定,视为公允价值能够可靠计量

3. 在非货币性资产交换中,根据换出资产的不同,换入资产的成本与换出资产的账面价值、支付的补价和支付的相关税费之和的差额,可能计入的科目有( )。
   A. 营业外收入   B. 营业外支出   C. 投资收益   D. 资本公积

4. 非货币性资产交换中,在满足下列( )条件中的任何一个时,应以账面价值和应支付的相关税费作为换入资产的成本。
   A. 该项交换不具有商业实质
   B. 换入资产或换出资产的公允价值不能够可靠地计量
   C. 该项交换具有商业实质
   D. 换入资产或换出资产的公允价值能够可靠地计量

5. 下列关于非货币性资产交换的表述中,正确的有( )。
   A. 货币性资产是指企业持有的货币资金和将以固定或可确定的金额收取的资产,如应收账款、预付账款等
   B. 非货币性资产交换不具有商业实质的情况下,可以确认损益
   C. 如果换入与换出资产的预计未来现金流量的现值不同,且其差额与换入资产和换出资产公允价值相比是重大的,则说明该项交换具有商业实质
   D. 非货币性交换可以涉及少量的货币性资产,即货币性资产占整个资产交换金额的比例低于10%

三、判断题

1. 在具有商业实质且换入或换出资产公允价值能够可靠计量的情况下,无论是否涉及补价,只要换出资产的公允价值与其账面价值不相同,通常会涉及损益的确认。 ( )
2. 关联方关系的存在可能导致发生的非货币性资产交换不具有商业实质。 ( )
3. 在具有商业实质且公允价值能够可靠计量的情况下,如果换出的资产为固定资产、无形资产和投资性房地产的,则换出资产的账面价值和公允价值之间的差额,计入营业外收入或营业外支出。 ( )
4. 非货币性资产交换具有商业实质且公允价值能够可靠计量的,在发生补价的情况下,支付补价方应当以换入资产的公允价值和应支付的相关税费,作为换入资产的成本。 ( )
5. 在非货币性资产交换中,企业可以自行确定是采用换出资产的公允价值,还是换出资产的账面价值对换入资产的成本进行计量。 ( )

四、业务题

1. 甲公司用一台已使用2年的设备与乙公司的一台设备交换,支付相关税费1万元,并向乙公司支付补价款3万元。甲公司设备的账面原价为50万元,预计使用年限为5年,预计净残值率为5%,并采用双倍余额递减法计提折旧,未计提减值准备;乙公司设备的账面原价为30万元,已计提折旧3万元。两个公司资产置换不具有商业实质。假设增值税税率为13%,计税价格为账面价值。

要求:为甲公司编制会计分录。

2. 甲公司用其固定资产(数控机床)交换乙公司的固定资产(自动生产线设备),换入资产都作为固定资产管理。甲公司数控机床的账面原价为650万元,已计提折旧150万元,已计提减值准备30万元,交换日的公允价值为640万元,为换入资产支付运杂费0.6万元。乙公司的生产流水线设备账面原价为1 800万元,已计提折旧700万元,已计提减值准备80万元,交换日的公允价值为700万元,为换入资产支付运杂费0.5万元。甲公司向乙公司支付了60万元补价。增值税税率为13%,计税价格为公允价值。假设该交换具有商业实质。

要求:(1)为甲公司编制会计分录;(2)为乙公司编制会计分录。

3. 甲公司将其专有设备连同专利技术与乙公司正在建造过程中的一幢建筑物及对丙公司的长期股权投资进行交换。甲公司换出专有设备的账面原价为1 200万元,已计提折旧750万元;专利技术的账面原价为450万元,已摊销金额270万元。乙公司在建工程截止到交换日的成本为525万元,对丙公司的长期股权投资账面余额为150万元。

由于甲公司持有的专有设备和专利技术在市场上已不多见,因此公允价值不能可靠计量。乙公司的在建工程因完工程度难以合理确定,其公允价值也不能可靠计量。又由于丙公司不是上市公司,因此乙公司对丙公司长期股权投资的公允价值也不能可靠计量。假设两个公司均未对上述资产计提减值准备,销售专有设备、不动产增值税税率分别为13%、9%,计税价格为相关资产的账面价值,专利技术免税。

要求:(1)为甲公司编制会计分录;(2)为乙公司编制会计分录。

　1-3　本章课后练习答案　　　　　　1-4　业务题1-3讲解(微课视频)

第二章 租 赁

【学习目标】
- 了解租赁会计的相关概念。
- 计算确定租赁业务相关数据。
- 掌握承租人和出租人对租赁业务的会计处理。
- 理解特殊租赁业务的处理。

【学习内容】
- 租赁会计的相关概念。
- 租赁负债、使用权资产、租赁收款额、未确认融资费用、未实现融资收益等相关金额的计算。
- 承租人租赁业务的会计处理。
- 出租人租赁业务的会计处理。
- 特殊租赁业务的会计处理。

【学习重点】
- 承租人租赁负债、租赁资产的初始计量和后续计量。
- 出租人融资租赁业务的核算。

【学习难点】
- 生产商或经销商出租人融资租赁的会计处理。
- 售后租回交易中资产转让属于销售的会计处理。

【准则依据】

《企业会计准则第 21 号——租赁》。

2-1 《企业会计准则第 21 号——租赁》(拓展阅读)

第一节 租赁概述

一、租赁的概念及特点

(一)租赁的概念

租赁是指在一定期间内,出租人将资产的使用权让与承租人以获取对价的合同。在合同期间,租赁资产的所有权和使用权相分离,资产的所有者(出租人)将资产使用权让渡于资产的使用者(即承租人)以获取租金。

(二)租赁的特点

租赁的主要特点是转移资产的使用权,而不是转移资产的所有权,并且这种转移是有偿的,取得使用权以支付租金为代价,从而使租赁有别于资产购置和不把资产的使用权从合同的一方转移给另一方的服务性合同,如劳务合同、运输合同、保管合同、仓储合同等,以及无偿提供使用权的借用合同。

相比自购设备,租赁可减轻企业的现金流量压力,同时降低设备因陈旧或贬值而需要承担的风险。另外,租赁合同的有关条款一般不像债务协议那样苛刻,因而租赁具有较大的灵活性。

由于租赁期内承租人获得的只是资产的使用权,因此承租人可能无法享受租期内资产的增值,而且承租人支付租金的总额通常会高于资产的购买成本。这是因为出租人将购买的资产出租时,要求有一定的报酬率,这种报酬率反映在定期收取的租金中。

二、租赁的识别

(一)租赁合同的评估

在合同开始日,企业应当评估合同是否为租赁或者包含租赁,以便确定相关合同是否适用《企业会计准则第21号——租赁》。

总体来说,合同一方让渡了在一定期间内控制一项或多项已识别资产使用的权利以换取对价,则该合同为租赁或者包含租赁。同时满足下列条件的,使用已识别的资产权利构成一项单独租赁:①承租人可从单独使用该资产或将其与易于获得的其他资源一起使用中获利;②该资产与合同中的其他资产不存在高度依赖或高度关联关系。

一项合同要被分类为租赁,必须要满足三个要素:①存在一定期间;②存在已识别资产;③资产供应方向客户转移对已识别资产使用权的控制。

(二)已识别资产的判断

从对资产的指定角度判断,已识别资产通常由合同明确指定,也可以在资产可供客户使用时隐性指定。

从物理可区分角度判断,如果资产的部分产能在物理上可区分,则该部分产能属于已识别资产。如果资产的某部分产能与其他部分在物理上不可区分,则该部分产能不属于已识别资产，除非其实质上代表该资产的全部产能，从而使客户获得因使用该资产所产生的几乎全部经济利益的权利。

另外，即使合同已对资产进行指定，如果资产供应方在整个使用期间拥有对该资产的实质性替换权，那么该资产也不属于已识别资产。

(三)客户是否控制已识别资产使用权的判断

对于资产供应方向客户是否转移了对已识别资产使用权的控制，企业应当评估以下两个方面：①合同中的客户是否有权获得在使用期间因使用已识别资产所产生的几乎全部经济利益；②客户是否有权在该使用期间主导已识别资产的使用。

在评估客户是否有权获得因使用已识别资产所产生的几乎全部经济利益时，企业应当在约定的客户权利范围内考虑其所产生的经济利益。具体来说，为了控制已识别资产的使用，客户应当有权获得整个使用期间使用该资产所产生的几乎全部经济利益。客户可以通过多种方式直接或间接获得使用资产所产生的经济利益。如果合同规定客户应向资产供应方或另一方支付因使用资产所产生的部分现金流量作为对价，那么该现金流量仍应视为客户因使用资产而获得的经济利益的一部分。

在评估客户是否有权主导资产的使用时，存在下列情形之一的，可视为客户有权主导对已识别资产在整个使用期间的使用：①客户有权在整个使用期间主导已识别资产的使用目的和使用方式；②已识别资产的使用目的和使用方式在使用之前已预先确定，并且客户有权在整个使用期间自行或主导他人按照其确定的方式运营该资产，或者客户设计了已识别资产(或资产的特定方面)并在设计时已预先确定了该资产在整个使用期间的使用目的和使用方式。

另外，有的合同可能包含一些旨在保护资产供应方在已识别资产或其他资产中的权益、保护资产供应方的工作人员或者确保资产供应方不因客户使用租赁资产而违反法律法规的条款和条件。这些权利虽然对客户使用资产权利的范围作出了限定，但是其本身不足以否定客户拥有主导资产使用的权利。

【例2-1】 A公司(客户)与B公司(供货商)的合同为A公司提供了10节特定类型火车车厢的五年使用权。合同指定的具体的火车车厢，车厢为B公司所有。A公司决定何时何地使用这些车厢，以及用其运输什么货物。不使用时，车厢存放在B公司处。A公司可将车厢用于其他目的(如存储)。但合同明确规定，A公司不能运输特定类型的货物(如易燃易爆物)。如果某节车厢需要保养或维修，B公司应以同类型的车厢进行替换，除非A公司违约，B公司在这五年里不得收回车厢。合同还规定，B公司在A公司要求时提供火车头和司机。火车头在B公司处存放，B公司向司机发出指示，详细说明A公司的货物运输要求。B公司可选择使用任一火车头履行A公司的要求，并且该火车头既可用于牵引运输A公司货物的车厢，也可用于牵引运输其他客户货物的车厢(即：如果其他客户要求运输的货物目的地与A公司要求的目的地距离不远且时间范围接近，B公司可选择使用该火车头牵引多达100节车厢)。

要求：判断该合同是否包含租赁？

(1) 分析是否存在已识别资产。一方面，合同中明确指定了A公司拥有五年使用权的这10节车厢；另一方面，车厢一旦被交付给A公司，仅在需要保养或维修时方可替换，B公司虽有替换车厢的能力，但并不能通过行使替换车厢的权利去获得经济利益，所以不具有五年中的实质性替换权。由此可见，该合同存在10节被识别的车厢。用于牵引车厢的火车头不是被识别资产,因为合同中既未明确也未隐含地指定某一火车头。

(2) 分析客户是否有权获得整个使用期间几乎全部经济利益。A 公司作为承租人,拥有这 10 节车厢的在整个使用期间内(包括了不用于运输货物的时间)的专属使用权,所以说,A 公司有权获得在五年使用期内使用这些车厢所产生的几乎全部经济利益。

(3) 分析客户是否主导车厢的使用。合同在运输易燃易爆物品上的限制,是供应商的保护性权利,只是规定了 A 公司车厢使用权的范围,而在规定范围内,A 公司可以自行决定何时将何种货物运往何地,甚至有权自行决定不运输货物时如何使用这些车厢。可见,A 公司有权在使用期间主导已识别资产的使用。

综上所述,该合同包含租赁。

三、租赁的分拆与合并

(一)租赁的分拆

租赁的分拆包括以下两种情形。

(1) 合同中同时包含多项单独租赁的,承租人和出租人应当将合同予以分拆,并分别就各项单独租赁进行会计处理。

上述"单独租赁"是指同时符合下列条件,使用已识别资产的权利构成合同中的一项单独租赁:①承租人可从单独使用该资产或将其与易于获得的其他资源一起使用中获利;②该资产与合同中的其他资产不存在高度依赖或高度关联关系。

出租人可能要求承租人承担某些款项,却并未向承租人转移商品或服务,此类应付金额不构成合同中单独的组成部分,而应视为总对价的一部分分摊至单独识别的合同组成部分。

(2) 合同中同时包含租赁和非租赁部分的,承租人和出租人应当将租赁和非租赁部分分拆(除非企业选择不分拆)。

当分拆合同包含租赁和非租赁部分时,承租人应当按照各项租赁部分的单独价格及非租赁部分的单独价格之和的相对比例分摊合同对价。

为简化处理,承租人可以按照租赁资产的类别选择是否分拆合同包含的租赁和非租赁部分。承租人选择不分拆的,应当将各租赁部分及与其相关的非租赁部分分别合并为租赁,按照租赁准则进行会计处理。但是,对于按照《企业会计准则第 22 号——金融工具确认和计量》应分拆的嵌入衍生工具,承租人不应将其与租赁部分合并进行会计处理。

而在出租人方面,应当分拆租赁部分和非租赁部分,根据收入准则关于交易价格分摊的规定分摊合同对价。

(二)租赁的合并

企业与同一交易方或其关联方在同一时间或相近时间订立的两份或多份包含租赁的合同,在满足下列条件之一时,应当合并为一份合同进行会计处理:①这两份或多份合同基于总体商业目的而订立并构成一揽子交易,若不作为整体考虑则无法理解其总体商业目的;②这两份或多份合同中的某份合同的对价金额取决于其他合同的定价或履行情况;③这两份或多份合同让渡的资产

2-2 租赁期的相关概念与评估(教学拓展)

使用权合起来构成一项单独租赁。

两份或多份合同合并为一份合同进行会计处理的，仍然需要区分这一份合同中的租赁部分和非租赁部分。

第二节　承租人的会计处理

一、一般租赁的处理

(一)初始计量

根据《企业会计准则第21号——租赁》，除采用简化处理方法的短期租赁合同和低价值资产租赁合同外，在租赁期开始日，承租人应当对租赁合同确认使用权资产和租赁负债。

在租赁期开始日，承租人按应计入使用权资产的金额，借记"使用权资产"科目，按租赁期开始日尚未支付的租赁付款额的现值，贷记"租赁负债"科目，按在租赁期开始日(或之前)已支付的租赁付款额，以及发生的初始直接费用，贷记"银行存款"等科目。涉及预计弃置费用的，还要作相应的处理，如借记"使用权资产"科目，贷记"预计负债"科目等。即

借：使用权资产
　　贷：租赁负债　(租赁付款额现值)
　　　　银行存款　(初始直接费用+已支付的租赁付款额)
　　　　预计负债　(预计拆除、复原成本的现值等)

1. 使用权资产

使用权资产是指承租人可在租赁期内使用租赁资产的权利。使用权资产应当按照成本进行初始计量，该成本包括以下项目。

(1) 租赁负债的初始计量金额。

(2) 在租赁期开始日或之前支付的租赁付款额。如果存在租赁激励的，则应扣除已享受的租赁激励相关金额(租赁激励是指出租人为达成租赁向承租人提供的优惠，包括出租人向承租人支付的与租赁有关的款项、出租人为承租人偿付或承担的成本等)。

(3) 承租人发生的初始直接费用。

(4) 承租人为拆卸及移除租赁资产、复原租赁资产所在场地或将租赁资产恢复至租赁条款约定状态时，预计将会发生的成本。

2. 租赁负债

租赁负债应当按照租赁期开始日尚未支付的租赁付款额的现值进行初始计量。

在计算租赁付款额的现值时，承租人应当采用租赁内含利率作为折现率；无法确定租赁内含利率的，应当采用承租人增量借款利率作为折现率。

其中，"租赁内含利率"是指在租赁开始日，使出租人的租赁收款额的现值与未担保余值的现值之和等于租赁资产公允价值与出租人的初始直接费用之和的折现率。"承租人增量借款利率"是指承租人在类似经济环境下为获得与使用权资产价值接近的资产，在类似期间以类似抵押条件借入资金须支付的利率。

3. 租赁付款额

租赁付款额是指承租人向出租人支付的与在租赁期内使用租赁资产的权利相关的款项，包括以下五项内容。

(1) 固定付款额及实质固定付款额。如果存在租赁激励，则还要扣除租赁激励相关金额。"实质固定付款额"是指在形式上可能包含变量但实质上无法避免的付款额。

(2) 取决于指数或比率的可变租赁付款额。该款项在初始计量时根据租赁期开始日的指数或比率确定。"可变租赁付款额"是指承租人为取得在租赁期内使用租赁资产的权利，向出租人支付的因租赁期开始日后的事实或情况发生变化而变动的款项。

(3) 购买选择权的行权价格。前提是承租人合理确定将行使该选择权。

(4) 行使终止租赁选择权需支付的款项。前提是租赁期反映出承租人将行使终止租赁选择权。

(5) 承租人因提供了担保余值而预计应支付的款项。"担保余值"是指与出租人无关的一方向出租人提供担保，保证在租赁结束时租赁资产的价值至少为某指定的金额。

【例2-2】承租人C公司就某幢建筑物的某一层楼与出租人D公司签订了为期10年的租赁协议，并拥有5年的续租选择权。有关资料如下。

(1) 初始租赁期内的不含税租金为每年50 000元，续租期间为每年55 000元，所有款项应于每年年初支付。

(2) 为获得该项租赁，C公司发生的初始直接费用为20 000元，其中15 000元为向该楼层前任租户支付的款项，5 000元为向促成此租赁交易的房地产中介支付的佣金。

(3) 作为对C公司的激励，D公司同意补偿C公司5 000元的佣金。

(4) 在租赁期开始日，C公司评估后认为，不能合理确定将行使续租选择权，因此将租赁期确定为10年。

(5) C公司无法确定租赁内含利率，其增量借款利率为每年5%，该利率反映的是C公司以类似抵押条件借入期限为10年、与使用权资产等值的相同币种的借款而必须支付的利率。

请为C公司计算在租赁开始日该项租赁资产的初始成本，并完成相关会计分录(假设不考虑相关税费影响)。

(1) 第一步，计算租赁期开始日基于租金的租赁付款额的现值。

由于是每年年初支付，所以在租赁期开始日C公司支付第1年的租金50 000元，并以剩余9年租金(每年50 000元)按5%的年利率折现后的现值。

在租赁期开始日支付的租赁付款额=50 000(元)

尚未支付的租赁付款额现值(租赁负债)=50 000×(P/A，5%，9)=355 391(元)

第二步，将初始直接费用20 000元计入使用权资产的初始成本。

第三步，将已收的租赁激励相关金额5 000元从使用权资产入账价值中扣除。

综上，C公司使用权资产的初始成本=355 391+50 000+20 000−5 000=420 391(元)。

(2) C公司的会计处理如下。

  借：使用权资产   420 391
    贷：租赁负债   355 391
      银行存款   65 000

由于"租赁负债"下设"租赁付款额"和"未确认融资费用"两个明细账户，本题中，租赁付款额=50 000×9=450 000(元),未确认融资费用=450 000-355 391=94 609(元),所以上述分录也可表示为:

  借：使用权资产   420 391
    租赁负债——未确认融资费用   94 609
   贷：租赁负债——租赁付款额   450 000
     银行存款   65 000

而上述 94 609 元未确认融资费用,因此需要运用准则既定方法在租赁后续期间予以摊销。

(二)后续计量

1. 使用权资产的后续处理

在租赁期开始日后,承租人应当采用成本模式对使用权资产进行后续计量,即以成本减累计折旧及累计减值损失计量使用权资产。其会计分录为:

  借：在建工程/生产成本/××费用
    资产减值损失
   贷：使用权资产累计折旧
     使用权资产减值准备

1) 使用权资产的折旧

承租人应当自租赁期开始日起对使用权资产计提折旧。承租人在确定使用权资产的折旧方法时,应当根据与使用权资产有关的经济利益的预期实现方式作出决定。计提的折旧金额应根据使用权资产的用途,计入相关资产的成本或者当期损益。承租人在确定使用权资产的折旧年限时,应遵循以下原则:①承租人能够合理确定租赁期届满时取得租赁资产所有权的,应当在租赁资产剩余使用寿命内计提折旧;②无法合理确定租赁期届满时能够取得租赁资产所有权的,应当在租赁期与租赁资产剩余使用寿命两者孰短的期间内计提折旧。

2) 使用权资产的减值

承租人应当按照相关准则的规定,确定使用权资产是否发生减值,并对已识别的减值损失进行会计处理。使用权资产减值准备一旦计提,不得转回。承租人应当按照扣除减值损失之后的使用权资产的账面价值,进行后续折旧。

3) 使用权资产的调整

如果承租人基于特定原因,按照有关规定重新计量租赁负债的,那么应当相应地调整使用权资产的账面价值。使用权资产的账面价值已调减至零,但租赁负债仍需进一步调减的,承租人应当将剩余金额计入当期损益。

2. 租赁负债的后续处理

在租赁后续期间,承租人应对租赁负债作如下事项的处理。

(1) 对于未确认融资费用部分,承租人应当按照固定的周期性利率计算租赁负债在租赁期内各期间的利息费用,计入当期损益或相关资产成本,同时增加租赁负债(未确认融资费用)的账面金额。即：

  借：在建工程/××费用
   贷：租赁负债——未确认融资费用

"周期性利率"是指承租人对租赁负债进行初始计量时所采用的折现率,或者因租赁付款额发生变动或因租赁变更而需按照修订后的折现率对租赁负债进行重新计量时承租人所采用的修订后的折现率。

(2) 对于租赁付款额部分,应按实际支付金额减少租赁负债(租赁付款额)的账面金额。即:
借:租赁负债——租赁付款额
　　贷:银行存款

(3) 未纳入租赁负债计量的可变租赁付款额,即并非取决于指数或比率的可变租赁付款额,应当在实际发生时计入当期损益。

(4) 因重估或租赁变更等原因导致租赁付款额发生变动时,需重新计量租赁负债的账面价值。

2-3　租赁负债的重新计算(教学拓展)

3. 租赁期届满时的处理

租赁期届满时,承租人应区分以下情况进行会计处理。

(1) 承租人返还租赁资产的情形。返还租赁资产时:
借:使用权资产累计折旧
　　贷:使用权资产

(2) 承租人按照合同约定的优惠条款继续承租该项租赁资产的情形。承租人若行使优惠续租选择权,则视同该项租赁一直存在而作出相同的账务处理。如果租赁期届满时承租人没有续租,根据租赁合同规定应向出租人支付违约金时:
借:营业外支出
　　贷:银行存款

(3) 承租人按照合同约定的优惠条款留购租赁资产的情形。承租人在支付购买价款时:
借:租赁负债(购买价款)
　　贷:银行存款

同时,将租赁资产从"使用权资产"明细科目转入"固定资产"科目。
借:固定资产
　　贷:使用权资产

【例2-3】2×20年12月28日,E公司与F公司签订了一份租赁合同。合同主要条款如下。

(1) 租赁标的物:冰箱生产线。
(2) 租赁期开始日:租赁物运抵E公司生产车间之日(2×21年1月1日)。
(3) 租赁期:从租赁期开始日算起36个月(2×21年1月1日—2×23年12月31日)。
(4) 租金支付方式:自租赁期开始日起每年年末支付租金1 000 000元。
(5) 该生产线在2×21年1月1日的公允价值为2 600 000元。
(6) F公司租赁内含利率为8%。
(7) 该生产线为全新设备,估计使用年限为5年。
(8) 2×21年和2×22年两年,E公司每年按该生产线所生产的产品——冰箱的年销售收入的1%向F公司支付经营分享收入。

另外,E公司的相关资料如下。
(1) 采用年限平均法每月计提固定资产折旧。
(2) 2×21年、2×22年E公司分别实现冰箱销售收入10 000 000元和15 000 000元。

(3) 2×23 年 12 月 31 日,将该生产线退还 F 公司。
(4) E 公司在租赁谈判和签订租赁合同过程中发生可归属于租赁项目的佣金 10 000 元。
要求:完成承租人 E 公司的相关会计处理(其中,"租赁负债"按一级科目核算)。
(1) 租赁期开始日的会计处理。

第一步,识别租赁合同 E 公司有权在 3 年内使用冰箱生产线。已识别的资产为冰箱生产线,E 公司实质上有权获得 3 年内使用冰箱生产线而产生的全部经济利益,故此合同为租赁。

第二步,判断租赁类型。租赁期为 3 年,且生产线公允价值为 2 600 000 元,不属于短期租赁或低价值资产租赁,所以按"一般租赁"进行会计处理。

第三步,相关会计处理。

基于租金的租赁付款额现值=1 000 000×(P/A,8%,3)=1 000 000×2.577 1=2 577 100(元),计入租赁负债和租入资产价值;承租人发生的初始直接费用 10 000 元,应当直接计入租入资产价值。因此,2×21 年 1 月 1 日,E 公司租入冰箱生产线的账务处理如下。

借:使用权资产　　　　　　　　　　　　　　　2 587 100
　　贷:租赁负债　　　　　　　　　　　　　　　　　2 577 100
　　　　银行存款　　　　　　　　　　　　　　　　　　10 000

(2) 租赁期内租金费用的会计处理(租金费用计算表见表 2-1)。

表 2-1　租金费用计算表

单位:万元

日　期	租赁负债期初余额 (a)	本期财务费用 (b=a×8%)	本期租金 (c)	租赁负债期末余额 (d=a+b−c)
2×21.12.31	257.71	20.616 8	100	178.326 8
2×22.12.31	178.326 8	14.266 1	100	92.592 9
2×23.12.31	92.592 9	*7.407 4	100	0
合　计		**42.29	**300	

*为尾数调整。

**即"租赁负债——未确认融资费用"金额为 42.29 万元,"租赁负债——租赁付款额"金额为 300 万元。

2×21 年 12 月 31 日
　确认租金费用:
　借:财务费用　　　　　　　　　　　　　　　　206 168
　　贷:租赁负债　　　　　　　　　　　　　　　　　206 168
　支付租金:
　借:租赁负债　　　　　　　　　　　　　　　　1 000 000
　　贷:银行存款　　　　　　　　　　　　　　　　　1 000 000
2×22 年 12 月 31 日
　确认租金费用:

借：财务费用　　　　　　　　　　　　　　142 661
　　贷：租赁负债　　　　　　　　　　　　　　　142 661
支付租金：
借：租赁负债　　　　　　　　　　　　　1 000 000
　　贷：银行存款　　　　　　　　　　　　　　1 000 000
2×23年12月31日
确认租金费用：
借：财务费用　　　　　　　　　　　　　　 74 071
　　贷：租赁负债　　　　　　　　　　　　　　　 74 071
支付租金：
借：租赁负债　　　　　　　　　　　　　1 000 000
　　贷：银行存款　　　　　　　　　　　　　　1 000 000

(3) 租赁期内租赁资产的折旧。
由于租入资产是生产线，所以折旧费计入制造费用。
月折旧额=折旧总额/折旧月数=2 587 100/36=71 863.89(元/月)
租赁期内，每月计提本月折旧：
借：制造费用　　　　　　　　　　　　　　71 863.89
　　贷：使用权资产累计折旧　　　　　　　　　　71 863.89

(4) 租赁期内的其他相关支付。
2×21年12月31日，根据合同规定应向F公司支付经营分享收入10万元：
借：销售费用　　　　　　　　　　　　　　100 000
　　贷：银行存款　　　　　　　　　　　　　　　100 000
2×22年12月31日，根据合同规定应向F公司支付经营分享收入15万元：
借：销售费用　　　　　　　　　　　　　　150 000
　　贷：银行存款　　　　　　　　　　　　　　　150 000

(5) 租赁期满，归还设备的会计处理。
2×23年12月31日，按照合同规定归还F公司设备：
借：使用权资产累计折旧　　　　　　　　 2 587 100
　　贷：使用权资产　　　　　　　　　　　　　 2 587 100

二、短期租赁和低价值资产租赁

1. 短期租赁和低价值资产租赁的概念和特征

短期租赁是指在租赁期开始日，租赁期不超过12个月的租赁。值得注意的是，包含购买选择权的租赁，即使租赁期不超过12个月，也不属于短期租赁。

低价值资产租赁是指单项租赁资产为全新资产时价值较低的租赁。低价值资产租赁的判定仅与资产的绝对价值有关，不受承租人规模、性质或其他情况的影响。如果承租人转租或预期转租租赁资产的，原租赁不属于低价值资产租赁。

2-4 承租人租赁变更的会计处理(教学拓展)

2. 简化会计处理的要求

对于短期租赁和低价值资产租赁，承租人可以选择不确认使用权资产和租赁负债。承租人应当将短期租赁和低价值资产租赁的租赁付款额，在租赁期内各个期间按照直线法或其他系统合理的方法计入相关资产成本或当期损益。

需要注意的是，对于短期租赁，承租人应当按照租赁资产的类别作出上述会计处理选择，而对于低价值资产租赁，承租人可根据每项租赁的具体情况作出上述会计处理选择。另外，选择进行简化会计处理的短期租赁发生租赁变更，或者因租赁变更之外的原因导致租赁期发生变化的，承租人应当将其视为一项新租赁进行会计处理。

【例2-4】2×22年1月1日，G公司向H公司租入某商场入口处的一个小型展销厅进行产品推广，租期为10个月。合同约定，自租赁开始日(2×22年1月1日)起，G公司每月月末向H公司支付租金，前5个月每月支付租金3万元，后5个月每月支付租金7万元。假定G公司采用直线法分摊确认各期的租金费用，请为其完成各期相关会计处理。

(1) 租赁类型判断：由于租赁期为10个月，所以判断为"短期租赁"。

(2) 租金费用的计算：此项租赁的租金费用总额为500 000元(30 000×5+70 000×5)，按直线法，每月应分摊的租金费用为50 000元。

(3) 具体会计处理。

前5个月的会计处理：

借：管理费用　　　　　　　　　　　　　　　　50 000
　　贷：银行存款　　　　　　　　　　　　　　　　30 000
　　　　其他应付款　　　　　　　　　　　　　　　20 000

后5个月的会计处理：

借：管理费用　　　　　　　　　　　　　　　　50 000
　　其他应付款　　　　　　　　　　　　　　　　20 000
　　贷：银行存款　　　　　　　　　　　　　　　　70 000

第三节　出租人的会计处理

一、出租人的租赁分类

(一)融资租赁和经营租赁

根据《企业会计准则第21号——租赁》，出租人应当在租赁开始日将租赁分为融资租赁和经营租赁。

一项租赁属于融资租赁还是经营租赁，取决于交易的实质，而不是合同的形式。如果一项租赁实质上转移了与租赁资产所有权有关的几乎全部风险和报酬，那么出租人应当将该项租赁分类为融资租赁。出租人应当将除融资租赁以外的其他租赁分类为经营租赁。

上述概念中，"风险"包括由于生产能力的闲置或技术陈旧而可能造成的损失，以及由于经济状况的改变而可能造成的回报变动。"报酬"可以表现为在租赁资产的预期经济寿命期间经营的盈利，以及因增值或残值变现可能产生的利得。

租赁开始日后，除非发生租赁变更，出租人无须对租赁的分类进行重新评估。租赁资产预计使用寿命、预计余值等会计估计变更或发生承租人违约等情况变化的，出租人不对租赁进行重新分类。

(二)融资租赁的分类标准

一项租赁存在下列一种或多种情形的，通常分类为融资租赁。

(1) 在租赁期届满时，租赁资产的所有权转移给承租人。

(2) 承租人有购买租赁资产的选择权，所订立的购买价款预计将远低于行使选择权时租赁资产的公允价值，因而在租赁开始日就可以合理确定承租人将行使该选择权。

(3) 资产的所有权虽然不转移，但租赁期占租赁资产使用寿命的大部分。

(4) 在租赁开始日，租赁收款额的现值几乎相当于租赁资产的公允价值。

(5) 租赁资产性质特殊，如果不做较大改造，只有承租人才能使用。

二、出租人对融资租赁的会计处理

(一)初始计量

在租赁期开始日，出租人应当对融资租赁确认应收融资租赁款，并终止确认融资租赁租出资产。出租人在对应收融资租赁款进行初始计量时，应当以租赁投资净额作为应收融资租赁款的入账价值。

"租赁投资净额"为未担保余值和租赁期开始日尚未收到的租赁收款额按照租赁内含利率折现的现值之和，也等于租赁开始日融资租赁资产公允价值与出租人的初始直接费用之和。

因此，在租赁开始日，出租人确认应收融资租赁款的有关账务处理为：

借：应收融资租赁款　　　　(出租投资净额)
　　贷：融资租赁资产　　　　(租出资产的账面价值)
　　　　银行存款　　　　　　(支付的初始直接费用)
借或贷：资产处置损益　　　　(租出资产的转让利得)

【例2-5】2×20年12月1日，J公司与K公司签订了一份租赁合同，J公司向K公司租入电动车生产线。合同主要条款如下。

(1) 租赁标的物：电动车生产线。

(2) 起租日：2×21年1月1日。

(3) 租赁期：2×21年1月1日—2×23年12月31日，共36个月。

(4) 租金支付：自2×21年1月1日，每6个月于月末支付租金15万元。

(5) 该生产线的保险、维护等费用均由J公司负担，估计每年约1万元。

(6) 该电动车生产线在2×20年12月1日的公允价值为70万元，账面价值为68万元。

(7) 租赁合同规定的利率为7%(6个月利率)。

(8) J公司在租赁谈判和签订租赁合同过程中发生可归属于租赁项目的手续费、差旅费1万元。

(9) 该生产线的估计使用年限为8年，已使用3年，期满无残值。

(10) 租赁期届满时，J公司享有优惠购买该生产线的选择权，购买价为0.01万元，估计该日租赁资产的公允价值为8万元。

(11) 出租人(K公司)为签订该项租赁合同发生初始直接费用1万元，已用银行存款支付。

要求：(1)判断该合同的租赁类型；(2)为K公司完成租赁开始日的会计处理。

(1) 判断租赁类型。

因为存在优惠购买选择权，优惠购买价0.01万元远远小于行使选择权日租赁资产的公允价值8万元，所以在2×20年12月1日就可合理确定J公司将会行使这种选择权，符合第2条判断标准，因此该合同属于融资租赁。

(2) 计算租赁开始日最低租赁收款额及其现值和未实现融资收益。

租赁收款额=150 000×6+100=900 100(元)

租赁收款额现值=租赁开始日租赁资产公允价值+初始直接费用=710 000(元)

因此，K公司在2×21年1月1日租赁期开始日的会计分录如下。

借：长期应收款——应收融资租赁款　　　　　710 000
　　贷：融资租赁资产　　　　　　　　　　　　680 000
　　　　资产处置损益　　　　　　　　　　　　 20 000
　　　　银行存款　　　　　　　　　　　　　　 10 000

(二)融资租赁的后续计量

租赁开始日后，出租人应当根据租赁合同，定期收取租金款项，并按照固定的周期性利率计算并确认租赁期内各个期间的利息收入。

在收到租金款项时：

借：银行存款
　　贷：应收融资租赁款——租赁应收款

在确认利息收入时：

借：应收融资租赁款——未实现融资收益
　　贷：租赁收入、其他业务收入等

如果在后续计量期间，应收融资租赁款发生了减值迹象，出租人应按照相关准则规定，对其进行处理：

借：信用减值损失
　　贷：应收融资租赁款减值准备

出租人取得的未纳入租赁投资净额计量的可变租赁付款额，如与资产的未来绩效或使用情况挂钩的可变租赁付款额，应当在实际发生时计入当期损益，即：

借：银行存款等
　　贷：租赁收入、其他业务收入等

【例2-6】沿用例2-5的相关资料，要求：为K公司完成该融资租赁合同的各期后续计量。

(1) 计算租赁内含利率。

$150\,000 \times P/A(r, 6) + 100 \times P/S(r, 6) = 710\,000$(元)

运用插值法或利用有关计算工具,计算该租赁内含利率为 7.24%。

(2) 计算租赁期内各期应确认的融资收益(实际利率法),如表 2-2 所示。

表 2-2　租赁期内 K 公司各期应确认的融资收益

2×20 年 12 月 31 日　　　　　　　　　　　　　　　　　　单位:元

日　期	租赁投资净额 期初余额 a	确认的融资收入 b=a×7.24%	租　金 c	租赁投资净额 期末余额 d=a+b-c
2×21 年 6 月 30 日	710 000.00	51 404.00	150 000	611 404.00
2×21 年 12 月 31 日	611 404.00	44 265.65	150 000	505 669.65
2×22 年 6 月 30 日	505 669.65	36 610.48	150 000	392 280.13
2×22 年 12 月 31 日	392 280.13	28 401.08	150 000	270 681.21
2×23 年 6 月 30 日	270 681.21	19 597.32	150 000	140 278.53
2×23 年 12 月 31 日	140 278.53	9 821.47*	150 000	100.00
合　计		190 100.00	900 000	

*为尾数调整。

(3) 编制各期会计分录。

① 2×21 年 6 月 30 日收到第 1 期租金。

借: 银行存款　　　　　　　　　　　　　　　　150 000
　　贷: 长期应收款——应收融资租赁款　　　　　　　　150 000
借: 长期应收款　　　　　　　　　　　　　　　　51 404
　　贷: 租赁收入　　　　　　　　　　　　　　　　　　51 404

② 2×21 年 12 月 31 日收到第 2 期租金。

借: 银行存款　　　　　　　　　　　　　　　　150 000
　　贷: 长期应收款——应收融资租赁款　　　　　　　　150 000
借: 长期应收款　　　　　　　　　　　　　　　　44 265.65
　　贷: 租赁收入　　　　　　　　　　　　　　　　　　44 265.65

③ 2×22 年 6 月 30 日收到第 3 期租金。

借: 银行存款　　　　　　　　　　　　　　　　150 000
　　贷: 长期应收款——应收融资租赁款　　　　　　　　150 000
借: 长期应收款　　　　　　　　　　　　　　　　36 610.48
　　贷: 租赁收入　　　　　　　　　　　　　　　　　　36 610.48

④ 2×22 年 12 月 31 日收到第 4 期租金。

借: 银行存款　　　　　　　　　　　　　　　　150 000
　　贷: 长期应收款——应收融资租赁款　　　　　　　　150 000
借: 长期应收款　　　　　　　　　　　　　　　　28 401.08
　　贷: 租赁收入　　　　　　　　　　　　　　　　　　28 401.08

⑤ 2×23 年 6 月 30 日收到第 5 期租金。

借：银行存款 150 000
　　贷：长期应收款——应收融资租赁款 150 000
借：长期应收款 19 597.32
　　贷：租赁收入 19 597.32

⑥ 2×23年12月31日收到第6期租金。
借：银行存款 150 000
　　贷：长期应收款——应收融资租赁款 150 000
借：长期应收款 9 821.47
　　贷：租赁收入 9 821.47

⑦ 2×23年12月31日，租赁期满，K公司收到J公司支付的购买资产的价款100元。

会计分录为：
借：银行存款 100
　　贷：长期应收款——应收融资租赁款 100

三、出租人对经营租赁的会计处理

(一)租金的处理

在租赁期内各个期间，出租人应采用直线法或者其他系统合理的方法将经营租赁的租赁收款额确认为租金收入。如果其他系统合理的方法能够更好地反映因使用租赁资产所产生经济利益的消耗模式，那么出租人应采用该方法。

2-5　出租人融资租赁变更的会计处理(教学拓展)

(二)出租人对经营租赁提供激励措施

出租人提供免租期的，出租人应将租金总额在不扣除免租期的整个租赁期内，按直线法或其他合理的方法进行分配，免租期内应当确认租金收入。出租人承担了承租人某些费用的，出租人应将该费用自租金收入总额中扣除，按扣除后的租金收入余额在租赁期内进行分配。

(三)初始直接费用

出租人发生的与经营租赁有关的初始直接费用应当资本化至租赁标的资产的成本，在租赁期内按照与租金收入相同的确认基础分期计入当期损益。

(四)折旧和减值

对于经营租赁资产中的固定资产，出租人应当采用类似资产的折旧政策计提折旧；对于其他经营租赁资产，应当根据该资产适用的企业会计准则，采用系统合理的方法进行摊销。

出租人应当确定经营租赁资产是否发生减值，并对已识别的减值损失进行会计处理。

(五)可变租赁付款额

出租人取得的与经营租赁有关的可变租赁付款额，如果是与指数或比率挂钩的，应在租赁期开始日计入租赁收款额；除此之外的其他可变租赁付款额，应当在其实际发生时计入当期损益。

(六)经营租赁的变更

经营租赁发生变更的,出租人应自变更生效日开始,将其作为一项新的租赁进行会计处理,与变更前租赁有关的预收或应收租赁收款额视为新租赁的收款额。

【例2-7】2×22年1月1日,L公司向M公司租入一层写字楼,租期为3年。租赁合同约定,租赁开始日(2×22年1月1日)L公司向M公司一次性预付租金150 000元,第一年年末支付租金150 000元,第二年年末支付租金200 000元,第三年年末支付租金250 000元,三年的租金总额为750 000元。假定L公司和M公司均在年末确认租金费用和租金收入,并且不存在租金逾期支付的情况。M公司将该租赁合同分类为经营租赁合同,采用直线法分摊确认各期的租金收入。

要求:为M公司完成各期会计处理。

(1) 此项租赁合同租赁收入总额为750 000元,按直线法计算,每年应分摊的租金收入为250 000元。

(2) M公司按照合同规定,进行各期会计处理如下。

2×22年1月1日
借:银行存款　　　　　　　　　　　　　　　150 000
　　贷:应收账款　　　　　　　　　　　　　　　　　150 000

2×22年12月31日
借:银行存款　　　　　　　　　　　　　　　150 000
　　应收账款　　　　　　　　　　　　　　　100 000
　　贷:租赁收入　　　　　　　　　　　　　　　　　250 000

2×23年12月31日
借:银行存款　　　　　　　　　　　　　　　200 000
　　应收账款　　　　　　　　　　　　　　　 50 000
　　贷:租赁收入　　　　　　　　　　　　　　　　　250 000

2×24年12月31日
借:银行存款　　　　　　　　　　　　　　　250 000
　　贷:租赁收入　　　　　　　　　　　　　　　　　250 000

第四节　特殊租赁业务的会计处理

一、转租赁

转租赁是在原租赁仍然有效的情况下,原承租人将标的资产转租给第三方的交易。因此,转租赁的关系人有三方:原租赁的出租人、转租出租人和转租承租人。

对于转租出租人来说,原租赁合同和转租赁合同通常都是单独协商的,交易对手也是不同的企业,所以转租出租人对原租赁合同和转租赁合同应当分别根据承租人和出租人会计处理要求进行会计处理。

在对转租赁进行分类时，转租出租人应基于原租赁中产生的使用权资产进行分类。由于原租赁资产不归转租出租人所有，原租赁资产也未计入其资产负债表，因此转租出租人应基于其控制的资产(使用权资产)进行会计处理。如果原租赁为短期租赁，且转租出租人作为承租人采用简化会计处理方法的，应将转租赁分类为经营租赁。

【例2-8】S公司(承租人)与T公司(出租人)于2×17年年初签订了10年期的厂房租赁合同，全同约定S公司每年年末支付租金50 000元。在2×20年年初，S公司将该厂房转租给了C公司，期限为原合同剩余的8年时间。假定按照转租合同规定每年年末收取租金51 000元。

对于S公司来说，原租赁合同对应相关资料包括："使用权资产"借方余额为336 312元，"租赁负债"贷方余额为339 318元。2×20年年末租赁负债的利息费用为14 466元。

新转租赁合同对应相关资料包括：8年期转租赁投资净额为329 613元，2×20年年末融资收益为16 480元。

要求：请为S公司分别完成2×20年年初签订转租赁合同，以及2×20年年末后续会计处理。

(1) S公司基于原租赁形成的资产使用权对转租赁进行分类，将此项转租赁分类为融资租赁。

(2) 2×20年年初，S公司在签订转租赁合同时，应确认转租赁应收债权，同时终止确认原租赁的使用权资产：

借：应收融资租赁款　　　　　　　　　　　　329 613
　　资产处置损益　　　　　　　　　　　　　　6 699
　　贷：使用权资产　　　　　　　　　　　　　　　　336 312

(3) 2×20年年末，S公司根据原租赁合同，支付租金并确认原租赁的利息费用：

借：财务费用　　　　　　　　　　　　　　　14 466
　　贷：租赁负债　　　　　　　　　　　　　　　　　14 466
借：租赁负债　　　　　　　　　　　　　　　50 000
　　贷：银行存款　　　　　　　　　　　　　　　　　50 000

(4) 2×20年年末，S公司根据转租赁合同，收取租金并确认转租赁融资收益：

借：应收融资租赁款　　　　　　　　　　　　16 480
　　贷：租赁收入　　　　　　　　　　　　　　　　　16 480
借：银行存款　　　　　　　　　　　　　　　51 000
　　贷：应收融资租赁款　　　　　　　　　　　　　　51 000

【例2-9】沿用例2-8的资料，假定S公司在2×20年年初与C公司签订的转租赁合同期限为2年，其他信息不变。

要求：请为S公司分别完成2×20年年初签订转租赁合同，以及2×20年年末后续会计处理。

(1) S公司基于原租赁形成的资产使用权对转租赁进行分类，将此项转租赁分类为经营租赁。因此，在2×20年年初签订转租赁合同当日无须相关会计处理。

(2) 2×20年年末，S公司根据原租赁合同，支付租金并确认原租赁的利息费用：

借：财务费用　　　　　　　　　　　　　　　14 466
　　贷：租赁负债　　　　　　　　　　　　　　　　　14 466

借:租赁负债　　　　　　　　　　　　　　　　　　　　　　　　　50 000
　　贷:银行存款　　　　　　　　　　　　　　　　　　　　　　　　　50 000
(3) 2×20年年末,S公司根据转租赁合同,收取租金并计提使用权资产折旧(假设按直线法计提计入制造费用):
借:银行存款　　　　　　　　　　　　　　　　　　　　　　　　　51 000
　　贷:租赁收入　　　　　　　　　　　　　　　　　　　　　　　　　51 000
借:制造费用　　　　　　　　　　　　　　　　　　　　　　　　　33 631
　　贷:使用权资产累计折旧　　　　　　　　　　　　　　　　　　　　33 631

二、售后租回交易

若企业(卖方兼承租人)将资产转让给其他企业(买方兼出租人),并从买方兼出租人租回该项资产,则卖方兼承租人和买方兼出租人均应按照售后租回交易的规定进行会计处理。

售后租回交易的承租人和出租人应当按照《企业会计准则第14号——收入》的规定,评估确定售后租回交易中的资产转让是否属于销售,并进行相关会计处理。

(一)售后租回交易中的资产转让属于销售

卖方兼承租人应当按原资产账面价值中与租回获得的使用权有关的部分,计量售后租回所形成的使用权资产,并仅就转让至买方兼出租人的权利确认相关利得或损失。买方兼出租人根据其他适用的企业会计准则对资产购买进行会计处理,并对资产出租进行会计处理。

如果销售对价的公允价值与资产的公允价值不同,或者出租人未按市场价格收取租金,企业应当进行以下调整:①销售对价低于市场价格的款项作为预付租金进行会计处理;②销售对价高于市场价格的款项作为买方兼出租人向卖方兼承租人提供的额外融资进行会计处理。同时,承租人按照公允价值调整相关销售利得或损失,出租人按市场价格调整租金收入。

在进行上述调整时,企业应当按以下两者中较容易确定者进行:①销售对价的公允价值与资产的公允价值的差异;②合同付款额的现值与按市场租金计算的付款额的现值的差异。

【例2-10】假定2×19年1月1日,X公司将一条冰箱生产线按公允价值2 600 000元的价格销售给Y公司。该生产线2×19年1月1日的账面原值为3 000 000元,已计提累计折旧700 000元,设备未计提减值准备。同时X公司又与Y公司签订了一份租赁合同,将该生产线租回。合同主要条款如下。

(1) 租赁标的物:冰箱生产线。
(2) 租赁期开始日:租赁物运抵X公司生产车间之日(2×19年1月1日)。
(3) 租赁期:从租赁期开始日算起36个月(2×19年1月1日—2×21年12月31日)。
(4) 租金支付方式:自租赁期开始日起每年年末支付租金1 000 000元。
(5) 该生产线在2×19年1月1日的公允价值为2 600 000元。
(6) Y公司租赁内含利率为8%(年利率)。
(7) 该生产线为全新设备,估计使用年限为5年。

销售方(承租人:X公司)的会计处理。

第一步,识别租赁。

根据题意分析，可知该项合同为租赁。

第二步，计算租赁付款额的现值。

根据题意计算，租赁付款额的现值为 2 577 100 元。

第三步，计算使用权资产的入账价值。

使用权资产的入账价值=租赁资产账面价值×(租赁付款额现值/租赁资产公允价值) = 2 300 000×(2 577 100/2 600 000)= 2 279 742(元)

第四步，计算资产销售利得(或)损失。

销售利得(或)损失=总销售利得(或)损失×(1-使用权资产入账价值/租赁资产账面价值) = 300 000×(1-2 279 742/2 300 000)=2 642(元)

根据上述计算，X 公司的会计分录为：

借：银行存款	2 600 000
累计折旧	700 000
使用权资产	2 279 742
贷：固定资产	3 000 000
租赁负债	2 577 100
资产处置损益	2 642

【例2-11】沿用例2-10的资料，假定2×19年1月1日，X公司将一条冰箱生产线按 2 800 000 元的价格销售给 Y 公司。其他条件没有变化。

销售方(承租人：X 公司)的会计处理。

第一步，识别租赁。

根据题意分析，该项合同为租赁。

第二步，计算租赁付款额的现值。

租赁付款额的现值为 2 577 100 元。

第三步，计算使用权资产的入账价值。

使用权资产的入账价值=租赁资产账面价值×(调整后的租赁付款额现值/租赁资产公允价值) = 2 300 000×(2 577 100-200 000)/2 600 000 = 2 102 819(元)

第四步，计算资产销售利得(或)损失。

销售利得(或)损失=总销售利得(或)损失×(1-使用权资产入账价值/租赁资产账面价值)= 300 000×(1-2 102 819/2 300 000)= 25 719(元)

根据上述计算，X 公司可做如下会计分录。

与融资相关：

借：银行存款	200 000
贷：长期应付款	200 000

与租赁相关：

借：银行存款	2 600 000
累计折旧	700 000
使用权资产	2 102 819
贷：固定资产	3 000 000

租赁负债	2 377 100
资产处置损益	25 719

【例 2-12】 沿用例 2-10 的资料，假定 2×19 年 1 月 1 日，X 公司将一条冰箱生产线按 2 580 000 元的价格销售给 Y 公司。其他条件没有变化。

销售方(承租人：X 公司)的会计处理。

第一步，识别租赁。

根据题意分析，该项合同为租赁。

第二步，计算租赁付款额的现值。

租赁付款额的现值为 2 577 100 元。

第三步，计算使用权资产的入账价值。

使用权资产的入账价值=租赁资产账面价值×(调整后的租赁付款额现值/租赁资产公允价值) = 2 300 000×(2 577 100+20 000)/2 600 000 = 2 297 435(元)

第四步，计算资产销售利得(或)损失。

销售利得(或)损失=总销售利得(或)损失×(1-使用权资产入账价值/租赁资产账面价值)=300 000×(1-2 297 435/2 300 000)= 335(元)

根据上述计算，X 公司可做如下会计分录。

借：银行存款	2 580 000
累计折旧	300 000
使用权资产	2 297 435
贷：固定资产	3 000 000
租赁负债	2 577 100
资产处置损益	335

(二)售后租回交易中的资产转让不属于销售

卖方兼承租人不终止确认所转让的资产，而应当将收到的现金作为金融负债，并按照《企业会计准则第 22 号——金融工具确认和计量》进行会计处理。买方兼出租人不确认被转让的资产，而应当将支付的现金作为金融资产，并按照《企业会计准则第 22 号——金融工具确认和计量》进行会计处理。

三、租赁的列报与披露

(一)承租人的列报

1. 报表列示

承租人应当在资产负债表中单独列示使用权资产和租赁负债。其中，租赁负债通常应当区分为非流动负债和一年内到期的非流动负债。

在利润表中，承租人应当分别列示租赁负债的利息费用与使用权资产的折旧费用。租赁负债的利息费用在财务费用项目列示。

在现金流量表中，偿还租赁负债本金和利息所支付的现金应当计入筹资活动现金流出，支付的按简化处理的短期租赁付款额和低价值资产租赁付款额,以及未纳入租赁负债计量的可变租赁付款额,应当计入经营活动现金流出。

2. 附注披露

承租人应当在附注中披露与租赁有关的下列信息:①各类使用权资产的期初余额、本期增加额、期末余额,以及累计折旧额和减值金额;②租赁负债的利息费用;③计入当期损益的简化处理的短期租赁费用和低价值资产租赁费用;④未纳入租赁负债计量的可变租赁付款额;⑤转租使用权资产取得的收入;⑥与租赁相关的总现金流出;⑦售后租回交易产生的相关损益;⑧其他按照《企业会计准则第37号——金融工具列报》应当披露的有关租赁负债的信息。

承租人对短期租赁和低价值资产租赁进行简化处理的,应当披露这一事实。

3. 其他信息

承租人应当根据理解财务报表的需要,披露有关租赁活动的其他定性信息和定量信息。此类信息包括:①租赁活动的性质,如对租赁活动基本情况的描述;②未纳入租赁负债计量的未来潜在现金流出;③租赁导致的限制或承诺;④售后租回交易的相关信息;⑤其他相关信息。

(二)出租人的列报

1. 报表列示

出租人应当根据资产的性质,在资产负债表中列示经营租赁资产。

2. 融资租赁的披露

出租人应当在附注中披露与融资租赁有关的下列信息:①销售损益、租赁投资净额的融资收益以及与未纳入租赁投资净额的可变租赁付款额相关的收入;②资产负债表日后连续五个会计年度每年将收到的未折现租赁收款额,以及剩余年度将收到的未折现租赁收款额总额;③未折现租赁收款额与租赁投资净额的调节表。

3. 经营租赁的披露

出租人应当在附注中披露与经营租赁有关的下列信息:①租赁收入,并单独披露与未计入租赁收款额的可变租赁付款额相关的收入;②将经营租赁固定资产与出租人持有的自用固定资产分开,并按经营租赁固定资产的类别提供《企业会计准则第4号——固定资产》要求披露的信息;③资产负债表日后连续五个会计年度每年将收到的未折现租赁收款额,以及剩余年度将收到的未折现租赁收款额总额。

4. 其他信息

出租人应当根据理解财务报表的需要,披露有关租赁活动的其他定性信息和定量信息。此类信息包括:①租赁活动的性质,如对租赁活动基本情况的描述;②对其在租赁资产中保留的权利进行风险管理的情况;③其他相关信息。

2-6 租赁(微课视频)

本章课后练习

一、单项选择题

1. 下列各项表述中,能够揭示租赁合同的本质的是(   )。
   A. 租赁转移了资产的使用权而不是所有权
   B. 出租人通过租赁进行投资
   C. 承租人通过租赁实现融资
   D. 租赁是有偿的

2. 租赁双方对有关租赁进行初始确认的会计处理的日期是(   )。
   A. 租赁期   B. 租赁开始日
   C. 租赁期开始日   D. 租赁开始日或租赁期开始日两者择其一

3. 下列有关租赁业务中初始直接费用的说法中,正确的是(   )。
   A. 出租人也会发生初始直接费用
   B. 只有承租人才发生初始直接费用
   C. 出租人经营租赁的初始直接费用计入当期损益
   D. 承租人的初始直接费用增加租入资产入账价值

4. 承租人在租赁期内为租赁资产支付的各种使用费用,如技术咨询和服务费、人员培训费、维修费、保险费等(   )。
   A. 属于初始直接费用   B. 属于或有租金
   C. 属于履约成本   D. 计入租入资产的入账价值

5. 承租人的下列会计处理中,正确的是(   )。
   A. 将该租入资产作为自有固定资产入账
   B. 将该租入资产的维修费用予以资本化
   C. 不对租入的资产计提折旧和减值处理
   D. 发生的可变租赁付款额计入当期损益

二、多项选择题

1. 下列有关租赁业务的初始直接费用的说法中,正确的有(   )。
   A. 协商和安排某项租赁的增量成本
   B. 在租赁谈判和签订租赁合同过程中发生的、可直接归属于某租赁项目的费用
   C. 租赁谈判和签订租赁合同过程中发生的手续费、律师费、差旅费属于初始直接费用
   D. 相关制造商或经销商出租人发生的印花税、佣金、谈判费等属于初始直接费用

2. 在某项融资租赁合同中,租赁资产的资产余值预计为 10 万元,其中,由承租人的母公司担保的余值为 6 万元,由担保公司担保的余值为 3 万元,则(   )。
   A. 相对于承租人而言的担保余值为 6 万元
   B. 相对于出租人而言的担保余值为 3 万元
   C. 未担保余值为 1 万元
   D. 担保余值为 9 万元

3. 以下有关出租人的租赁投资总额、租赁投资净额的表述中，正确的有(　　)。
   A. 租赁投资总额等于应收的租赁收款额与未担保余值之和
   B. 租赁投资净额是租赁投资总额以租赁内含利率折算的现值
   C. 租赁投资净额的逐期递减意味着租赁投资总额的逐期回收
   D. 租赁投资净额与租赁收益两者之和等于租赁投资总额
4. 下列各项目中，属于承租人在确定使用权资产的价值时应考虑的因素有(　　)。
   A. 租赁期开始日尚未支付的租赁付款额的现值
   B. 租赁期开始日租赁资产的公允价值
   C. 承租人支付的初始直接费用
   D. 出租人给予的租赁激励
5. 承租人支付与销售量相关的可变租赁付款额时，应借记的会计科目不可能有(　　)。
   A. 使用权资产　　B. 租赁负债　　C. 财务费用　　D. 销售费用

三、判断题

1. 一项租赁合同，如果出租人将其界定为融资租赁，承租人也必然将其界定为融资租赁。(　　)
2. 某项设备全新时可使用年限为10年，现将该设备出租。只要租赁期定在8年以上，出租人就可将此项租赁业务判定为融资租赁。(　　)
3. 租入固定资产后，承租人要对相关固定资产计提折旧。(　　)
4. 融资租赁固定资产的出租人在租赁期届满时应将租出的固定资产予以转销。(　　)
5. 租赁变更时，承租人必须重新计量租赁负债，根据变更了的合同对未来应偿付金额进行调整。(　　)

四、业务题

1. A公司与B公司签订了一份租赁合同，从B公司租入一台设备，租赁合同约定不可撤销期间为10个月，且承租人拥有6个月的续租选择权，续租期间的月租金为10 000元，而预计续租期间的市场月租金为100 000元。

要求：判断A公司的该项租赁是否为短期租赁，是否可以采用简化处理。

2. 承租人甲公司与出租人乙公司签订了为期7年的商铺租赁合同。每年的租赁付款额为450 000元，在每年年末支付。甲公司无法确定租赁内含利率，其增量借款利率为5.04%。甲公司采用直线法计提折旧，按年计提折旧。租赁期届满时，甲公司将该租赁退还给乙公司[已知(P/A, 5.04%, 7)=5.778]。

要求：为承租人甲公司完成以下任务。①租赁期开始日的会计处理；②租赁期的会计处理；③租赁期届满的会计处理。

3. 2×19年12月1日，甲公司与乙公司签订了一份租赁合同，从乙公司租入全新塑钢机一台，使用寿命为7年。租赁期为2×20年1月1日至2×25年12月31日，共6年。自2×20年1月1日(租赁期开始日)，每年年末支付租金160 000元。如果甲公司能够在每年年末的最后一天及时付款，则给予减少租金10 000元的奖励。租赁开始日租赁资产的公允价值为700 000元，账面价值为600 000元。签订租赁合同过程中乙公司发生可归属于租赁项目的手续费、佣金10 000元。租赁期届满时，甲公司享有优惠购买该机器的选择权，购买价为20 000

元，估计该日租赁资产的公允价值为80 000元。2×21年和2×22年两年，甲公司每年按该机器所生产的产品——塑钢窗户的年销售收入的5%向乙公司支付。甲公司享有终止租赁选择权，在租赁期间，如果甲公司终止租赁，其需支付的款项为剩余租赁期间的固定租金支付金额。担保余值和未担保余值均为0。

要求：为出租人乙公司完成以下任务。①判断租赁类型；②计算确定租赁收款额及其现值、租赁投资总额、租赁投资净额、未实现融资收益；③计算租赁内含利率；④编制租赁期开始日的会计分录。

2-7　本章课后练习答案　　2-8　业务题2-2讲解(微课视频)　　2-9　业务题2-3讲解(微课视频)

第三章 外币折算

【学习目标】
- 了解外币折算的相关概念。
- 理解记账本位币的确定。
- 掌握外币交易业务的会计处理。
- 掌握期末汇兑损益的计算和外币报表的折算。

【学习内容】
- 外币业务及折算的相关概念。
- 各种外币业务(如购销业务、外币兑换)的会计处理。
- 外币报表的折算。

【学习重点】
- 两项交易观下汇兑损益的会计处理。
- 现行汇率下外币报表的折算。

【学习难点】
- 期末汇兑损益的计算。
- 外币报表折算损益的计算。

3-1 《企业会计准则第19号——外币折算》(拓展阅读)

【准则依据】

《企业会计准则第19号——外币折算》。

第一节 外币折算会计基础概念

一、外汇与汇率

(一)外汇的相关概念

1. 外汇

外汇是外币资金的总称，通常是指以外币表示的用于国际结算的支付凭证。国际货币基金组织将外汇一词解释为：货币当局(中央银行、货币机构、外汇平准基金组织及财政部)以银行存款、国库券、长短期政府债券等形式保有的在国际收支逆差时可以使用的债权。按照《中华人民共和国外汇管理条例》规定，外汇是指下列以外币表示的可以用作国际清偿的支付手段和资产：①外币现钞，包括纸币、铸币；②外币支付凭证或者支付工具，包括票据、银行存款凭证、银行卡等；③外币有价证券，包括债券、股票等；④特别提款权；⑤其他外汇资产。

2. 外币兑换

外币兑换是指将外币换成本国货币，或将本国货币换成外币，或将不同外币进行互换，通常由外汇市场中的商业银行办理。当企业(或其他组织或个人)兑出外汇时，在银行则为买入外汇；兑入外汇时，在银行则为卖出外汇。因此，外币兑换时的汇率有买入价与卖出价之分，买入价与卖出价之间的差额就为银行经营外汇兑换业务的毛利。

3. 外币折算

外币折算是指将不同的外币金额换算成同一的本国货币(或指定的外币)等值的程序，它是会计上对原有外币金额的重新表述。在外币交易中，原始的计量单位是不同的外币，在将这些交易记入账册之前，必须将外币金额折算成本国货币等值，否则，就不可能用同一货币单位表述的金额来总括反映经济事项和编制财务报表。

外币交易虽然是以某一外币来计量的，但会计在计量和记录时又要折算成作为同一计量尺度的货币来反映，即对外币交易要进行双重的计量反映，也就是所谓的复币记账。

显然，外币折算只是改变货币表述，即从一种货币计量单位重新表述为另一种货币计量单位，它与不同货币之间实际交换的外币兑换有明显不同。尽管如此，但是外币兑换和外币折算的基础或依据都是汇率。

(二)汇率及其分类

1. 汇率和标价

汇率是指以一国货币表示另一国货币的价格，即以一国货币折算成另一国货币的比率。外汇是一种特殊的商品，它可以进行买卖，汇率就表现为外汇买卖时的价格，因此汇率有时也称为汇价。

汇率的标价方法可以有直接标价法和间接标价法两种表述方式。直接标价法又称应付标价法，是指每单位外币可兑换的本国货币金额，即以一定单位的外国货币为标准，来计算应付若干单位的本国货币。间接标价法又称应收标价法，是指每单位本国货币可兑换的外币金额，即以一定单位的本国货币为标准，来计算应收若干单位的外国货币。

例如，本国货币为人民币，某天美元的汇率标识为$1=¥6.42，即为直接标价，如标识为¥1=$0.156，则为间接标价。直接标价和间接标价互为倒数。在直接标价法下，如果兑换 1 单位外币所支付的本国货币比以前多，则表明外币币值上升，本国货币币值下降；反之，则表明外币币值下降，本国货币币值上升。在间接标价法下，兑出 1 单位本国货币收回的外币比以前少，则表明外币币值上升，本国货币币值下降；反之，则表明外币币值下降，本国货币币值上升。

2. 汇率的分类

(1) 汇率按是否固定，分为固定汇率和浮动汇率两种。固定汇率又称法定汇率，是指由国家政府规定该国的货币与另一国货币的汇率保持基本固定，汇率的波动被限制在一定幅度之内。浮动汇率又称为市场汇率，是指一国货币与另一国货币的汇率是随外汇市场的供求情况而自由波动的汇率。

(2) 汇率按银行结算的对象不同，分为买入汇率、卖出汇率和中间汇率三种。买入汇率是银行向同业或客户买入外币时采用的汇率。卖出汇率是指银行向同业或客户卖出外币时采用的汇率。买入汇率和卖出汇率的平均数是中间汇率。

我国企业对外币业务进行会计处理时，一般采用中国人民银行公布的中间汇率作为折算依据；而在进行货币兑换时，则采用外汇指定银行的买入汇率和卖出汇率。

(3) 汇率按会计处理上的区别，分为记账汇率和账面汇率两种。记账汇率又称现行汇率，是指外币业务发生时折算入账的汇率；账面汇率则是指已经登记入账的汇率，又称历史汇率。

按我国企业会计准则的规定，记账汇率应当采用业务发生日的即期汇率，汇率变动不大的，也可采用即期汇率近似汇率。即期汇率通常是指当日中国人民银行公布的人民币外汇牌价的中间价。即期汇率近似汇率，是指按照系统合理的方法确定的、与业务发生日即期汇率近似的汇率，如当期平均汇率或加权平均汇率等。

二、记账本位币

(一)记账本位币的定义

记账本位币是指企业经营所处的主要经济环境中的货币。主要经济环境通常是指企业主要产生和支出现金的环境，使用该环境中的货币最能反映企业的主要交易的经济结果。例如，我国大多数企业主要产生和支出现金的环境在国内。因此，一般以人民币作为记账本位币。

(二)企业记账本位币的确定

我国《会计法》规定，业务收支以人民币以外的货币为主的单位，可以选定其中一种货币作为记账本位币，但是编报的财务会计报告应当折算为人民币。企业记账本位币的选定，应当考虑下列因素：①从日常活动收入现金的角度来看，所选择的货币能够对企业商品和劳务销售价格起主要作用，通常以该货币进行商品和劳务销售价格的计价和结算；②从日常活动支出现金的角度来看，所选择的货币能够对商品和劳务所需人工、材料和其他费用产生主要影响，通常以该货币进行这些费用的计价和结算；③融资活动获得的资金及保存从经营活动中收取款项时所使用的货币，即视融资活动获得的资金在其生产经营活动中的重要性，或者企业通常留存销售收入的货币而定。

在确定企业的记账本位币时，上述因素的重要程度因企业具体情况不同而不同，需要企业管理层根据实际情况进行判断。一般情况下，综合考虑前两项即可确定企业的记账本位币，第三项为参考因素，视其对企业收支现金的影响程度而定。在综合考虑前两项因素仍不能确定企业记账本位币的情况下，第三项因素才对企业记账本位币的确定起重要作用。

【例 3-1】 国内 A 外商投资企业超过 80% 的营业收入来自出口，其商品销售价格一般以美元结算，主要受美元的影响，因此从影响商品和劳务销售价格的角度来看，A 企业应选择美元作为记账本位币。

如果 A 企业除厂房设施、25% 的人工成本在国内以人民币采购，生产所需原材料、机器设备及 75% 以上的人工成本都来自美国投资者以美元在国际市场的采购，则可进一步确定 A 企业的记账本位币是美元。

如果 A 企业的人工成本、原材料及相应的厂房设施、机器设备等 95% 以上在国内采购并以人民币计价，则难以确定 A 企业的记账本位币，需要考虑第三项因素。如果 A 企业取得的美元营业收入在汇回国内时可随时换成人民币存款，且 A 企业对所有以美元结算的资金往来的外币风险都进行了套期保值，则 A 企业应当选定人民币为其记账本位币。

(三) 境外经营的含义及其记账本位币的确定

1. 境外经营的含义

境外经营是指企业在境外的子公司、合营企业、联营企业、分支机构。当企业在境内的子公司、联营企业、合营企业或者分支机构，选定的记账本位币不同于企业的记账本位币时，也应当视同境外经营。区分某实体是否为该企业的境外经营的关键有两项：一是该实体与企业的关系，是否为企业的子公司、合营企业、联营企业、分支机构；二是该实体的记账本位币是否与企业记账本位币相同，而不是以该实体是否在企业所在地的境外作为标准。

2. 境外经营记账本位币的确定

境外经营也是一个独立企业或组织，在确定其记账本位币时，首先应当按照前文所述的企业选定记账本位币需要考虑的因素进行判断。同时，由于境外经营是企业的子公司、联营企业、合营企业或者分支机构，因此境外经营记账本位币的选择还应当考虑该境外经营与企业的关系：①境外经营对其所从事的活动是否拥有很强的自主性；②境外经营活动中与企业的交易是否在境外经营活动中占有较大比重；③境外经营活动产生的现金流量是否直接影响企业的现金流量、是否可以随时汇回；④境外经营活动产生的现金流量是否足以偿还其现有债务和可预期的债务。

(四) 记账本位币的变更

企业管理层根据实际情况确定的记账本位币通常只有一种，该货币一经确定，不得改变，除非与确定记账本位币相关的企业经营所处的主要经济环境发生重大变化。企业因经营所处的主要经济环境发生重大变化，确需变更记账本位币的，应当采用变更当日的即期汇率将所有项目折算为变更后的记账本位币，折算后的金额作为新的记账本位币的历史成本。由于采用同一即期汇率进行折算，因此不会产生汇兑差额。当然，企业需要提供确凿的证据证明企业经营所处的主要经济环境确实发生了重大变化，并应当在附注中披露变更的理由。

三、汇兑差额

汇兑差额是指企业记录外币交易时，由于记账的时间和汇率不同而产生的折合为记账本位币金额的差额，这种差额作为企业的利得或损失处理，故又称"汇兑损益"。它主要有以下几种类型：①交易过程中产生的汇兑差额，即在以外币计价的商品购销业务中因收回或偿付外币债权债务而产生的汇兑差额；②不同外币兑换过程中产生的汇兑差额；③期末外币折算时产生的汇兑差额，即期末将有关外币账户按期末即期汇率对历史汇率进行调整时产生的差额；④外币财务报表折算时产生的折算差额。

产生上述情况①~③的原因是发生了外币交易事项，故又称为"外币交易损益"，其中，情况①和情况②是由于业务发生而产生的实际损益，所以是"已实现的交易损益"，而情况③是因为业务跨期，期末会计结算所致，所以属于"未实现的交易损益"；情况④是由于合并报表等特殊需要，按不同汇率对于不同报表项目折算，故也称"报表折算损益"，也属于"未实现的交易损益"。

【例3-2】某企业以人民币为记账本位币，5月2日出口商品一批计5 000美元，货款尚未收到，当天1美元的汇率为6.31元人民币。5月15日该企业收到这笔货款5 000美元，当天1美元的汇率为6.30元人民币。应作会计分录为：

(1) 5月2日发出商品时：

借：应收账款——美元(US$5 000×6.31)　　　　　　　　31 550
　　贷：主营业务收入　　　　　　　　　　　　　　　　　31 550

(2) 5月15日收到货款时：

借：银行存款——美元(US$5 000×6.30)　　　　　　　　31 500
　　贷：应收账款——美元　　　　　　　　　　　　　　　31 500

这时，应收账款账面的美元金额已经结平，但记账本位币人民币金额却存在借方余额50元，这50元的差额就是汇兑损失，应记入"财务费用——汇兑差额"账户的借方，作会计分录为：

借：财务费用——汇兑差额　　　　　　　　　　　　　　　50
　　贷：应收账款——美元　　　　　　　　　　　　　　　　50

假如5月15日收到货款时的汇率为6.35元，这时借记"银行存款——美元"账户，贷记"应收账款——美元"账户的人民币金额应为31 750元(US$5 000×6.35)。这样就会产生应收账款的贷方人民币余额200元。这笔200元的差额就是汇兑收益，应记入"财务费用——汇兑差额"账户的贷方，作会计分录为：

借：应收账款——美元　　　　　　　　　　　　　　　　200
　　贷：财务费用——汇兑差额　　　　　　　　　　　　　200

对企业发生的外币交易所涉及的债权或债务结算方面的汇兑差额的处理方法，存在两种截然不同的确认观点，分别称之为"单一交易观"和"两项交易观"。

单一交易观是指将交易发生与货款结算视作同一事件，当汇率变动时，应对原先的交易记录作相应的调整，而不将因汇率变动所产生的汇兑差额单独列账予以确认。两项交易观是指将交易发生与货款结算看作两项经济业务，因此当按交易发生时的汇率折合成记账本位币金额确定下来以后，不管货款结算时汇率如何变动，都不予调整账面的购货成本或销售收入，而单独设置"财务费用——汇兑差额"账户进行反映。

单一交易观和两项交易观，除了在外币交易产生的债权和债务结算方面对汇兑差额的处理不相同外，对其他外币交易的处理都是相同的，都需要单独设置账户予以反映。

【例3-3】如例3-2的商品销售业务，当5月15日收到5 000美元货款时的汇率为6.30元时：

单一交易观下，
 借：银行存款——美元(US$5 000×6.30)   31 500
   主营业务收入   50
    贷：应收账款——美元(US$5 000×6.31)   31 550

两项交易观下，
 借：银行存款——美元(US$5 000×6.30)   31 500
   财务费用——汇兑差额   50
    贷：应收账款——美元(US$5 000×6.31)   31 550

从上述例子可以看出，根据单一交易观，在交易日按当天汇率折合的记账本位币金额仅仅是个暂估数，只有等到货款结算后，才能以结算日汇率折合成的记账本位币作为真正的购货成本或销售收入。这种做法在实际操作中比较繁复，特别对跨年度的债权和债务结算难度更大。另外，按单一交易观，对外币交易产生的债权债务业务所发生的汇兑差额不单独设账予以确认，而对其他外币业务产生的汇兑差额则单独设账予以确认，又不符合一致性原则。因此，世界各国对外币交易因汇率变动而产生的汇兑差额大都采用的是两项交易观。目前，我国会计准则也规定采用两项交易观处理外币交易。

第二节　外币交易会计处理

一、外币交易的概念

《企业会计准则第19号——外币折算》中的"外币交易"是指企业发生以外币计价或者结算的交易。它主要包括以下三个方面。

(1) 买入或者卖出以外币计价的商品或者劳务，通常情况下是指以外币买卖商品，或者以外币结算劳务合同。这里所说的商品，可以是有实物形态的存货、固定资产等，也可以是无实物形态的无形资产、债权或股权等。例如，以人民币为记账本位币的国内甲公司向国外乙公司出口商品，并以美元结算货款、企业与银行发生货币兑换业务等。

(2) 借入或者借出外币资金，是指企业向银行或非银行金融机构借入以记账本位币以外的货币表示的资金，或者银行或非银行金融机构向人民银行、其他银行或非银行金融机构借贷以记账本位币以外的货币表示的资金，以及发行以外币计价或结算的债券等。

(3) 其他以外币计价或者结算的交易，是指以记账本位币以外的货币计价或结算的其他交易。例如，接受外币现金捐赠等。

二、外币交易的核算程序

外币交易的记账方法有外币统账制和外币分账制两种。外币统账制是指企业在发生外币交易时，即折算为记账本位币入账。外币分账制是指企业在日常核算时直接按原币种记账，资产负债表日分别按货币性项目和非货币性项目进行调整：货币性项目按资产负债表日即期汇率折算；非货币性项目按交易日即期汇率折算，产生的汇兑差额计入当期损益。从我国目前的情况来看，绝大多数企业采用外币统账制，只有银行等少数金融企业由于外币交易频繁，涉及的外币币种较多，才采用分账制记账方法进行日常核算。无论是采用分账制记账方法，还是采用统账制记账方法，只是账务处理程序不同，但产生的结果相同(计算出的汇兑差额相同)，相应的会计处理也相同(均计入当期损益)。

本节主要介绍外币统账制下的账户设置及其会计核算的基本程序(有关外币分账制内容，详见本节文末二维码3-2)。

(一)账户设置

在外币统账制方法下，对外币交易的核算不单独设置科目，对外币交易金额因汇率变动而产生的差额可在"财务费用"科目下设置二级科目"汇兑差额"反映。该科目借方反映因汇率变动而产生的汇兑损失，贷方反映因汇率变动而产生的汇兑收益。期末余额结转入"本年利润"科目后一般无余额。

(二)会计核算的基本程序

企业发生外币交易时，其会计核算的基本程序如下所述。

(1) 将外币金额按照交易日的即期汇率或即期汇率的近似汇率折算为记账本位币金额，按照折算后的记账本位币金额登记有关账户；在登记有关记账本位币账户的同时，按照外币金额登记相应的外币账户。

(2) 期末，将所有外币货币性项目的外币余额，按照期末即期汇率折算为记账本位币金额，并与原记账本位币金额相比较，其差额记入"财务费用——汇兑差额"科目。

(3) 结算外币货币性项目时，将其外币结算金额按照当日即期汇率折算为记账本位币金额，并与原记账本位币金额相比较，其差额记入"财务费用——汇兑差额"科目。

三、外币交易的会计处理

外币交易折算的会计处理主要涉及两个环节：一是在交易日对外币交易进行初始确认，将外币金额折算为记账本位币金额；二是在资产负债表日对相关项目进行折算，因汇率变动产生的差额计入当期损益。

(一)初始确认

企业发生外币交易的，应在初始确认时采用交易日的即期汇率或即期汇率的近似汇率将外币金额折算为记账本位币金额。这里的"即期汇率"可以是外汇牌价的买入价或卖出价，也可以是中间价，在不与银行进行货币兑换的情况下，一般以中间价作为即期汇率。

需要特别说明的是，企业收到投资者以外币投入的资本，无论是否有合同约定汇率，均不得采用合同约定汇率和即期汇率的近似汇率折算，而是采用交易日即期汇率折算，这样，外币投入资本与相应的货币性项目的记账本位币金额相等，不产生外币资本折算差额。

【例3-4】A公司属于增值税一般纳税企业，记账本位币为人民币，外币交易采用交易日即期汇率折算。其与外商签订了投资合同，外商将分两次投入外币资本，投资合同约定的汇率是1美元=7.00元人民币。2×20年1月1日，A公司第一次收到外商投入资本150 000美元,当日即期汇率1美元=6.8元人民币;2×20年7月1日,第二次收到外商投入资本150 000美元,当日即期汇率为1美元=6.6元人民币。相关会计分录如下。

2×20年1月1日,第一次收到外币资本时:
借:银行存款——美元(US$150 000×6.8)　　　　1 020 000
　　贷:股本　　　　　　　　　　　　　　　　　　　　　1 020 000
2×20年7月1日,第二次收到外币资本时:
借:银行存款——美元(US$150 000×6.6)　　　　990 000
　　贷:股本　　　　　　　　　　　　　　　　　　　　　990 000

【例3-5】2×21年3月3日,A公司从境外丙公司购入不需要安装的设备一台,设备价款为250 000美元,购入该设备当日的即期汇率为1美元=6.6元人民币,适用的增值税税率为17%,款项尚未支付,增值税以银行存款支付。相关会计分录如下。

借:固定资产——机器设备　　　　　　　　　　　1 650 000
　　应交税费——应交增值税(进项税额)　　　　280 500
　　贷:应付账款——丙公司(美元)(US$250 000×6.6)　1 650 000
　　　　银行存款　　　　　　　　　　　　　　　　　　280 500

【例3-6】2×21年3月12日,A公司从美国B公司购入原料250吨(4 000美元/吨),当日的即期汇率为1美元=6.6元人民币,进口关税为660 000元人民币,支付进口增值税1 234 200元人民币,货款尚未支付,进口关税及增值税由银行存款支付。相关会计分录如下。

借:原材料(250×US$4000×6.6+660 000)　　　7 260 000
　　应交税费——应交增值税(进项税额)　　　　1 234 200
　　贷:应付账款——B公司(美元)(250×US$4000×6.6)　6 600 000
　　　　银行存款　　　　　　　　　　　　　　　　　　1 894 200

【例3-7】2×21年4月3日,A公司向C公司出口销售商品6 000件,销售合同规定的销售价格为每件250美元,当日的即期汇率为1美元=6.65元人民币。假设不考虑相关税费,货款尚未收到。相关会计分录如下。

借:应收账款——C公司(美元)(US$6 000×250×6.65)　9 975 000
　　贷:主营业务收入　　　　　　　　　　　　　　　　9 975 000

【例3-8】2×21年5月1日,A公司从中国银行借入10 000 000日元,期限为6个月,借入的日元暂存银行。借入当日的即期汇率为1日元=0.058元人民币。相关会计分录如下。

借:银行存款——日元(JP¥10 000 000×0.058)　　580 000
　　贷:短期借款——日元　　　　　　　　　　　　　580 000

【例3-9】2×21年6月21日,A公司将25 000美元到银行兑换为人民币,银行当日的美元买入价为1美元=6.55元人民币,卖出价为1美元=6.65元人民币,中间价为1美元=6.60元人民币。相关会计分录如下。

借:银行存款——人民币(US$25 000×6.55)　　　163 750
　　财务费用　　　　　　　　　　　　　　　　　　　1 250
　　贷:银行存款——美元(US$25 000×6.6)　　　　165 000

【例3-10】2×21年6月25日,A公司因外币支付需要,从银行购入20 000欧元,银行当日的欧元买入价为1欧元=7.2元人民币,卖出价为1欧元=7.4元人民币,当日的中间价为1欧元=7.3元人民币。相关会计分录如下。

借：银行存款——欧元(EUR€ 20 000×7.3)   146 000
    财务费用   2 000
贷：银行存款——人民币(EUR€ 20 000×7.4)   148 000

(二)期末调整或处置结算

期末调整或处理结算时,企业应当分别按照外币货币性项目和外币非货币性项目进行处理。

1. 货币性项目

货币性项目是指企业持有的货币和将以固定或可确定金额的货币收取的资产或者偿付的负债。货币性项目分为货币性资产和货币性负债,其中,货币性资产包括现金、银行存款、应收账款、其他应收款、长期应收款等,货币性负债包括应付账款、其他应付款、短期借款、应付债券、长期借款、长期应付款等。

期末或结算货币性项目时,应以当日即期汇率折算外币货币性项目,该项目因当日即期汇率不同于该项目初始入账时或前一期末即期汇率而产生的汇率差额计入当期损益。

【例3-11】沿用例3-6的资料,2×21年3月31日,A公司尚未向B公司支付所欠款项。当日即期汇率为1美元=6.55元人民币。应付B公司货款按期末即期汇率折算为6 550 000元人民币(250×US$4 000×6.55),与该货款原记账本位币之差50 000元人民币冲减当期损益。相关会计分录如下。

借：应付账款——B公司(美元)   50 000
贷：财务费用——汇兑差额   50 000

【例3-12】沿用例3-7的资料,2×21年4月30日,A公司仍未收到C公司发来的销售货款。当日的即期汇率为1美元=6.6元人民币。C公司所欠销售货款按当日即期汇率折算为9 900 000(US$6 000×250×6.6),与该货款原记账本位币之差额为75 000元人民币(9 975 000-9 900 000)。相关会计分录如下。

借：财务费用——汇兑差额   75 000
贷：应收账款——C公司(美元)   75 000

假定2×21年5月13日收到上述货款,兑换成人民币后直接存入银行,当日银行的美元买入价为1美元=6.62元人民币,相应会计分录如下。

借：银行存款——人民币(US$6 000×250×6.62)   9 930 000
贷：应收账款——美元   9 900 000
    财务费用   30 000

【例3-13】沿用例3-8的资料,6个月后,A公司按期向中国银行归还借入的10 000 000日元。归还借款时即期汇率为1日元=0.057元人民币。相关会计分录如下。

借：短期借款——日元(JP¥1 000 000×0.058)　　　　580 000
　　贷：银行存款——日元(JP¥1 000 000×0.057)　　　　570 000
　　　　财务费用——汇兑差额　　　　　　　　　　　　 10 000

2. 非货币性项目

非货币性项目是指货币性项目以外的项目，如存货、预付账款、长期股权投资、交易性金融资产(股票、基金)、固定资产、无形资产等。

(1) 对于以历史成本计量的外币非货币性项目，已在交易发生日按当日即期汇率折算，资产负债表日不应改变其原记账本位币金额，不产生汇兑差额。

【例3-14】沿用例3-4的资料，外商投入A公司的外币资本300 000美元已按当日即期汇率折算为人民币并记入"股本"账户。"股本"属于非货币性项目，因此期末不需要按照当日即期汇率进行调整。

(2) 对于以成本与可变现净值孰低计量的存货，如果其可变现净值以外币确定，则在确定存货的期末价值时，应当先将可变现净值折算为记账本位币，再与以记账本位币反映的存货成本进行比较，以确定是否计提存货跌价准备。

【例3-15】P公司以人民币为记账本位币。2×21年11月2日，从英国W公司采购国内市场尚无的A商品10 000件，每件价格为1 000英镑，当日即期汇率为1英镑=8.5元人民币。2×21年12月31日，尚有1 000件A商品未销售出去，国内市场仍无A商品供应，A商品在国际市场的价格降至900英镑。12月31日的即期汇率是1英镑=8.55元人民币。假定不考虑增值税等相关税费。该公司应作会计分录如下。

11月2日，购入A商品：
借：库存商品——A　　　　　　　　　　　　　　　　 85 000 000
　　贷：银行存款——英镑(10 000×GB￡1 000×8.5)　　　85 000 000
12月31日，计提存货跌价准备：
借：资产减值损失(10 000×GB￡1 000×8.5-10 000×GB￡900×8.55)　 8 050 000
　　贷：存货跌价准备　　　　　　　　　　　　　　　　 8 050 000

(3) 以公允价值计量的股票、基金等非货币性项目，如果期末的公允价值以外币反映，则采用公允价值确定日的即期汇率折算，折算后的记账本位币金额与原记账本位币金额的差额，作为公允价值变动处理，计入当期损益。以公允价值计量变动计入其他综合收益的外币非货币性金融资产产生的汇兑差额，与其公允价值变动一并计入其他综合收益。

【例3-16】某公司以人民币为记账本位币，2×21年12月5日以50 000港元购入M公司H股20 000股作为交易性金融资产，当日1港元的汇率为1.05元人民币。2×21年12月31日，由于市价变动，当月购入的M公司H股为52 000港元，当日1港元的汇率为0.98元人民币。对该笔外币业务应作会计处理如下。

12月5日，作会计分录为：
借：交易性金融资产　　　　　　　　　　　　　　　　 52 500
　　贷：银行存款——港元(HK$50 000×1.05)　　　　　　 52 500

12月31日，作会计分录为：
借：公允价值变动损益(52 500-HK$52 000×0.98)　　　　　　1 540
　　贷：交易性金融资产　　　　　　　　　　　　　　　　　　　　1 540

上述 1 540 元人民币损失既包括购入 M 公司 H 股公允价值变动产生的收益 1 960 元 [HK$(52 000-50 000)×0.98]，又包括人民币与港元汇率变动产生的汇兑损失 3 500 元[HK$50 000 ×(1.05-0.98)]双重影响的结果。

【例 3-17】某企业以人民币为记账本位币，采用外币交易发生日的即期汇率作为记账汇率，各有关外币货币性账户 2×21 年 12 月初余额如表 3-1 所示。

表 3-1　某企业 2×21 年 12 月初各外币货币性账户金额

项目	原币	汇率	人民币/元
银行存款——美元	13 000 美元	6.30	81 900
银行存款——港元	5 000 港元	1.20	6 000
应收账款——美元(甲企业)	3 000 美元	6.30	18 900
应付账款——美元(乙企业)	4 000 美元	6.30	25 200

12 月发生的与外币交易有关的经济业务如下。

(1) 12 月 1 日，向甲企业出口产品一批，售价 10 000 美元，货款尚未收到，当日美元的即期汇率为 6.31 元。

(2) 12 月 5 日，向乙企业进口一批材料，价款 8 000 美元，货款尚未支付，当日美元的即期汇率为 6.35 元。

(3) 12 月 10 日，收到甲企业上月所欠货款 3 000 美元，存入银行，当日美元的即期汇率为 6.34 元。

(4) 12 月 12 日，以 2 500 美元支付外方人员工资，当日美元的即期汇率为 6.33 元。

(5) 12 月 17 日，支付上月所欠乙企业货款 4 000 美元，当日美元的即期汇率为 6.35 元。

(6) 12 月 22 日，从美元存款户支出 5 000 美元兑换人民币，当日美元的即期汇率为 6.34 元，外汇指定银行的美元买入汇率为 6.33 元。

(7) 12 月 25 日，借入短期借款 50 000 港元存入银行，当日港元的即期汇率为 1.23 元。

(8) 12 月 26 日，收到某外商投入全新设备一套，价值 5 000 美元，当日美元的即期汇率为 6.34 元。

(9) 12 月 28 日，用 20 000 港元兑换成美元，当日港元的即期汇率为 1.24 元，美元的即期汇率为 6.32 元，外汇指定银行港元的买入汇率为 1.22 元，美元的卖出汇率为 6.4 元。

(10) 12 月 31 日，美元的即期汇率为 6.33 元，港元的即期汇率为 1.21 元。

根据上述外币交易业务，应作会计分录如下。

(1) 借：应收账款——美元(US$ 10 000×6.31)　　　　　　　63 100
　　　贷：主营业务收入　　　　　　　　　　　　　　　　　　　　63 100
(2) 借：在途物资(US$ 8 000×6.35)　　　　　　　　　　　　50 800
　　　贷：应付账款——美元　　　　　　　　　　　　　　　　　　50 800

(3) 借：银行存款——美元(US$ 3 000×6.34)　　　　　　　　　19 020
　　贷：应收账款——美元　　　　　　　　　　　　　　　　　　　　19 020
(4) 借：管理费用　　　　　　　　　　　　　　　　　　　　　　　15 825
　　贷：银行存款——美元(US$ 2 500×6.33)　　　　　　　　　　　　15 825
(5) 借：应付账款——美元(US$ 4 000×6.35)　　　　　　　　　25 400
　　贷：银行存款——美元　　　　　　　　　　　　　　　　　　　　25 400
(6) 借：银行存款——人民币(US$ 5 000×6.33)　　　　　　　　31 650
　　　　财务费用——汇兑差额　　　　　　　　　　　　　　　　　　50
　　贷：银行存款——美元(US$ 5 000×6.34)　　　　　　　　　　　　31 700
(7) 借：银行存款——港元(HK$ 50 000×1.23)　　　　　　　　　61 500
　　贷：短期借款——港元　　　　　　　　　　　　　　　　　　　　61 500
(8) 借：固定资产(US$ 5 000×6.34)　　　　　　　　　　　　　31 700
　　贷：实收资本(US$ 5 000×6.34)　　　　　　　　　　　　　　　　31 700
(9) 换得美元金额为：HK$ 20 000×1.24÷6.30=US$ 3936.51
　　借：银行存款——美元(US$ 3936.51×6.32)　　　　　　　　24 878.74
　　贷：财务费用——汇兑差额　　　　　　　　　　　　　　　　　　78.74
　　　　银行存款——港元(HK$ 20 000×1.24)　　　　　　　　　　　24 800

将上述会计分录登记各外币货币性账户，并按月末即期汇率调整账面人民币余额，如表3-2～表3-6所示。

表3-2　银行存款——美元

日期		业务号数	摘要	借方			贷方			余额		
月	日			美元	汇率	人民币	美元	汇率	人民币	美元	汇率	人民币
12	1		月初余额							13 000	6.30	81 900
	10	(3)	收到货款	3 000	6.34	19 020				16 000		100 920
	12	(4)	支付外方人员工资				2 500	6.33	15 825	13 500		85 095
	17	(5)	支付购货欠款				4 000	6.35	25 400	9 500		59 695
	22	(6)	兑换人民币				5 000	6.34	31 700	4 500		27 995
	28	(9)	港元兑换美元	3 936.51	6.32	24 878.74				8 436.51		52 873.74
	31	(10)	月末调整			529.37				8 436.51	6.33	53 403.11

表3-3　银行存款——港元

日期		业务号数	摘要	借方			贷方			余额		
月	日			港币	汇率	人民币	港币	汇率	人民币	港币	汇率	人民币
12	1		月初余额							5 000	1.2	6 000
	25	(7)	借入短期借款	50 000	1.23	61 500				55 000		67 500
	28	(9)	港元兑换美元				20 000	1.24	24 800	35 000		42 700
	31	(10)	月末调整						350	35 000	1.21	42 350

表 3-4 应收账款——美元(甲企业)

日期		业务号数	摘要	借方			贷方			余额		
月	日			美元	汇率	人民币	美元	汇率	人民币	美元	汇率	人民币
12	1		月初余额							3 000	6.30	18 900
	1	(1)	销售产品	10 000	6.31	63 100				13 000		82 000
	10	(3)	收到销货欠款				3 000	6.34	19 020	10 000		62 980
	31	(10)	月末调整			320				10 000	6.33	63 300

表 3-5 应付账款——美元(乙企业)

日期		业务号数	摘要	借方			贷方			余额		
月	日			美元	汇率	人民币	美元	汇率	人民币	美元	汇率	人民币
12	1		月初余额							4 000	6.30	25 200
	5	(2)	进口材料				8 000	6.35	50 800	12 000		76 000
	17	(5)	支付购货欠款	4 000	6.35	25 400				8 000		50 600
	31	(10)	月末调整						40	8 000	6.33	50 640

表 3-6 短期借款——港元

日期		业务号数	摘要	借方			贷方			余额		
月	日			港元	汇率	人民币	港元	汇率	人民币	港元	汇率	人民币
12	25	(7)	借入港元				50 000	1.2	60 000	50 000		
	31	(10)	月末调整						500	50 000	1.21	60 500

根据上述各外币货币性账户的调整金额,可汇总编制一笔月末调整会计分录如下。

(10) 借:银行存款——美元　　　　　　　　　　　　529.37
　　　应收账款——美元　　　　　　　　　　　　320
　　　财务费用——汇兑差额　　　　　　　　　　40.63
　　贷:应付账款——美元　　　　　　　　　　　　40
　　　银行存款——港元　　　　　　　　　　　　350
　　　短期借款——港元　　　　　　　　　　　　500

3-2 分账制记账法(教学拓展)

第三节 外币财务报表折算

一、外币财务报表折算概述

外币财务报表折算是指将以一种货币表示的财务报表折算为以另一种特定货币表示的财务报表。一般来说，外币财务报表折算只是改变表述的货币单位，并不改变报表项目之间的关系。外币财务报表折算的目的主要有以下几个方面。

(1) 编制跨国公司合并报表的需要。由于编制合并报表前需要统一会计政策，通常以母公司报表所用货币来表述，因此纳入合并范围的境外经营子公司或分支机构以外币表示的财务报表需要折算为以母公司记账本位币表示的财务报表。

(2) 在境外证券市场上发行股票和债券的需要。在境外资本市场有证券上市交易的公司，有义务按上市地区的法律法规，向其境外股东、债权人和其他报表使用者提供适合其使用的财务报告，因此需要将财务报表进行折算。

(3) 集团公司为了考核、评价境外子公司的财务状况、经营成果及现金流量情况，也需要将境外子公司用外币表述的财务报表进行折算。

二、外币财务报表折算的基本方法

外币财务报表折算的关键问题有两个：一是折算汇率的选择；二是折算差额的处理。

(一)折算汇率的选择

对于采用哪种汇率进行折算，目前有两种观点：一种观点是采用单一的汇率进行折算，即对除未分配利润项目以外的所有报表项目均按照现行汇率折算；另一种观点是采用非单一汇率进行折算，即根据报表项目的不同特点，分别选用历史汇率、现行汇率进行折算。基于上述两种观点，国际上先后组合出了四种不同的外币财务报表折算方法。

1. 现行汇率法

现行汇率法是一种以现行汇率为主要折算汇率的外币报表折算方法。其主要内容为：①资产负债表各资产与负债项目均按编表日现行汇率进行折算；②资产负债表上的实收资本项目，按投入资本时的当日汇率(历史汇率)折算；③资产负债表上的留存利润或未分配利润项目是平衡数，通过倒挤确定，无须按特定汇率折算；④利润表上的收入和费用项目，按确认这些项目时的汇率折算，或者为了简化，按编表期内的平均汇率折算。

现行汇率法的主要优点：简便易行；采用单一汇率对各资产、负债项目进行折算，等于对这些项目乘以同一系数，因而折算后的资产负债表各项目基本上能够保持原外币报表中各项目之间的比例关系，据此计算出来的各种财务指标能够反映子公司的实际情况。现行汇率法的主要缺点：对各资产、负债项目的折算，在折算汇率的选择方面缺乏足够的理论依据。

2. 流动与非流动法

流动与非流动法是将资产与负债项目区分为流动性项目与非流动性项目两大类，将流动性项目按现行汇率折算、非流动性项目按历史汇率折算的一种外币报表折算方法。这种方法的基本内容为：①流动资产与流动负债各项目按编表日现行汇率折算；②其他资产负债表项目，除留存收益之外，均按历史汇率折算；③资产负债表上的留存收益属于平衡数，与现行汇率法下一样通过倒挤确定，不必按特定汇率折算；④利润表上的折旧费用、摊销费用项目，按有关资产取得时的历史汇率折算；⑤利润表上的其他项目，按业务发生(确认这些项目)时的汇率折算，或者为了简化，按编表期的平均汇率折算。

流动与非流动法试图对不同的资产与负债项目采用不同的折算汇率，但折算汇率的选择标准缺乏足够的理论依据，也就是没有充分的理由说明为什么流动性项目要按现行汇率折算，而非流动性项目则必须按历史汇率折算。

3. 货币与非货币法

货币与非货币法是将资产与负债项目分为货币性项目与非货币性项目，将货币性项目按现行汇率折算、非货币性项目按历史汇率折算的一种外币报表折算方法。这种方法的基本内容为：①资产负债表上的货币性项目，包括货币性资产与货币性负债(如现金、应收账款、应付账款、长期负债等)，都按现行汇率折算；②资产负债表上的非货币性资产与负债项目(如存货、固定资产、长期投资等)，都按历史汇率折算；③资产负债表上的实收资本项目按历史汇率折算；④留存利润属于平衡数，与前述两种方法的处理相同；⑤利润表上的折旧费用与摊销费用项目，同流动与非流动法一样，按有关资产取得时的历史汇率折算；⑥由于存货按历史汇率折算，因而销售成本实际上也是按历史汇率折算的，在实际折算时，销售成本一般按倒挤法确定；⑦利润表上的其他项目均按业务发生时的汇率或编表期的平均汇率折算。

同流动与非流动法一样，货币与非货币法也是试图通过对资产与负债进行分类组合，从而选用不同的汇率进行折算，二者的区别只是分类的标准不同。货币与非货币法的优点是考虑到货币性项目容易受汇率变动的影响。因为货币性项目所代表的价值相当于一定的货币金额，汇率的每次变动都直接引起等量外币金额的变化，因而货币性项目采用现行汇率进行折算。这种方法仍有其难以解决的问题。

4. 时态法

时态法是一种以资产、负债项目的计量基础作为选择折算汇率的依据的一种外币报表折算方法。这种方法的理论依据是，外币的折算实际上是将外币报表按一种新的货币单位重新表述的过程，在这一过程中，改变的只是计量单位，而不是被计量项目的计量属性。因此，各个外币报表项目应按其计量日期的实际汇率折算，这样才能保证不改变各外币报表项目的计量基础。时态法的基本内容为：①资产负债表上的现金、应收和应付项目以及长期负债项目，按现行汇率折算；②资产负债表上按历史成本计价的各项非货币性资产(如固定资产、无形资产等)，按取得这些资产时的历史汇率折算；③资产负债表上按现行市价计价的非货币性资产项目(如存货、投资可能是按市价计价的)，按编表日的现行汇率折算；④资产负债表上各所有者权益项目的折算，与前述现行汇率法等三种方法相同；⑤利润表上的折旧费用和摊销费用，按有关资产取得时的历史汇率折算；⑥利润表上的其他项目均按确认这些项目时的汇率折算，或者为了简化，按编表期的平均汇率折算。

时态法的主要优点是，折算汇率的选择标准具有较强的理论依据。这种方法的主要缺点是，由于对资产负债表各项目的折算采用不同的折算汇率，因而折算后的资产负债表不能保持折算前有关项目之间的比率关系。

(二)折算差额的处理

外币报表折算差额是指在外币财务报表折算时，由于不同报表项目采用的折算汇率不同而产生的差额。它是在外币报表折算过程中产生的一种未实现损益。国际上对于上述折算差额应否计入当期损益，也形成了两种观点：一是将折算差额全部计入当期损益；二是将折算损益全部或部分作递延处理。因此，对于折算差额的处理方法主要有以下几种。

1. 折算损益全部计入当期损益

这种方法认为，利润可以定义为净资产的增加，因此在进行外币报表折算时，如果某项资产或负债当前的折算价值不同于原先的折算价值，则其差额自然应计入当期利润表。时态法正好符合这一推理过程。因此，在采用时态法进行报表折算时，折算损益全部计入当期损益。

2. 折算损益全部递延

这种方法将折算损益按照一定标准在若干个会计期间分摊。这种方法缺乏足够的理论依据，因为折算损益产生于特定的会计期间，它并不影响以后的会计期间，因而与以后期间的收益没有任何关系。采用这种方法的结果是使各期利润平稳化，会给人以汇率相对稳定的错觉。

3. 折算损益部分递延

这是一种介于前两种方法之间的方法，比如基于稳健性的考虑，在流动与非流动法下，将折算损失计入当期损益，而折算利得予以递延。

4. 作为所有者权益的调整额

这种方法将折算损益列入资产负债表中的所有者权益部分，称为"折算调整额"。这种方法认为，折算损益是在报表折算过程中形成的，并不是真正的损失和利得，也没有真正实现，它并不影响国外子公司的现金流量，因而不应列入利润表，而应列入资产负债表。

(三)折算汇率选择与折算损益处理的结合

如前所述，外币报表折算要解决折算汇率选择与折算损益处理这两个问题。因此，一种特定的外币报表折算方法必须是两者的有机结合。但在习惯上，仍将折算汇率选择的四种方法称为外币报表的折算方法。在实务中，折算汇率的选择方法与折算损益的处理方法两者的结合方式详见表3-7。

表3-7　折算汇率的选择方法与折算损益的处理方法的结合方式

结合方式	现行汇率法	流动与非流动法	货币与非货币法	时态法
1.折算损失与利得均予递延	√			
2.折算损失与利得均计入当期损益			√	√
3.折算损失计入当期损益，折算利得递延		√		

三、我国境外经营财务报表的折算

根据《企业会计准则第19号——外币折算》的规定,企业的子公司、合营企业、联营企业和分支机构如果采用与企业相同的记账本位币,即使是设在境外,其财务报表也不存在折算问题。但是,如果企业境外经营的记账本位币不同于企业的记账本位币,在将企业的境外经营通过合并报表、权益法核算等纳入企业的财务报表中时,需要将企业境外经营的财务报表折算为以企业记账本位币反映。

(一)境外经营外币财务报表的折算

在对企业境外经营财务报表进行折算前,应当调整境外经营的会计期间和会计政策,使之与企业会计期间和会计政策相一致,根据调整后会计政策及会计期间编制相应货币(记账本位币以外的货币)的财务报表,再按照以下方法对境外经营财务报表进行折算。

(1) 资产负债表中的资产和负债项目,采用资产负债表日的即期汇率折算,所有者权益项目除"未分配利润"项目外,其他项目采用发生时的即期汇率折算。

(2) 利润表中的收入和费用项目,采用交易发生日的即期汇率或即期汇率的近似汇率折算。

(3) 产生的外币财务报表折算差额,在编制合并会计报表时,应在合并资产负债表中所有者权益项目下单独作为"外币报表折算差额"项目列示。

可见,我国外币财务报表折算采用的是改良的现行汇率法。

【例3-18】国内甲公司的记账本位币为人民币,该公司在境外有一子公司乙公司,甲公司拥有乙公司70%的股权。乙公司确定的记账本位币为美元。根据合同约定,甲公司采用当期平均汇率折算乙公司利润表项目。乙公司的其他有关资料如下。

2×21年12月31日的汇率为1美元=6.7元人民币,2×21年的平均汇率为1美元=6.6元人民币,实收资本、资本公积发生日的即期汇率为1美元=7元人民币,2×20年12月31日的股本为500万美元,折算为人民币为3 500万元;累计盈余公积为50万美元,折算为人民币为355万元,累计未分配利润为120万美元,折算为人民币为852万元,甲公司、乙公司均在年末提取盈余公积,乙公司当年提取的盈余公积为70万美元。

报表折算见表3-8~表3-10。

表3-8 利润表

2×21年 单位:万元

项 目	期末数/美元	折算汇率	折算为人民币金额
一、营业收入	2 000	6.6	13 200
减:营业成本	1 500	6.6	9 900
税金及附加	40	6.6	264
管理费用	100	6.6	660
财务费用	10	6.6	66
加:投资收益	30	6.6	198

续表

项目	期末数/美元	折算汇率	折算为人民币金额
二、营业利润	380		2 508
加：营业外收入	40	6.6	264
减：营业外支出	20	6.6	132
三、利润总额	400		2 640
减：所得税费用	120	6.6	792
四、净利润	280		1 848

表3-9 所有者权益变动表

2×21年度　　　　　　　　　　　　　　　　　　　　　单位：万元

项目	实收资本			盈余公积			未分配利润		外币报表折算差额	股东权益合计
	美元	折算汇率	人民币	美元	折算汇率	人民币	美元	人民币		人民币
一、本年年初余额	500	7	3 500	50		355	120	852		4 707
二、本年增减变动金额										
(一)净利润							280	1 848		1 848
(二)直接计入所有者权益的利得和损失										
其中：外币报表折算差额									−1 530	−1 530
(三)利润分配										
提取盈余公积				70	6.6	462	−70	−462		0
三、本年年末余额	500	7	3 500	120		817	330	2 238	−1 530	5 025

表3-10 资产负债表

2×21年12月31日　　　　　　　　　　　　　　　　　　单位：万元

资产	期末数/美元	折算汇率	折算为人民币金额	负债和股东权益	期末数/美元	折算汇率	折算为人民币金额
流动资产：				流动负债：			
货币资金	190	6.7	1 273	短期借款	45	6.7	301.5
应收账款	190	6.7	1 273	应付账款	285	6.7	1 909.5
存货	240	6.7	1 608	其他流动负债	110	6.7	737
其他流动资产	200	6.7	1 340	流动负债合计	440		2 948
流动资产合计	670		4 489	非流动负债：			
非流动资产：				长期借款	140	6.7	938
长期应收款	120	6.7	804	应付债券	80	6.7	536

续表

资　产	期末数/美元	折算汇率	折算为人民币金额	负债和股东权益	期末数/美元	折算汇率	折算为人民币金额
固定资产	550	6.7	3 685	其他非流动负债	90	6.7	603
在建工程	80	6.7	536	非流动负债合计	310		2 077
无形资产	100	6.7	670	负债合计	750		5 025
其他非流动资产	30	6.7	201	股东权益：			
非流动资产合计	830		5 561	股本	500	7	3 500
				其他综合收益			-1 530
				盈余公积	120		817
				未分配利润	330		2 238
				股东权益合计	950		5 025
资产总计	1 700		10 050	负债和股东权益总计	1 700		10 050

当期计提的盈余公积采用当期平均汇率折算，期初盈余公积为以前年度计提的盈余公积按相应年度平均汇率折算后金额的累计，期初未分配利润记账本位币金额为以前年度未分配利润记账本位币金额的累计。

其他综合收益(外币报表折算差额)是以记账本位币反映的净资产减去以记账本位币反映的实收资本、累计盈余公积及累计未分配利润后的余额，即 5 025-3 500-817-223=-1 530(万元)。

(二)特殊项目的处理

1. 少数股东应分担的外币报表折算差额

在企业境外经营为其子公司的情况下，企业在编制合并财务报表时，应按少数股东在境外经营所有者权益中所享有的份额计算少数股东应分担的外币报表折算差额，并入少数股东权益列示于合并资产负债表。

2. 实质上构成对境外经营净投资的外币货币性项目产生的汇兑差额的处理

母公司含有实质上构成对子公司(境外经营)净投资的外币货币性项目的情况下，在编制合并财务报表时，应分别以下面两种情况编制抵销分录。

(1) 实质上构成对子公司净投资的外币货币性项目以母公司或子公司的记账本位币反映，则应在抵销长期应收应付项目的同时，将其产生的汇兑差额转入"外币报表折算差额"项目，即借记或贷记"财务费用——汇兑差额"科目，贷记或借记"外币报表折算差额"。

(2) 实质上构成对子公司净投资的外币货币性项目以母、子公司的记账本位币以外的货币反映，则应将母、子公司此项外币货币性项目产生的汇兑差额相互抵销，差额转入"外币报表折算差额"。

如果合并财务报表中各子公司之间也存在实质上构成对

3-3 恶性通货膨胀下的外币报表折算(教学拓展)

另一子公司(境外经营)净投资的外币货币性项目,在编制合并财务报表时应比照上述编制相应的抵销分录。

四、境外经营的处置

企业可能通过出售、清算、返还股本或放弃全部或部分权益等方式处置其在境外经营中的利益。在包含境外经营的财务报表中,将已列入所有者权益的外币报表折算差额中与该境外经营相关部分,自所有者权益项目中转入处置当期损益;如果是部分处置境外经营,应当按处置的比例计算处置部分的外币报表折算差额,转入处置当期损益。

五、信息披露

根据《企业会计准则第19号——外币折算》要求,企业应当在财务报表附注中披露以下与外币交易折算相关的信息。

(1) 企业及其境外经营选定的记账本位币及选定的原因,记账本位币发生变更的,说明变更理由。

(2) 采用近似汇率的,说明近似汇率的确定方法。

(3) 计入当期损益的汇兑差额。

(4) 处置境外经营对外币财务报表折算差额的影响。

3-4 外币折算(微课视频)

本章课后练习

一、单项选择题

1. 下列说法中,正确的是( )。
   A. 企业记账本位币一经确定,不得随意变更,除非企业经营所处的主要经济环境发生重大变化
   B. 企业记账本位币一经确定,不得变更
   C. 企业的记账本位币一定是人民币
   D. 企业编报财务报表的货币可以按照人民币以外的币种来反映

2. 国内甲企业主要从事某化妆品的销售,该企业20%的销售收入源自出口,出口货物采用美元计价和结算;从法国进口所需原材料的25%,进口原材料以欧元计价和结算。不考虑其他因素,则该企业的记账本位币是( )。
   A. 美元   B. 欧元   C. 人民币   D. 美元和欧元

3. 外币会计报表折算时,子公司外币会计报表中的"营业外支出"项目的金额应按( )折算为母公司记账本位币。
   A. 交易发生日的即期汇率   B. 当年年初的市场汇率
   C. 当年年末市场汇率   D. 资产负债表日的即期汇率

4. 在进行资产负债表的折算时,所有者权益类项目除( )项目外,均按照发生时的即期汇率折算为母公司记账本位币。
   A. 实收资本   B. 资本公积   C. 盈余公积   D. 未分配利润

5. 下列各项中,属于外币兑换业务的是( )。
   A. 从银行取得外币借款　　　　B. 进口材料发生的外币应付账款
   C. 归还外币借款　　　　　　　D. 从银行购入外汇

二、多项选择题

1. 企业选择境外经营的记账本位币,应当考虑的因素有( )。
   A. 境外经营对其所从事的活动是否拥有很强的自主性
   B. 境外经营活动中与企业的交易是否在境外经营中占有较大比重
   C. 境外经营活动产生的现金流量是否足以偿还其现有债务和可预期的债务
   D. 境外经营活动产生的现金流量是否直接影响企业的现金流量,是否可以随时汇回

2. 企业选定记账本位币,应当考虑的因素有( )。
   A. 该货币主要影响商品和劳务所需人工、材料和其他费用,通常以该货币进行上述费用的计价和结算
   B. 该货币主要影响商品和劳务的销售价格,通常以该货币进行商品和劳务的计价和结算
   C. 融资活动获得的货币以及保存从经营活动中收取款项所使用的货币
   D. 影响当期汇兑差额数额的大小

3. 我国某企业的记账本位币为港币,则下列说法中不正确的有( )。
   A. 该企业以港币计价和结算的交易属于外币交易
   B. 该企业以人民币计价和结算的交易属于外币交易
   C. 该企业期末编报的财务报表应当折算为人民币
   D. 该企业期末采用港币编制报表,不需要折算

4. 企业在对境外经营的财务报表进行折算时,下列项目可采用发生时的即期汇率折算的有( )。
   A. 固定资产　　B. 资本公积　　C. 实收资本　　D. 盈余公积

5. 母公司含有实质上构成对子公司(境外经营)净投资的外币货币性项目的情况下,在编制合并财务报表时,应分别以( )原则编制抵销分录。
   A. 实质上构成对子公司净投资的外币货币性项目以母公司或子公司的记账本位币反映,则该外币货币性项目产生的汇兑差额应转入"外币报表折算差额"
   B. 实质上构成对子公司净投资的外币货币性项目以母、子公司的记账本位币以外的货币反映,则应将母、子公司此项外币货币性项目产生的汇兑差额相互抵销,差额计入"外币报表折算差额"
   C. 如果合并财务报表中各子公司之间也存在实质上构成对另一子公司(境外经营)净投资的外币货币性项目,在编制合并财务报表时应比照上面AB选项原则处理
   D. 实质上构成对子公司净投资的外币货币性项目以母公司或子公司的记账本位币反映,则该外币货币性项目产生的汇兑差额应转入财务费用

三、判断题

1. 企业对境外子公司的外币资产负债表进行折算时,采用资产负债表日的即期汇率折算。　　　　　　　　　　　　　　　　　　　　　　　　　　( )

2. 以成本与可变现净值孰低计量的存货,在以外币购入存货且该存货在资产负债表日的可变现净值以外币反映的情况下,确定资产负债表日存货价值时应考虑汇率变动的影响。( )

3. 企业在资产负债表日,应当按照规定对外币货币性项目进行处理,应采用资产负债表日即期汇率折算。因资产负债表日即期汇率与初始确认时或者前一资产负债表日即期汇率不同而产生的汇兑差额,计入资本公积。( )

4. 企业收到投资者投入的资本,应按照合同约定的汇率进行折算。( )

5. 企业发生外币交易时,都应该采用交易发生日的即期汇率将外币金额折算为记账本位币金额。( )

四、业务题

1. 甲公司的记账本位币为人民币,其外币交易采用交易日即期汇率折算。2×21年6月8日,以每股4美元的价格购入乙公司B股20 000股,划分为交易性金融资产核算,当日汇率为1美元=6.82元人民币,款项已支付。2×21年6月30日,乙公司B股市价变为每股3.5美元,当日汇率为1美元=6.83元人民币。假定不考虑相关税费的影响。

要求:请为甲公司完成上述事项的会计处理。

2. 甲公司以人民币作为记账本位币,其外币交易采用交易日即期汇率折算,按月计算汇兑损益。甲公司在银行开设有欧元账户。

甲公司有关外币账户2×21年5月31日的余额如表3-11所示。

表3-11 甲公司外币账户余额

项 目	外币账户余额/欧元	汇 率	人民币账户余额/元
银行存款	800 000	9.55	7 640 000
应收账款	400 000	9.55	3 820 000
应付账款	200 000	9.55	1 910 000

甲公司2×21年6月份发生的有关外币交易或事项如下。

(1) 6月5日,以人民币向银行买入200 000欧元。当日即期汇率为1欧元=9.69元人民币,当日银行卖出价为1欧元=9.75元人民币。

(2) 6月12日,从国外购入一批原材料,总价款为400 000欧元。该原材料已验收入库,货款尚未支付。当日即期汇率为1欧元=9.64元人民币。另外,以银行存款支付该原材料的进口关税644 000元人民币,增值税765 000元人民币。

(3) 6月16日,出口销售一批商品,销售价款为600 000欧元,货款尚未收到。当日即期汇率为1欧元=9.41元人民币。假设不考虑相关税费。

(4) 6月25日,收到应收账款300 000欧元,款项已存入银行。当日即期汇率为1欧元=9.54元人民币。该应收账款系2月份出口销售发生的。

(5) 6月30日,即期汇率为1欧元=9.64元人民币。

要求:请为甲公司完成上述外币交易会计事项处理以及6月30日年中核算中汇兑差额的相关处理。

3. 某母公司有一境外子公司,该子公司财务报表的编报货币为美元,2×22年年初美元的即期汇率为6.40元人民币,资产负债表日的即期汇率为6.20元人民币,则本期美元的平均汇率为6.30元人民币(作为利润表折算汇率)。假定该子公司年初盈余公积为50万美元,折合人民币为 320 万元；年初未分配利润为 100 万美元，折合人民币为 638 万元；本期提取盈余公积和分配投资者利润分别为 50 万美元和 250 万美元，折合人民币分别为 317.5 万元和 1 587.5 万元。除"未分配利润"项目外，其他所有者权益项目发生时的即期汇率 1 美元均为 6.35 元人民币。

该子公司以美元表示的财务报表如表 3-12～表 3-14 所示。

要求：请按我国现行准则规定，将下列财务报告折算成以人民币表示的财务报表。

表 3-12　利润表

编制单位：某子公司　　　　　　　2×21 年　　　　　　　　　　　单位：万元

项　目	本期金额/美元	折算汇率	折算为人民币金额
一、营业收入	4 000		
减：营业成本	3 200		
管理费用	200		
财务费用	100		
二、营业利润	500		
减：营业外支出	50		
三、利润总额	450		
减：所得税费用	150		
四、净利润	300		

表 3-13　所有者权益变动表

编制单位：某子公司　　　　　　　2×21 年　　　　　　　　　　　单位：万元

项　目	实收资本			盈余公积			未分配利润		外币报表折算差额	股东权益合计
	美元	汇率	人民币	美元	汇率	人民币	美元	人民币		
一、本年年初余额	1 000			50			100			
二、本年增减变动金额										
(一)净利润							300			
(二)直接计入所有者权益的利得和损失										
其中：外币报表折算差额										
(三)利润分配										
1.提取盈余公积				50			−50			
2.对股东分配							−250			
三、本年年末余额	1 000			100			100			

表 3-14 资产负债表

编制单位：子公司　　　　　　　　　　　2×21年12月31日　　　　　　　　　　　　单位：万元

资产	期末数/美元	汇率	人民币金额	负债和股东权益	期末数/美元	汇率	人民币金额
流动资产：				流动负债：			
银行存款	150			应付账款	400		
应收账款	250			应付职工薪酬	50		
存货	400			流动负债合计	450		
流动资产合计	800			非流动负债：			
非流动资产：				长期借款	350		
长期应收款	80			非流动负债合计	350		
固定资产	1 000			负债合计	800		
在建工程	40			股东权益：			
无形资产	80			实收资本	1 000		
非流动资产合计	1 200						
				盈余公积	100		
				未分配利润	100		
				股东权益合计	1 200		
资产总计	2 000			负债和股东权益合计	2 000		

3-5　本章课后练习答案　　　3-6　业务题3-1讲解(微课视频)

第四章 所得税会计

【学习目标】
- 了解所得税会计的相关概念。
- 掌握所得税会计相关数据的计算。
- 掌握资产负债表债务法下的会计处理。
- 理解所得税会计的特殊问题处理。

【学习内容】
- 所得税会计的相关概念。
- 计税基础、暂时性差异等相关金额的计算。
- 递延所得税资产、递延所得税负债的确认与转回的会计处理。
- 所得税费用的会计处理。

【学习重点】
- 资产和负债的暂时性差异的确定。
- 递延所得税和所得税费用的确认与计量。

【学习难点】
- 所得税税率发生变更的处理。
- 企业合并中的所得税问题。

4-1 《企业会计准则第 18 号——所得税》(拓展阅读)

【准则依据】

《企业会计准则第 18 号——所得税》。

第一节 所得税会计概述

一、所得税会计的概念

企业财务会计核算遵循企业会计准则,会计准则的目的是规范企业对外财务报告,以便如实地反映企业的财务状况、经营成果和现金流量；而企业在计算所得税时则遵循《企业所得税法》，税法的目的是课税，强调公平和效率，具有调节社会资源配置、公平社会财务分配等功能。二者分别从企业会计核算角度和国家征税角度进行确认和计量企业所得，前者称为"利润"，而后者称为"纳税所得"，因基础不同必然会存在差异。所得税会计是研究如何处理会计准则和税收法规在与所得税有关的确认和计量方面差异的会计理论和方法，它是适应对会计利润和纳税所得之间的差异进行会计处理的要求而产生的。

二、所得税会计的方法

所得税会计产生的根本原因在于会计准则和税法之间存在差异。从财务会计的目标出发，可以分别从利润表角度和资产负债表角度来分析会计准则和税收法规在收入与费用以及资产与负债在确认与计量上存在的差异。按照是否确认差异的所得税影响以及如何确认差异的所得税影响，所得税会计处理方法可以分为应付税款法、基于利润表的纳税影响法和资产负债表债务法。

应付税款法是按所得税税法规定的应纳税所得额和税率计算应交所得税金额，并按照应交所得税金额确认当期所得税费用的所得税会计核算方法。基于利润表的纳税影响法是按权责发生制和配比原则的要求，将时间性差异对所得税的影响金额计入所得税费用和递延税款的所得税会计核算方法。

我国所得税会计采用了资产负债表债务法，要求企业从资产负债表出发，通过比较资产负债表上列示的资产、负债按照会计准则规定确定的账面价值与按照税法规定确定的计税基础，对于两者之间的差异分别应纳税暂时性差异与可抵扣暂时性差异，确认相关的递延所得税负债与递延所得税资产，在综合考虑当期应交所得税的基础上，确定每一会计期间利润表中的所得税费用。

资产负债表债务法的基本核算程序如图 4-1 所示，具体的文字表述如下。

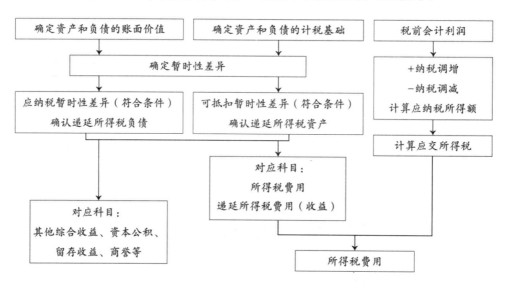

图 4-1 资产负债表债务法的基本核算程序

(1) 按照企业会计准则的规定，确定资产、负债项目的账面价值。
(2) 以税法为依据，确定资产、负债项目的计税基础。
(3) 比较资产、负债项目账面价值与计税基础之间的暂时性差异，确定为应纳税暂时性差异和可抵扣暂时性差异。
(4) 根据应纳税暂时性差异和可抵扣暂时性差异，确认递延所得税资产及递延所得税负债。
(5) 计算确定利润表中的所得税费用。

4-2　我国所得税会计的演变过程(教学拓展)

第二节　计税基础和暂时性差异

一、计税基础

计税基础是指计税时应归属该资产或负债的金额，即按照税法的规定而反映的一项资产或负债的金额。在确定资产、负债的计税基础时，应严格遵循税收法规中对于资产、负债的税务处理以及可税前扣除的费用等规定。确认资产和负债的计税基础，以及比较其与账面价值的差异这一程序很重要，因为它是后续区分应纳税暂时性差异和可抵扣暂时性差异，并确认和计量递延所得税资产或递延所得税负债的必要条件。

(一)资产的计税基础

资产的计税基础是指企业收回资产账面价值过程中，计算应纳税所得额时按照税法的规定可以自应税经济利益中抵扣的金额，即按照税法规定，该项资产在未来使用或最终处置时，允许作为成本或费用于税前列支的金额。

通常情况下，资产取得时其入账价值与计税基础是相同的，后续计量会因会计准则规定与税法规定不同，可能造成账面价值与计税基础的差异。例如，按照会计准则规定，资产在后续计量时，可变现净值或可收回金额低于其账面价值时，应当计提相关的减值准备；而根据税法规定，企业提取的减值准备一般不能税前抵扣，只有在资产发生实质性损失时才允许税前扣除，由此产生了资产的账面价值与计税基础之间的差异，又称为暂时性差异。

下面就具体的资产项目分别举例说明。

1. 应收账款

根据企业会计准则的规定，应收账款的账面价值为应收账款账面余额减去坏账准备账面余额；税法规定，不符合国务院财政、税务主管部门规定的各项资产减值准备不允许税前扣除，应收账款的计税基础应该是其账面余额。因此，应收账款账面价值和计税价值会不同，产生暂时性差异。

【例 4-1】 A 公司是一家在 2×20 年年初新成立的企业，2×20 年 12 月 31 日应收账款的账面余额为 800 万元，公司在期末对应收账款计提坏账准备 200 万元。

应收账款账面价值=应收账款账面余额-坏账准备账面余额=800-200=600(万元)

应收账款计税基础=应收账款初始成本=800(万元)

2. 以公允价值计量的金融资产

按照《企业会计准则第22号——金融工具确认和计量》的规定，以公允价值计量且其变动计入当期损益的金融资产按公允价值计量。因此，该类资产某一会计期末的账面价值等于其公允价值。税法规定，企业以公允价值计量的金融资产，持有期间公允价值变动不计入应纳税所得额。在实际处置或结算时，处置取得的价款扣除其历史成本后的差额应计入处置或结算期间的应纳税所得额。按照该规定，以公允价值计量的金融资产在持有期间公允价值的变动损益在计税时不予考虑，某一会计期末其计税基础等于其初始取得成本。因此，在公允价值变动的情况下，以公允价值计量的金融资产账面价值与计税基础之间会产生暂时性差异。

企业持有的以公允价值计量且其变动计入其他综合收益的金融资产计税基础的确定，与以公允价值计量且其变动计入当期损益的金融资产类似，可比照处理。

【例4-2】B公司在2×20年9月3日取得一项交易性金融资产，实际成本为1 000万元，2×20年12月31日其公允价值为1 200万元。按照企业会计准则规定，交易性金融资产期末应以公允价值计量，公允价值的变动计入当期损益。如果按照税法规定，交易性金融资产在持有期间公允价值变动不计入应纳税所得额，即其计税基础保持1 000万元不变，则计税基础与账面价值之间的差额200万元即为暂时性差异。

交易性金融资产账面价值=公允价值=1 200(万元)

交易性金融资产计税基础=初始成本=1 000(万元)

3. 存货

根据企业会计准则的规定，资产负债表日存货的账面价值为存货账面余额减去存货跌价准备账面余额；按照税法规定，企业提取的存货跌价准备一般不允许在税前抵扣，只有在存货发生实质性损失时才允许税前扣除。因此，存货的计税基础不会因跌价准备的计提而发生变化，其仍为存货的账面余额。存货的账面价值与其计税基础之间会不相等，产生暂时性差异。

【例4-3】C公司在2×20年2月1日购入一批存货，实际成本为100万元，2×20年12月31日估计该批存货的可变现净值为70万元，由于存货的可变现净值低于实际成本，应对其计提存货跌价准备30万元。存货的计税基础不确认跌价准备，仍然为100万元，存货的账面价值与计税基础之间产生30万元暂时性差异。

存货账面价值=存货账面余额-存货跌价准备账面余额=100-30=70(万元)

存货计税基础=存货账面余额=100(万元)

4. 长期股权投资

根据企业会计准则的规定，长期股权投资的账面价值按照成本法或权益法确认；按照税法规定，长期股权投资的计税基础一般按照初始成本确认。在成本法下，企业于会计期末进行减值测试，如经减值测试表明已发生减值，则需要计提相应的减值准备；在权益法下，企业要随着被投资企业权益增加或减少而调整账面价值。上述各类调整都造成长期股权投资的账面价值与计税基础不一致，产生暂时性差异。

【例4-4】D公司长期股权投资采用权益法核算，2×20年年初以8 000万元购入X公司普通股股票，购入时其初始成本和计税基础均为8 000万元。2×20年年末，D公司按照持股比例计算应享有 X 公司的净利润份额为 200 万元,长期股权投资的账面价值与计税基础之间产生 200 万元暂时性差异。

长期股权投资账面价值=8 000+200=8 200(万元)

长期股权投资计税基础=8 000(万元)

5. 投资性房地产

根据企业会计准则的规定,投资进行房地产有成本模式和公允价值模式两种计量模式。投资性房地产如果采用公允价值模式进行后续计量,其期末账面价值为公允价值,而税法规定其公允价值变动不计入应纳税所得额,即不认可该项资产在持有期间因公允价值变动产生的利得或损失,其计税基础为原始成本减去累计折旧后的金额。因此,投资性房地产的账面价值与其计税基础之间会产生暂时性差异。

【例4-5】E 公司于 2×20 年年初将一批房屋用于出租,该批房屋的原始成本为 6 000 万元,预计使用年限为 40 年,预计净残值为零,公司按照直线法计提折旧。因为能够持续可靠地取得该投资性房地产的公允价值,E 公司选择采用公允价值对该投资性房地产进行后续计量。2×20 年年末该投资性房地产的公允价值为 6 600 万元(假定对于该投资性房地产,税法规定的折旧方法、折旧年限和预计净残值与会计规定相同)。

投资性房地产账面价值=公允价值=6 600(万元)

投资性房地产计税基础=原始成本-累计折旧=6 000-(6 000÷40)=5 850(万元)

6. 固定资产

固定资产取得时的账面价值与计税基础是相同的,但在后续计量时则因会计与税法在折旧计算方法和折旧年限上存在差异以及固定资产减值准备不允许在税前扣除等原因,造成固定资产的账面价值与计税基础的差异。资产负债表日固定资产的账面价值为原始成本减去累计折旧再减去固定资产减值准备,而固定资产的计税基础为原始成本减去按照税法规定已在以前期间税前扣除的折旧额。因此,固定资产的账面价值与计税基础之间的不同形成暂时性差异。

【例4-6】F 公司于 2×20 年 12 月 16 日购入一项固定资产,取得时按照会计规定及税法规定确定的成本均为 400 万元,公司预计该项固定资产的使用年限为 8 年,税法规定该类固定资产的折旧年限为 5 年,净残值为零。会计核算按照直线法计提折旧,税法规定可以采用双倍余额递减法计提折旧。2×21 年 12 月 31 日,该项固定资产的可收回金额为 330 万元。

2×21 年年末,固定资产账面价值=原始成本-累计折旧-固定资产减值准备=400-(400÷8)-(350-330)=330(万元)

2×21 年年末,固定资产计税基础=原始成本-税法规定计提的累计折旧=400-400×$\frac{2}{5}$×100%=240(万元)

7. 无形资产

企业无形资产的取得包括内部研发和外部取得。除内部研究开发形成的无形资产外,以其他方式取得的无形资产,初始确认时其入账价值与税法规定的计税基础之间一般不存在差异。

对于内部研究开发形成的无形资产,企业会计准则规定有关研究开发支出区分两个阶段,研究阶段的支出应当费用化计入当期损益,而开发阶段符合资本化条件以后发生的支出资本化作为无形资产的成本。税法规定,企业为开发新技术、新产品、新工艺发生的研究开发费用,未形成无形资产计入当期损益的,在按照规定据实扣除的基础上,按照研究开发费用的50%加计扣除;形成无形资产的,按照无形资产成本的150%摊销。但是按照我国所得税会计准则的规定,如果该无形资产的确认不是产生于企业合并交易,同时在确认时既不影响会计利润也不影响应纳税所得额,则不确认为有关暂时性差异的影响。

【例4-7】G公司当期为开发新技术发生研究开发支出2 000万元,其中研究阶段支出400万元,开发阶段符合资本化条件前发生的支出为400万元,符合资本化条件后至达到预定用途前发生的支出为1 200万元。税法规定,企业为开发新技术、新产品、新工艺发生的研究开发费用,未形成无形资产计入当期损益的,按照研究开发费用的75%加计扣除;形成无形资产的,按照无形资产成本的175%摊销。假定开发形成的无形资产在当期期末已达到预定用途(尚未开始摊销)。

G公司当期发生的研究开发支出中,按照会计准则规定应予费用化的金额为800万元,形成无形资产的成本为1 200万元,即期末所形成无形资产的账面价值为1 200万元。

而G公司当期发生的2 000万元研究开发支出,按照税法规定可在当期税前扣除的金额为1 200(800+800×50%)万元。所形成的无形资产在未来期间可予税前扣除的金额为1 800(1 200×150%)万元,即计税基础为1 800万元,形成暂时性差异600万元。

但该暂时性差异产生于无形资产初始确认而非企业合并,且确认时既不影响会计利润也不影响应纳税所得额,因此按照企业会计准则的规定,不确认该600万元暂时性差异对所得税的影响。

无形资产在后续计量过程中,按照企业会计准则规定可区分为使用寿命确定的无形资产和使用寿命不确定的无形资产。对于使用寿命不确定的无形资产,在持有期间内不需要摊销其成本,而在每个会计期末进行减值测试,如经减值测试表明已发生减值,则需要计提相应的减值准备。税法规定,企业取得的无形资产成本,应在一定期限内摊销,合同、法律未明确规定摊销期限的,应按不少于10年的期限摊销。对于使用寿命确定的无形资产,企业会计准则规定,应在其预计的使用寿命内摊销其成本,并在每个会计期末应进行减值测试,如经减值测试表明已发生减值,则需要计提相应的减值准备。而税法规定,企业计提的无形资产减值准备不允许在税前扣除。

因此,使用寿命确定的无形资产,其账面价值为无形资产的原始价值减去其累计摊销额再减去无形资产减值准备,其计税基础为无形资产的原始价值减去其累计摊销额;使用寿命不确定的无形资产,其账面价值为无形资产的原始价值减去无形资产减值准备,其计税基础为无形资产的原始价值减去其累计摊销额。无形资产的账面价值与计税基础之间会产生暂时性差异。

【例4-8】H公司在2×20年年初取得一项无形资产,其实际成本为450万元。经判断,其使用寿命可以合理估计,会计上确认的摊销期限为15年,但税法规定按10年的期限摊销。2×20年年末对该项无形资产进行减值测试,经减值测试表明已发生减值,计提了60万元的资产减值准备。

无形资产账面价值=原始价值-累计摊销额-无形资产减值准备=450-(450÷15)-60=360(万元)

无形资产计税基础=原始价值-税法规定的累计摊销额=450-(450÷10)=405(万元)

(二)负债的计税基础

负债的计税基础，是指负债的账面价值减去未来期间计算应纳税所得额时按照税法规定可予抵扣的金额。一般而言，负债的确认和偿还不会对当期损益和应纳税所得额产生影响，其计税基础即为账面价值。某些情况下，负债的确认可能会涉及损益，进而影响不同期间的应纳税所得额，使得其计税基础与账面价值之间产生差额。

下面就某些负债计税基础分别举例说明。

1. 预计负债

预计负债可以分为与企业正常生产经营活动相关的预计负债和与企业正常生产经营活动无关的预计负债两种。对于与企业正常生产经营活动相关的预计负债，企业会计准则规定其账面价值按照估计的金额确认，而税法规定有关的支出在实际发生时允许税前扣除，其计税基础为零，该类预计负债的账面价值与计税基础之间会产生暂时性差异。与企业正常生产经营活动无关的预计负债，其账面价值也是按照估计的金额确认，而税法规定有关的支出即使实际发生也不允许税前扣除，即未来期间可予抵扣的金额为零，其账面价值与计税基础相同。

【例4-9】A公司销售商品后承诺提供3年的免费保修。按照企业会计准则的规定，企业销售商品期间，在确认销售收入的同时应估计该项保修义务的金额，并作为预计负债确认(属与企业正常生产经营活动相关的预计负债)。按照税法规定，有关的保修费用只有在实际发生时才能够税前扣除。企业当期如果确认了100万元的预计负债，而该项保修义务预计在以后3年逐期发生，按照税法规定，有关的保修费用在实际发生时可从税前扣除。

预计负债的账面价值=100(万元)

预计负债的计税基础=账面价值-未来期间按照税法规定可予抵扣的金额=100-100=0(万元)

2. 预收账款

预收账款在会计与税法确认收入的时点相同的情况下，其账面价值按照实际收取的货款确认为负债，计税时一般亦不计入应纳税所得额，即该部分经济利益在未来期间可予抵扣的金额为零，即账面价值与计税基础相同。但预收账款在会计与税法确认收入的时点不相同的情况下，其账面价值仍按照实际收取的货款确认为负债，而按照税法的规定有可能要作为收入处理，计入应纳税所得额，即因其产生时已经计算并缴纳过所得税，未来期间可以在税前扣除，计税基础为账面价值减去未来期间不征税的金额，计税基础为零，预收账款的账面价值与计税基础之间产生暂时性差异。

【例4-10】B公司在2×20年12月3日收到客户交来的一笔金额为800万元的预付款，根据企业会计准则的规定，因其不符合收入确认的条件，在会计上作为预收账款核算。假定税法规定该预收账款在实际收款时交纳所得税，因为与该项负债相关的经济利益已在发生时计算交纳所得税，所以将来当会计上确认为收入时，不再计入应纳税所得额，即未来期间可以在税前扣除的金额为 800 万元。

预收账款账面价值=800(万元)

该预收账款计税基础=账面价值-未来期间不征税的金额=800-800=0(万元)

3. 应付职工薪酬

应付职工薪酬根据企业会计准则的规定，其账面价值应按照与支付职工报酬相关的支出确认，税法规定企业支付给职工的工资薪金性质的支出按照计税工资标准计算的金额准予税前扣除。一般情况下，应付职工薪酬的账面价值与计税基础相等，不产生暂时性差异。某些情况下，企业在确认费用的同时确认了应付职工薪酬，但根据税法规定，该部分职工薪酬在实际支付时才能税前扣除，则应付职工薪酬的账面价值与计税基础之间会产生暂时性差异。

【例 4-11】2×20 年 1 月 1 日，C 公司为其 20 名中层以上管理人员每人授予 10 万份现金股票增值权，这些人员从 2×20 年 1 月 1 日起必须在该公司连续服务 4 年，即可自 2×24 年 1 月 1 日起根据股价的增长幅度获得现金，该增值权应在 2×24 年 12 月 31 日之前行使完毕。C 公司 2×20 年 12 月 31 日计算确定的应付职工薪酬的余额为 300 万元。税法规定，以现金结算的股份支付形成的应付职工薪酬在实际支付时可计入应纳税所得额。

应付职工薪酬账面价值=300(万元)

应付职工薪酬计税基础=账面价值-未来实际支付时可税前扣除的金额=300-300=0(万元)

4. 其他负债

企业应交的税收滞纳金、罚金和罚款等其他负债，在尚未支付之前按照企业会计准则的规定确认为费用，同时作为负债反映。但是税法规定，企业违反国家有关法律、法规规定支付的税收滞纳金、罚金和罚款不得在税前扣除，其计税基础为账面价值减去未来期间计税时可予税前扣除的金额，由于未来期间计税时可予税前扣除的金额为零，故计税基础与账面价值相等，不存在暂时性差异。

【例 4-12】D 公司 2×20 年流动负债中包括账面金额为 10 000 元的应付罚金，对于该项罚款，按照企业会计准则的规定，公司将其计入 2×20 年利润表，同时确认为资产负债表中的负债。按照税法规定，企业违反国家有关法律、法规规定支付的滞纳金、罚金和罚款不允许税前扣除，即该项负债在未来期间计税时按照税法规定准予税前扣除的金额为零。计税基础与账面价值相等，不存在暂时性差异。

该项负债的账面价值=10 000(元)

该项负债的计税基础=账面价值-未来期间计税时可予税前扣除的金额=10 000-0=10 000(元)

(三)特殊项目产生的计税基础

还有一些项目有计税基础，但没有在资产负债表中确认为资产或负债。例如，取得借款进行的固定资产建设，根据《企业会计准则第 17 号——借款费用》的规定，在固定资产的建设期间，符合利息资本化条件时，应将其利息计入固定资产成本中，不符合利息资本化条件的，直接确认为当期损益，计入财务费用。而税法规定，固定资产建设期间的借款利息应全部计入固定资产成本中,在以后的若干期间才能作为计税的抵减项,这样就产生了未来可抵减的暂时性差异。对于该项目而言,其税基为未来可抵税的金额,账面价值为零,两者之间的差额即为暂时性差异。

4-3 企业合并过程中取得资产、负债计税基础的确定(教学拓展)

二、暂时性差异

暂时性差异是指资产、负债的账面价值与其计税基础不同产生的差额。因资产、负债的账面价值与其计税基础不同,产生了在未来收回资产或清偿负债的期间内,应纳税所得额增加或减少并导致未来期间应交所得税增加或减少的情况。根据暂时性差异对未来期间应纳税所得额的影响,分为应纳税暂时性差异和可抵扣暂时性差异。

(一)应纳税暂时性差异

应纳税暂时性差异,是指在确定未来收回资产或清偿负债期间的应纳税所得额时,将导致产生应税金额的暂时性差异。这种差异一般会导致当期税前会计利润大于当期应纳税所得额。其特点是当期不要交纳所得税,而是递延至以后期间再交,但会计核算要计入当期的税前会计利润,并先确认当期的所得税费用。

当资产的账面价值大于其计税基础或是负债的账面价值小于其计税基础时,会产生应纳税暂时性差异。

(二)可抵扣暂时性差异

可抵扣暂时性差异,是指在确定未来收回资产或清偿负债期间的应纳税所得额时,将导致产生可抵扣金额的暂时性差异。这种差异一般会导致当期税前会计利润小于当期应纳税所得额。其特点是在当期会减少会计利润,但要计入当期的应纳税所得额并计算交纳所得税,在以后转回期间可以从税前利润中抵减,即先调增当期的应纳税所得,以后期间再抵减转回。

当资产的账面价值小于其计税基础或是负债的账面价值大于其计税基础时,会产生可抵扣暂时性差异。

企业在资产负债表日应分析与所得税有关的资产和负债项目,并比较这项资产和负债账面价值与计税基础之间的差异,确认应纳税暂时性差异和可抵扣暂时性差异。由于应纳税暂时性差异在产生时实质上形成了企业的一项负债(即会增加转回期间的应交所得税),因此在其产生当期确认相关的递延所得税负债。而在可抵扣差异产生当期,符合确认条件时,应当确认相关的递延所得税资产(见表4-1)。

表4-1 资产和负债账面价值与计税基础比较表

账面价值与计税基础比较	资 产	负 债
账面价值>计税基础	应纳税暂时性差异 (形成递延所得税负债)	可抵扣暂时性差异 (形成递延所得税资产)
账面价值<计税基础	可抵扣暂时性差异 (形成递延所得税资产)	应纳税暂时性差异 (形成递延所得税负债)

(三)特殊项目产生的暂时性差异

某些交易或事项发生以后,因为不符合资产、负债确认条件而未体现为资产负债表中的资产或负债其账面价值视为零,但按照税法规定能够确定其计税基础的,其账面价值与计税基础之间的差异也构成暂时性差异,如企业发生的符合条件的广告费和业务宣传费支出,除另有规定外,不超过当年销售收入15%的部分准予扣除;超过部分准予在以后纳税年度结转扣除。该类费用在发生时按照会计准则的规定计入当期损益,不形成资产负债表中的资产,但按照税法规定可以确定其计税基础的,两者之间的差异也会形成暂时性差异。

按照税法规定,可以结转以后年度的未弥补亏损及税款抵减,虽不是因资产、负债的账面价值与计税基础不同产生的,但与可抵扣暂时性差异具有同样的作用,均能够减少未来期间的应纳税所得额,进而减少未来期间的应交所得税,会计处理上视同可抵扣暂时性差异,在符合条件的情况下,应确认与其相关的递延所得税资产。

第三节 所得税会计的处理

一、递延所得税资产与递延所得税负债的确认和计量

(一)递延所得税负债的确认和计量

1. 递延所得税负债的确认

1) 确认递延所得税负债的情况

除明确规定不应确认递延所得税负债的情况以外,企业应当确认所有应纳税暂时性差异产生的递延所得税负债,并计入所得税费用。

在确认递延所得税负债时还应注意以下事项。

(1) 非同一控制下的企业合并中,按照企业会计准则规定确定的合并中取得各项可辨认资产、负债的公允价值与其计税基础之间形成应纳税暂时性差异的,应确认相应的递延所得税负债,同时调整合并中应予确认的商誉。

(2) 与直接计入所有者权益的交易或事项相关的应纳税暂时性差异,相应的递延所得税负债应计入所有者权益,如企业持有的"其他债权投资"因公允价值上升而应确认的递延所得税负债。

2) 不确认递延所得税负债的情况

(1) 商誉的初始确认。非同一控制下的企业合并中,因企业合并成本大于合并中取得的被购买方可辨认净资产公允价值的份额,按照会计准则的规定应确认为商誉,但按照税法的规定不允许确认商誉,即商誉的计税基础为零,两者之间的差额形成应纳税暂时性差异。但因确认该递延所得税负债会增加商誉的价值,所以企业会计准则中规定对于该部分应纳税暂时性差异不确认其所产生的递延所得税负债。

(2) 除企业合并以外的交易中,如果交易发生时既不影响会计利润也不影响应纳税所得额,则交易中产生的资产、负债的入账价值与其计税基础之间的差额形成应纳税暂时性差异的,相应的递延所得税负债不予确认。

(3) 企业对与子公司、联营企业、合营企业投资相关的应纳税暂时性差异,在投资企业

能够控制暂时性差异转回的时间并且预计有关的暂时性差异在可预见的未来很可能不会转回时，不确认相应的递延所得税负债。

2. 递延所得税负债的计量

递延所得税负债应当在资产负债表日根据适用税法的规定，按照预期收回该资产或清偿该负债期间的适用税率计量，即递延所得税负债应以相关应纳税暂时性差异转回期间按照税法规定适用的所得税税率计量。无论应纳税暂时性差异的转回期间如何，相关的递延所得税负债不要求折现，即：

递延所得税负债发生额=新增或转回应纳税暂时性差异额×转回期间适用所得税税率

递延所得税负债余额=应纳税暂时性差异的余额×转回期间适用所得税税率

【例4-13】 爱杉公司2×16年12月购入某项设备，按税法规定使用2年，按会计规定使用4年，设备原价为40万元，按直线法计提折旧(不考虑净残值)。假如该公司所得税税率为25%，无其他纳税调整事项。

要求：采用资产负债表债务法计算该公司各年的递延所得税。

该公司各年递延所得税的计算如表4-2所示。

表4-2 爱杉公司递延所得税计算表

单位：元

项 目	2×17年	2×18年	2×19年	2×20年
资产的账面价值	300 000	200 000	100 000	0
资产的计税基础	200 000	0	0	0
应纳税暂时性差异	100 000	200 000	100 000	0
所得税税率	25%	25%	25%	25%
递延所得税负债年末余额	25 000	50 000	25 000	0
递延所得税负债年初余额	0	25 000	50 000	25 000
递延所得税负债本期发生额	25 000	25 000	-25 000	-25 000

(二)递延所得税资产的确认和计量

1. 递延所得税资产的确认

1) 确认递延所得税资产的情况

资产、负债的账面价值与其计税基础不同而产生可抵扣暂时性差异的，在估计未来期间能够取得足够的应纳税所得额用于利用该可抵扣暂时性差异时，应当以可能取得用来抵扣可抵扣暂时性差异的应纳税所得额为限，确认相关的递延所得税资产。

应该特别注意，下列交易或事项中产生的可抵扣暂时性差异，应根据交易或事项的不同情况确认相应的递延所得税资产。

(1) 对于与子公司、联营企业、合营企业等的投资相关的可抵扣暂时性差异，当有关的暂时性差异在可预见的未来很可能转回并且企业很可能获得用来抵扣该可抵扣暂时性差异的应纳税所得额时，应确认相关的递延所得税资产。

(2) 非同一控制下的企业合并中，按照企业会计准则确定的合并中取得各项可辨认资产、负债的公允价值与其计税基础之间形成可抵扣暂时性差异的，应确认相应的递延所得税资产，同时调整合并中应予确认的商誉。商誉不足冲减的部分应计入当期损益的金额。

(3) 按照税法规定可以结转以后年度的未弥补亏损和税款抵减，应视同可抵扣暂时性差异处理。在预计可利用可弥补亏损或税款抵减的未来期间内能够取得足够的应纳税所得额时，应当以可能取得的应纳税所得额为限，确认相应的递延所得税资产，同时减少确认当期的所得税费用。

(4) 与直接计入所有者权益的交易或事项相关的可抵扣暂时性差异，相应的递延所得税资产应计入所有者权益。

2) 不确认递延所得税资产的情况

递延所得税资产的确认应以未来期间可能取得的应纳税所得额为限。在可抵扣暂时性差异转回的未来期间内，企业无法产生足够的应纳税所得额用于抵减可抵扣暂时性差异的影响，使得与递延所得税资产相关的经济利益无法实现的，该部分递延所得税资产不应确认(但须在报表附注披露)。当企业有明确的证据表明其于可抵扣暂时性差异转回的未来期间能够产生足够的应纳税所得额，进而利用可抵扣暂时性差异的，则应以可能取得的应纳税所得额为限，确认相关的递延所得税资产。

另外，在某些情况下，如果企业发生的某项交易或事项不是企业合并，并且该交易发生时既不影响会计利润也不影响应纳税所得额，且该项交易中产生的资产、负债的初始确认金额与其计税基础不同，产生可抵扣暂时性差异的，企业会计准则中规定在交易或事项发生时不确认相应的递延所得税资产。

2. 递延所得税资产的计量

确认递延所得税资产时，应估计相关可抵扣暂时性差异的转回时间，采用转回期间适用的所得税税率为基础计算确定。无论相关的可抵扣暂时性差异转回期间如何，递延所得税资产均不予折现，即：

递延所得税资产发生额=新增或转回可抵扣暂时性差异额×转回期间适用所得税税率

递延所得税资产余额=可抵扣暂时性差异的余额×转回期间适用所得税税率

在资产负债表日，企业应当对递延所得税资产的账面价值进行复核。如果未来期间很可能无法获得足够的应纳税所得额用于抵扣递延所得税资产的利益，应当减记递延所得税资产的账面价值。减记的所得税资产一般应增加当期的所得税费用，但原确认时计入所有者权益的，其减记金额亦应计入所有者权益。递延所得税资产的账面价值减记以后，继后期间根据新的环境和情况判断能够产生足够的应纳税所得额利用可抵扣暂时性差异，使得递延所得税资产包含的经济利益能够实现的，应恢复相应递延所得税资产的账面价值。

【例4-14】喜达公司于2×18年计提存货跌价准备30 000元，无其他会计和税法差异。2×19年转回存货跌价准备20 000元，2×20年转回存货跌价准备10 000元，假定喜达公司适用税率为25%，且各年适用所得税税率保持不变。

要求：计算喜达公司2×18年、2×19年和2×20年各年应确认的递延所得税。

(1) 2×18年因存货项目产生可抵扣暂时性差异=30 000(元)

递延所得税资产期末余额=30 000×25%=7 500(元)

递延所得税资产期初余额=0(元)

2×18年递延所得税资产的发生额=7 500(元)(即递延所得税收益)

(2) 2×19年因存货项目产生的可抵扣差异=10 000(元)
   递延所得税资产期末余额=10 000×25%=2 500(元)
   递延所得税资产期初余额=7 500(元)
   2×19年递延所得税资产的发生额=-5 000(元)(即递延所得税费用)
(3) 2×20年因存货项目产生的可抵扣差异=0(元)
   递延所得税资产期末余额=0(元)
   期初递延所得税资产=2 500(元)
   2×20年递延所得税资产的发生额=-2 500(元)(即递延所得税费用)

(三)特殊交易或事项中涉及递延所得税的确认和计量

1. 与直接计入所有者权益的交易或事项相关的所得税

与当期及以前期间直接计入所有者权益的交易或事项相关的当期所得税及递延所得税应当计入所有者权益。直接计入所有者权益的交易或事项主要有：①会计政策变更采用追溯调整法或对前期差错更正采用追溯重述法调整期初留存收益；②以公允价值计量且其变动计入其他综合收益的金融资产期末公允价值变动；③同时包含负债及权益成分的金融工具在初始确认时计入所有者权益；④自用房地产转为采用公允价值模式计量的投资性房地产时，公允价值大于原账面价值的差额等。

【例4-15】 甲公司于2×20年4月8日自公开市场以1 000万元购入某公司债券投资，作为其他债权投资核算。2×20年12月31日，甲公司该债券尚未出售，当日公允价值为1 600万元。按照税法规定，资产在持有期间的公允价值的变动不计入应纳税所得额，待处置时一并计算计入应纳税所得额。甲公司适用的所得税税率为25%，假定在未来期间不会发生变化。

甲公司在期末应进行的会计处理如下。

借：其他债权投资　　　　　　　　　　　　　　　　6 000 000
　　贷：其他综合收益　　　　　　　　　　　　　　　　6 000 000
借：其他综合收益　　　　　　　　　　　　　　　　1 500 000
　　贷：递延所得税负债　　　　　　　　　　　　　　　1 500 000

假定甲公司于2×21年1月15日以2 000万元的价格将该债券对外出售，结转该债券出售损益时：

借：银行存款　　　　　　　　　　　　　　　　　　20 000 000
　　贷：其他债权投资　　　　　　　　　　　　　　　16 000 000
　　　　投资收益　　　　　　　　　　　　　　　　　 4 000 000
借：递延所得税负债　　　　　　　　　　　　　　　1 500 000
　　贷：其他综合收益　　　　　　　　　　　　　　　1 500 000
借：其他综合收益　　　　　　　　　　　　　　　　6 000 000
　　贷：投资收益　　　　　　　　　　　　　　　　　6 000 000

2. 与企业合并相关的递延所得税

在企业合并中，购买方取得的可抵扣暂时性差异，按照税法规定可以用于抵减以后年度应纳税所得额,但在购买日不符合递延所得税资产确认条件而不予以确认。购买日后 12 个月内,若取得新的或进一步信息表明购买日的相关情况已经存在,预期被购买方在购买日可抵扣暂时性差异带来的经济利益能够实现的,应当确认相关的递延所得税资产,同时减少商誉,商誉不足冲减的,差额部分确认为当期损益。除上述情况外,确认与企业合并相关的递延所得税资产,应当计入当期损益。

3. 与股份支付相关的当期及递延所得税

与股份支付相关的支出在按照企业会计准则的规定确认为成本费用时,其相关的所得税影响应区别于税法的规定进行处理:①如果税法规定与股份支付相关的支出不允许税前扣除,则不形成暂时性差异;②如果税法规定与股份支付相关的支出允许税前扣除,在按照企业会计准则规定确认成本费用的期间内,企业应当根据会计期末取得的信息估计可税前扣除的金额计算确定其计税基础及由此产生的暂时性差异,在符合确认条件的情况下,应当确认相关递延所得税;③如果预计未来期间可抵扣暂时性差异的金额超过等待期内确认的成本费用,超过部分的递延所得税资产计入所有者权益。

(四)适用所得税税率变化对已确认递延所得税资产和递延所得税负债的影响

因适用税收法规的变化,导致企业在某一会计期间适用的所得税税率发生变化的,企业应对已确认的递延所得税资产和递延所得税负债按照新的税率重新进行计量。除直接计入所有者权益的交易或事项产生的递延所得税资产和递延所得税负债,相关的调整金额应计入所有者权益以外,其他情况下因税率变化产生的递延所得税资产和递延所得税负债的调整金额应确认为变化当期的所得税费用(或收益),即:

当年"递延所得税资产"发生额=年末可抵扣暂时性差异×新税率
　　　　　　　　　　　　　－年初可抵扣暂时性差异×旧税率
当年"递延所得税负债"发生额=年末应纳税暂时性差异×新税率
　　　　　　　　　　　　　－年初应纳税暂时性差异×旧税率

【例4-16】甲公司 2×19 年年初"递延所得税资产"科目的借方余额为 50 万元(非直接计入所有者权益的交易或事项产生),适用的所得税税率为 25%。2×19 年甲公司没有暂时性差异的发生。假设甲公司从 2×20 年起适用的所得税税率变更为 15%。甲公司预计会持续盈利,各年能够获得足够的应纳税所得额。

要求:计算甲公司 2×19 年因税率变动对所得税的影响。

甲公司 2×19 年期初的可抵扣暂时性差异=50÷25%=200(万元)
应调整的递延所得税资产的金额=200×15%-50=-20(万元)
即 2×19 年甲公司因税率变化应调减递延所得税资产 20 万元。

二、所得税费用的确认和计量

所得税会计的主要目的之一是确定当期应交所得税以及利润表中的所得税费用。在按照资产负债表债务法核算所得税的情况下,利润表中的所得税费用包括当期所得税和递延所得税两个部分。

(一)当期所得税

当期所得税是指企业按照税法规定计算确定的针对当期发生的交易和事项,应交纳给税务部门的所得税金额,即当期应交所得税。

企业在确定当期应交所得税时,对于当期发生的交易或事项,会计处理与税法处理不同的,应在会计利润的基础上,按照适用税收法规的规定进行调整,计算出当期应纳税所得额,按照应纳税所得额与适用所得税税率计算确定当期应交所得税,即:

应交所得税=应纳税所得额×所得税率

一般情况下,应纳税所得额可在会计利润的基础上,考虑会计与税收法规之间的差异,公式为:

应纳税所得额=会计利润+按照会计准则规定计入利润表但计税时不允许税前扣除的费用
　　　　　　±计入利润表的费用与按照税法规定可予税前抵扣的金额之间的差额
　　　　　　±计入利润表的收入与按照税法规定应计入应纳税所得额的收入之间的差额
　　　　　　-税法规定的不征税收入±其他需要调整的因素

(二)递延所得税

递延所得税是指按照企业会计准则规定当期应予确认的递延所得税资产和递延所得税负债金额,即递延所得税资产及递延所得税负债当期发生额的综合结果,但不包括计入所有者权益的交易或事项的所得税影响。其用公式表示为:

递延所得税=(递延所得税负债的期末余额-递延所得税负债的期初余额)-
　　　　　　(递延所得税资产的期末余额-递延所得税资产的期初余额)

(三)所得税费用

计算确定了当期所得税及递延所得税以后,利润表中应予确认的所得税费用为两者之和,即:

所得税费用=当期所得税+递延所得税

【例4-17】假如爱杉公司 2×17—2×20 年每年实现税前会计利润为 250 万元。沿用例 4-13 相关资料,计算该公司各年所得税费用。

2×17 年、2×18 年应纳税所得额=2 500 000-100 000=2 400 000(元)

这两年应交所得税=2 400 000×25%=600 000(元)

这两年所得税费用=600 000+25 000=625 000(元)

2×19 年、2×20 年应纳税所得额=2500 000+100 000=2600 000(元)

这两年应交所得税=2600 000×25%=650 000(元)

这两年所得税费用=650 000-25 000=625 000(元)

三、所得税会计的账务处理

(一)所设会计科目

企业在进行所得税会计核算时，需要设置四个会计科目。

1. "应交税费——应交所得税"科目

该科目是用来核算企业按照税法规定计算应交纳的所得税费。该科目期末若为贷方余额，反映企业尚未交纳的税费；期末若为借方余额，反映企业多交的税金。该科目应当按照应交税费的税种进行明细核算。

2. "递延所得税资产"科目

该科目是用来核算企业根据企业会计准则确认的可抵扣暂时性差异产生的所得税资产。根据税法规定可用以后年度税前利润弥补的亏损产生的所得税资产，也在该科目核算。该科目期末借方余额，反映企业已确认的递延所得税资产的余额。该科目应当按照可抵扣暂时性差异等项目进行明细核算。

3. "递延所得税负债"科目

该科目是用来核算企业根据企业会计准则确认的应纳税暂时性差异产生的所得税负债。该科目期末贷方余额，反映企业已确认的递延所得税负债的余额。该科目应当按照应纳税暂时性差异项目进行明细核算。

4. "所得税费用"科目

该科目是用来核算企业根据企业会计准则确认的应从当期利润总额中扣除的所得税费用。该科目应当按照"当期所得税费用""递延所得税费用"进行明细核算。期末，应将该科目的余额转入"本年利润"科目，结转后该科目应无余额。

(二)一般账务处理

(1) 企业按照税法规定计算当期应交的所得税时：
借：所得税费用
　　贷：应交税费——应交所得税

(2) 企业在确认相关资产、负债时，根据企业会计准则应予确认递延所得税资产和递延所得税负债时：
借：所得税费用——递延所得税费用
　　递延所得税资产
　　贷：递延所得税负债

(3) 连续资产负债表日，企业按照税法计算确定的后续各期应交所得税以及应予确认的递延所得税资产和递延所得税负债各期发生额：
借：所得税费用——当期所得税费用
　　递延所得税资产(负数则在贷方)
　　贷：应交税费——应交所得税
　　　　递延所得税负债(负数则在借方)

【例 4-18】假设喜达公司 2×18 年、2×19 年和 2×20 年，每年当期应交所得税分别为 20 000 元、30 000 元、40 000 元。其他资料沿用例 4-14，请计算该公司各年所得税费用，并编制相关分录。

2×18 年所得税费用=20 000-7 500=12 500(元)
借：所得税费用　　　　　　　　　　　　　　　　　12 500
　　递延所得税资产　　　　　　　　　　　　　　　　7500
　　贷：应交税费——应交所得税　　　　　　　　　　　　　20 000

2×19 年所得税费用=30 000+5 000=35 000(元)
借：所得税费用　　　　　　　　　　　　　　　　　35 000
　　贷：应交税费——应交所得税　　　　　　　　　　　　　30 000
　　　　递延所得税资产　　　　　　　　　　　　　　　　　5 000

2×20 年所得税费用=40 000+2 500=42 500(元)
借：所得税费用　　　　　　　　　　　　　　　　　425 000
　　贷：应交税费——应交所得税　　　　　　　　　　　　　40 000
　　　　递延所得税资产　　　　　　　　　　　　　　　　　2 500

【例 4-19】胜祥公司所得税采用资产负债表债务法核算，所得税税率为 25%。2×20 年利润总额为 800 万元。2×20 年发生的会计与税收之间差异包括以下事项。

(1) 本年度国债利息收入 70 万元。
(2) 2×20 年 1 月开始对一项固定资产计提折旧，该固定资产成本为 500 万元，预计使用期为 5 年，无残值。会计上采用直线法计提折旧，税法允许采用双倍余额递减法计提折旧。
(3) 交易性金融资产的原账面价值为 100 万元，现公允价值增加了 30 万元。
(4) 存货的账面价值为 3 000 万元，年末提取了存货跌价准备 100 万元。
(5) 本年度因售后服务预计费用 20 万元。

要求：
(1) 计算该公司 2×20 年度应纳税所得额及应交所得税。
(2) 计算该公司 2×20 年度递延所得税费用。
(3) 计算该公司 2×20 年度所得税费用，并编制和所得税相关的会计分录。

分析：
(1) 2×20 年度应纳税所得额及应交所得税。
应纳税所得额=8 000 000-700 000+1 200 000-1 300 000=7 200 000(元)
应交所得税=7 200 000×25%=1 800 000(元)
(2) 2×20 年度递延所得税费用。
该公司 2×20 年有关资产、负债项目的账面价值及计税基础如表 4-3 所示。

表 4-3　胜祥公司 2×20 年有关资产、负债项目的账面价值及计税基础

单位：元

项　目	账面价值	计税基础	应纳税暂时性差异	可抵扣暂时性差异
交易性金融资产	1 300 000	1 000 000	300 000	
存货	29 000 000	30 000 000		1 000 000

续表

项　目	账面价值	计税基础	应纳税暂时性差异	可抵扣暂时性差异
固定资产原值	5 000 000	5 000 000		
减：累计折旧	1 000 000	2 000 000		
固定资产账面价值	4 000 000	3 000 000	1 000 000	
预计负债	200 000	0		200 000
总计			1 300 000	1 200 000

应确认递延所得税资产=1 200 000×25%=300 000(元)

应确认递延所得税负债=1 300 000×25%=325 000(元)

递延所得税费用=当期递延所得税负债的增加(-减少)-当期递延所得税资产的增加(+减少)=325 000-300 000=25 000(元)

(3) 2×20年度所得税费用。

所得税费用=当期所得税+递延所得税=1 800 000+25 000=1 825 000(元)

编制的会计分录为：

借：所得税费用　　　　　　　　　　　　　　　　1 825 000
　　递延所得税资产　　　　　　　　　　　　　　　 300 000
　　　贷：应交税费——应交所得税　　　　　　　　　　　　1 800 000
　　　　　递延所得税负债　　　　　　　　　　　　　　　　 325 000

【例4-20】沿用例4-19，假定胜祥公司2×21年应交所得税为4 000 000元。有关资产、负债项目的账面价值及计税基础相关资料如表4-4所示，除所列项目外，其他资产、负债项目不存在会计和税收的差异。

表4-4　胜祥公司2×21年有关资产、负债项目的账面价值及计税基础

单位：元

项　目	账面价值	计税基础	应纳税暂时性差异	可抵扣暂时性差异
交易性金融资产	1 100 000	1 000 000	100 000	
存货	7 500 000	9 000 000		1 500 000
固定资产原值	5 000 000	5 000 000		
减：累计折旧	2 000 000	3 200 000		
减：固定资产减值准备	100 000	0		
固定资产账面价值	2 900 000	1 800 000	1 100 000	
预计负债	300 000	0		300 000
总计			1 200 000	1 800 000

要求：

(1) 计算该公司2×21年度递延所得税费用。

(2) 计算该公司2×21年度所得税费用，并编制和所得税相关的会计分录。

分析：

(1) 2×21年度递延所得税费用。

① 期末递延所得税资产(1 800 000×25%)　　　　　　　450 000
　 期初递延所得税资产　　　　　　　　　　　　　　300 000
　 递延所得税资产增加　　　　　　　　　　　　　　150 000
② 期末递延所得税负债(1 200 000×25%)　　　　　　　300 000
　 期初递延所得税负债　　　　　　　　　　　　　　325 000
　 递延所得税负债减少　　　　　　　　　　　　　　 25 000

递延所得税费用=当期递延所得税负债的增加(-减少)-当期递延所得税资产的增加(+减少)=-25 000-150 000=-175 000(元)

(2) 2×21年度所得税费用。

所得税费用=当期所得税+递延所得税=4 000 000-175 000=3 825 000(元)

编制的会计分录为：

借：所得税费用　　　　　　　　　　　　3 825 000
　　递延所得税资产　　　　　　　　　　　 150 000
　　递延所得税负债　　　　　　　　　　　　25 000
　　贷：应交税费——应交所得税　　　　　　　　　　4 000 000

四、所得税的列报

企业对所得税的核算结果，除利润表中列示的所得税费用以外，在资产负债表中形成的应交税费(应交所得税)以及递延所得税资产和递延所得税负债应当遵循《企业会计准则第18号——所得税》及相关准则的规定进行列报。

一般情况下，在个别财务报表中，当期所得税资产与当期所得税负债及递延所得税资产与递延所得税负债可以以抵销后的净额列示。在合并财务报表中，纳入合并范围的企业中，一方的当期所得税资产或递延所得税资产与另一方的当期所得税负债或递延所得税负债一般不能予以抵销，除非所涉及的企业具有以净额结算的法定权利并且意图以净额结算。

上述准则还要求企业在会计报表附注中就所得税费用(或收益)与会计利润的关系进行说明，该说明的目的在于在利润表中已列示所得税费用的基础上，对当期以会计利润为起点，考虑会计与税收规定之间的差异，计算得到所得税费用的调整过程。

自会计利润到所得税费用之间的调整包括两个方面：一是未包括在利润总额的计算中，但包含在当期或递延所得税计算中的项目；二是未包括在当期或递延所得税计算中，但包含在利润总额中的项目。

其具体调整项目一般包括：①与税率相关的调整；②税法规定的非应税收入、不得税前扣除的成本费用和损失等永久性差异；③本期未确认递延所得税资产的可抵扣暂时性差异或可抵扣亏损的影响、使用前期未确认递延所得税资产的可抵扣亏损影响；④对以前期间所得税进行汇算清缴的结果与以前期间确认金额不同而调整报告期间的所得税费用等。

4-4 所得税会计
(微课视频)

本章课后练习

一、单项选择题

1. 企业因下列事项所确认的递延所得税，不影响所得税费用的是(　　)。
   A. 期末固定资产的账面价值高于其计税基础，产生的应纳税暂时性差异
   B. 期末按公允价值调减交易性金融资产的金额，产生的可抵扣暂时性差异
   C. 期末按公允价值调增可供出售金融资产的金额，产生的应纳税暂时性差异
   D. 期末按公允价值调增投资性房地产的金额，产生的应纳税暂时性差异

2. 下列各项资产和负债中，因账面价值和计税基础不一致而形成暂时性差异的是(　　)。
   A. 计提职工工资形成的应付职工薪酬
   B. 购买国债确认的利息收入
   C. 因确认产品质量保证形成的预计负债
   D. 因违反税法规定应缴纳但尚未缴纳的罚款

3. 下列各项负债中，其计税基础为零的是(　　)。
   A. 因欠税产生的应交税款滞纳金
   B. 因购入存货形成的应付账款
   C. 因确认保修费用形成的预计负债
   D. 为职工计提的应付养老保险金

4. 某企业2×21年度的利润总额为1 000万元，其中包括本年收到的国库券利息收入10万元；全年实发工资为350万元，假设均为合理的职工薪酬，企业所得税税率为25%。税法规定，国库券利息收入免税，企业发生的合理的职工薪酬可在税前扣除。不考虑其他因素，则该企业2011年所得税费用为(　　)万元。
   A. 340　　　B. 247.5　　　C. 252.5　　　D. 162.5

5. 甲公司于2×20年发生经营亏损5 000万元，按照税法规定，该亏损可用于抵减以后5个年度的应纳税所得额。该公司预计其于未来5年内能够产生的应纳税所得额为3 000万元。甲公司适用的所得税税率为25%，无其他纳税调整事项，则甲公司2×20年就该事项的所得税影响，应确认(　　)。
   A. 递延所得税资产1 250万元　　B. 递延所得税负债1 250万元
   C. 递延所得税资产750万元　　　D. 递延所得税负债750万元

二、多项选择题

1. 下列各事项，计税基础等于账面价值的有(　　)。
   A. 应付的购货合同违约金　　B. 计提的国债利息
   C. 因产品质量保证计提的预计负债　　D. 应付的税收滞纳金

2. 下列关于资产或负债的计税基础的表述，正确的有(　　)。
   A. 资产的计税基础，即在未来期间计税时按照税法规定可以税前扣除的金额
   B. 资产的计税基础，即账面价值减去在未来期间计税时按照税法规定可以税前扣除的金额

C. 负债的计税基础，即在未来期间计税时按照税法规定可以税前扣除的金额
D. 负债的计税基础，即账面价值减去在未来期间计税时按照税法规定可以税前扣除的金额

3. 下列交易或事项，其计税基础等于账面价值的有(　　)。
   A. 企业持有的交易性金融资产在资产负债表日的公允价值变动
   B. 企业为关联方提供债务担保确认了预计负债 1 000 万元
   C. 企业自行开发的无形资产，开发阶段符合资本化条件的支出为 100 万元，按税法规定，开发阶段支出形成无形资产，要按照无形资产成本的 150%摊销
   D. 税法规定的收入确认时点与会计准则一致，会计确认预收账款 500 万元

4. 下列交易或事项，产生应纳税暂时性差异的有(　　)。
   A. 企业购入固定资产，会计采用直线法计提折旧，税法采用年数总和法计提折旧
   B. 企业购入交易性金融资产，期末公允价值小于其初始确认金额
   C. 企业购入无形资产，作为使用寿命不确定的无形资产进行核算
   D. 对联营企业的长期股权投资，因被投资单位实现净利润而调整增加投资的账面价值

5. 下列项目产生的递延所得税资产，不应计入所得税费用的有(　　)。
   A. 企业发生可用以后年度税前利润弥补的亏损
   B. 其他债权投资期末公允价值暂时性下降
   C. 企业合并中产生的可抵扣暂时性差异
   D. 交易性金融资产期末公允价值下降

三、判断题

1. 计入当期损益的所得税费用或收益包括企业合并和直接在所有者权益中确认的交易或事项产生的所得税影响。(　　)
2. 所得税费用在利润表中单独列示，不需要在报表附注中披露与所得税相关的信息。(　　)
3. 企业当期所得税资产及当期所得税负债在满足一定条件时可以以抵销后的净额列示。(　　)
4. 确认递延所得税资产时，应估计相关可抵扣暂时性差异的转回时间，如果转回期间与当期相隔较长时，相关递延所得税资产应予以折现。(　　)
5. 递延所得税负债应以相关应纳税暂时性差异产生期间适用的所得税税率计量，递延所得税负债的确认不要求折现。(　　)

四、业务题

1. 北方公司 2×20 年 12 月取得甲设备，成本为 150 000 元。会计规定按直线法计提折旧，折旧年限为 5 年；税法规定按直线法计提折旧，折旧年限为 3 年。不考虑减值。进一步假设每年计提折旧前的税前会计利润为 100 000 元，第一年年初无递延所得税余额，所得税税率为 25%。企业不存在其他会计与税收差异。
   要求：完成表 4-5 的填列，以及各年度的会计分录。

表 4-5　北方公司 2×21—2×25 年的会计分录

单位：元

项　目	2×21 年	2×22 年	2×23 年	2×24 年	2×25 年
税前利润	100 000	100 000	100 000	100 000	100 000
年末甲设备账面价值					
年末甲设备计税基础					
暂时性差异					
应纳税所得额					
应交所得税					
递延所得税负债余额					
本期递延所得税负债					
所得税费用					

2. 2×22 年，南方公司税前会计利润为 10 000 万元，适用的所得税税率为 25%。递延所得税资产和递延所得税负债的期初余额分别为 230 万元和 870 万元。当年南方公司发生的交易和事项中会计处理与税法处理存在的差异如下所述。

(1) 采用成本法核算当年投资形成的长期股权投资，实际成本为 1 500 万元，当年享有被投资企业已分配但尚未支付的股利 120 万元(假设被投资企业未纳税)，确认为投资收益。不考虑其他调整因素。

(2) 公司拥有一项固定资产，2×20 年 12 月 25 日购入的实际成本为 5 000 万元，使用年限为 5 年，无残值。会计处理采用直线法计提折旧，税法规定可采用双倍余额递减法处理。当年计提减值准备 100 万元。

(3) 公司拥有的交易性金融资产年初账面价值为 500 万元，12 月 31 日公允价值为 560 万元。

(4) 向关联企业捐赠现金 300 万元，按照税法规定该项捐赠不允许税前扣除。

(5) 当年发生研发支出 800 万元，其中 600 万元资本化计入无形资产成本，还未开始摊销。税法规定公司发生的研发支出可按实际发生额的 175%加计扣除。

(6) 公司本年销售产品因提供保修服务而确认了 480 万元的销售费用，同时确认为预计负债。按照税法规定保修服务支出只有实际发生时允许税前扣除。

(7) 12 月 31 日，存货账面余额为 1 500 万元，估计可变现净值为 1 300 万元。

(8) 应收账款期初余额为 4 000 万元，期末余额为 5 000 万元；坏账准备期初余额为 400 万元，期末余额为 500 万元。税法规定，坏账准备按照应收账款期末余额的 5‰计提。

(9) 公司因违反法规应支付但尚未支付的罚款为 90 万元。公司持有的国库券投资当年实现但尚未收到的利息收入为 180 万元。

要求：①计算确定计税基础、暂时性差异；②计算确定应交所得税、递延所得税、所得税费用；③编制所得税相关的会计分录。

4-5　本章课后练习答案

第五章 债务重组

【学习目标】
- 了解债务重组的相关概念和分类。
- 掌握不同债务重组类型的会计核算。

【学习内容】
- 债务重组概述。
- 以资产清偿债务的会计处理。
- 债务转为资本方式的会计处理。
- 修改其他债务条件方式下债务重组的会计处理。

【学习重点】

不同债务重组的会计核算。

【学习难点】

债务重组中涉及增值税的处理。

【准则依据】

《企业会计准则第 12 号——债务重组》。

5-1 《企业会计准则第 12 号——债务重组》(拓展阅读)

第一节 债务重组概述

一、债务重组的概念和特点

(一)债务重组的定义

债务重组,是指在不改变交易对手方的情况下,经债权人和债务人协定或法院裁定,就清偿债务的时间、金额或方式等重新达成协议的交易。

企业债务重组的会计处理对应的准则是《企业会计准则第 12 号——债务重组》。一般而言,债务重组涉及债权人和债务人,对债权人而言应称之为"债权重组",对债务人而言才称为"债务重组",但是为了便于表述,企业会计准则中统称为"债务重组"。另外,只有债权人和债务人相互协议或经法院裁定进行债务重整并按持续经营进行会计核算的债务重组,才按照上述准则要求进行会计处理;而债务人在破产清算期间进行的债务重组,应当按照企业破产清算有关会计处理规定处理。

(二)债务重组的特点

1. 关于交易对手方

(1) 债务重组是在不改变交易对手方的情况下进行的交易。债务重组实务中可能出现第三方参与相关交易的情形,此时企业首先应当考虑债权和债务是否发生终止确认,然后就债务重组交易按照债务重组准则要求进行会计处理。

(2) 债务重组不强调在债务人发生财务困难的背景下进行,也不论债权人是否作出让步。也就是说,无论何种原因导致债务人未按原定条件偿还债务,也无论双方是否同意债务人以低于债务的金额偿还债务,只要债权人和债务人就债务条款重新达成协议,就符合债务重组的定义。

2. 关于债权和债务的范围

(1) 债务重组涉及的债权和债务,是符合金融资产和金融负债定义的债权和债务,不包括合同资产、合同负债、预计负债,但包括导致租赁应收款和租赁应付款终止确认的交易安排。

(2) 债务重组构成权益性交易的,债权人和债务人不确认债务重组相关损益。

5-2 债务重组构成权益性交易的判断(教学拓展)

二、债务重组的方式

债务重组的方式主要包括以下几种。

(1) 债务人以资产清偿债务,是指债务人转让其资产给债权人以清偿债务的债务重组方式。

(2) 债务人将债务转为权益工具,是指债务人将债务转为股本或实收资本等权益工具的债务重组方式。在这种重组方式下,将导致债权人将债权转为股权。

(3) 修改债权和债务的其他条款,是指债务人不以资产清偿债务,也不将债务转为权益工具,而是改变债权和债务的其他条款的债务重组方式,如调整债务本金、改变债务利息、变更还款期限等。经修改其他条款的债权和债务分别形成重组债权和重组债务。

(4) 组合方式,是指采用债务人以资产清偿债务、债务人将债务转为权益工具、修改其他条款三种方式中一种以上方式的组合清偿债务的债务重组方式。例如,债权人和债务人约定,债务人以现金清偿部分债务,同时将剩余债务展期等。

上述这些债务重组方式都是通过债权人和债务人重新协定或者法院裁定达成的,与原来约定的偿债方式不同。

第二节 债务重组的会计处理

一、债权和债务的终止确认

由于债权人与债务人之间进行的债务重组涉及债权和债务的认定,以及清偿方式和期限等的协商,通常需要经历较长时间。只有在符合金融资产和金融负债终止确认条件时才能终止确认相关债权和债务,并确认债务重组的相关损益,即债权人在收取债权现金流量的合同权利终止时终止确认债权,债务人在债务的现时义务解除时终止确认债务。

对于终止确认的债权,债权人应当结转已计提的减值准备中对应该债权终止确认部分的金额。对于终止确认的分类为以公允价值计量且其变动计入其他综合收益的债权,之前计入其他综合收益的累计利得或损失应当从其他综合收益中转出,记入"投资收益"科目。

(一)以资产清偿债务或将债务转为权益工具

对于以资产清偿债务或者将债务转为权益工具方式进行的债务重组,由于债权人在拥有或控制相关资产时,通常其收取债权现金流量的合同权利也同时终止,债权人一般可以终止确认该债权。同样,由于债务人通过交付资产或权益工具解除了其清偿债务的现时义务,债务人一般可以终止确认该债务。

(二)修改其他条款

对于债权人,债务重组通过调整债务本金、改变债务利息、变更还款期限等修改合同条款方式进行的,应当整体考虑是否对全部债权的合同条款作出了实质性修改。如果作出了实质性修改,或者债权人与债务人之间签订协议,以获取实质上不同的新金融资产方式替换债权,应当终止确认原债权,并按照修改后的条款或新协议确认新金融资产。

对于债务人,如果对债务或部分债务的合同条款作出了"实质性修改"形成重组债务,或者债权人与债务人之间签订协议,以承担"实质上不同"的重组债务方式替换原债务,债务人应当终止确认原债务,同时按照修改后的条款确认一项新金融负债(如果重组债务未来现金流量现值与原债务的剩余期间现金流量现值之间的差异超过10%,则意味着新的合同条款进行了"实质性修改"或者重组债务是"实质上不同"的)。

(三)组合方式

对于债权人,通常情况下应当整体考虑是否终止确认全部债权。由于组合方式涉及多种债务重组方式,一般可以认为对全部债权的合同条款作出了实质性修改,从而终止确认全部债权,并按照修改后的条款确认新金融资产。

对于债务人,组合中以资产清偿债务或者将债务转为权益工具方式进行的债务重组,如果债务人清偿该部分债务的现时义务已经解除,应当终止确认该部分债务。组合中以修改其他条款方式进行的债务重组,需要根据具体情况,判断对应的部分债务是否满足终止确认条件。

二、债权人的会计处理

(一)以资产清偿债务或将债务转为权益工具

债务重组采用以资产清偿债务或者将债务转为权益工具方式进行的,债权人应当在受让的相关资产符合其定义和确认条件时予以确认,同时转销债权账面价值,受让资产与债权终止确认日账面价值之间的差额,调整当期损益,即:借记"库存现金""银行存款""交易性金融资产""债权投资""其他债权投资""其他权益工具投资""原材料""长期股权投资""投资性房地产""固定资产""无形资产"等资产科目和"坏账准备"等债权调整科目,贷记"应收账款"等科目,同时借记或贷记"投资收益"等科目。

1. 债权人受让金融资产

债权人受让包括现金在内的单项或多项金融资产的,金融资产初始确认时应当以其公允价值计量。

【例 5-1】2×20 年 2 月 7 日,A 公司销售一批产品给 B 公司,价税合计为 100 万元,至 2×20 年 12 月 20 日仍未收到款项,A 公司为该应收款计提坏账准备 10 万元。12 月 31 日 B 公司与 A 公司协商,达成债务重组协议:A 公司同意 B 公司以现金 60 万元清偿全部债务,当日 A 公司收到款项存入银行存款户并办妥相关手续。请编制 A 公司此次债务重组的有关会计分录。

A 公司作为债权人,其会计处理如下。

```
借:银行存款              600 000
    坏账准备              100 000
    投资收益              300 000
  贷:应收账款                    1 000 000
```

2. 债权人受让非金融资产

债权人受让非金融资产时,应当按照下列原则以成本计量。

(1) 存货的成本,包括放弃债权的公允价值,以及使该资产达到当前位置和状态所发生的可直接归属于该资产的税金、运输费、装卸费、保险费等其他成本。

(2) 对联营企业或合营企业投资的成本,包括放弃债权的公允价值,以及可直接归属于该资产的税金等其他成本。

(3) 投资性房地产的成本,包括放弃债权的公允价值,以及可直接归属于该资产的税金等其他成本。

(4) 固定资产的成本,包括放弃债权的公允价值,以及使该资产达到预定可使用状态前所发生的可直接归属于该资产的税金、运输费、装卸费、安装费、专业人员服务费等其他成本。确定固定资产成本时,还应当考虑预计弃置费用等因素。

(5) 无形资产的成本,包括放弃债权的公允价值,以及可直接归属于使该资产达到预定用途所发生的税金等其他成本。

3. 债权人受让多项资产组合

债权人受让多项资产，其中的金融资产按照当日公允价值计量；金融资产以外的各项资产按照在债务重组合同生效日的公允价值比例，对放弃债权在合同生效日的公允价值扣除受让金融资产当日公允价值后的净额进行分配，并以此为基础分别确定各项资产的成本。

【例5-2】 2×20年6月18日，C公司向D公司销售一批商品，应收D公司款项的入账金额为95万元。2×20年10月18日，双方签订债务重组合同，D公司以一项作为无形资产核算的非专利技术偿还该欠款。该无形资产的账面余额为100万元，累计摊销额为10万元，已计提减值准备2万元。10月22日，双方办理完成该无形资产转让手续，C公司支付评估费用4万元。C公司已为应收款项计提坏账准备7万元，且该笔债权当日公允价值为87万元，B公司应付款项的账面价值仍为95万元。请编制C公司此次债务重组的有关会计分录。

2×20年10月22日，债权人C公司取得该无形资产的成本为放弃债权公允价值(87万元)与支付评估费用(4万元)的合计(91万元)。故C公司的账务处理如下。

借：无形资产　　　　　　　　　　　　　　　　910 000
　　坏账准备　　　　　　　　　　　　　　　　 70 000
　　投资收益　　　　　　　　　　　　　　　　 10 000
　　贷：应收账款　　　　　　　　　　　　　　950 000
　　　　银行存款　　　　　　　　　　　　　　 40 000

【例5-3】 2×20年2月1日，F公司从E公司购买一批材料，约定6个月后F公司应结清款项100万元。E公司将该应收款项分类为以公允价值计量且其变动计入当期损益的金融资产。2×20年8月15日，F公司因无法支付货款与E公司协商进行债务重组，双方商定E公司将该债权转为对F公司的股权投资。10月20日，E公司办结了对F公司的增资手续，E公司和F公司分别支付手续费等相关费用1.2万元和1.5万元。债转股后F公司总股本为100万元，E公司持有的抵债权占F公司总股本的25%，对F公司具有重大影响。当日F公司应付款项的账面价值仍为100万元。

另外，有关金融资产和金融负债的公允价格如下。

2×20年6月30日，应收款项和应付款项的公允价值均为85万元。
2×20年8月15日，应收款项和应付款项的公允价值均为76万元。
2×20年10月20日，应收款项和应付款项的公允价值仍为76万元。
请编制E公司此次债务重组的有关会计分录。

E公司作为债权人，相关账务处理如下。

6月30日

借：公允价值变动损益　　　　　　　　　　　　150 000
　　贷：交易性金融资产——公允价值变动　　　150 000

8月15日

借：公允价值变动损益　　　　　　　　　　　　 90 000
　　贷：交易性金融资产——公允价值变动　　　 90 000

10月20日，E公司对F公司长期股权投资的成本为应收款项公允价值(76万元)与相关税费(1.2 万元)的合计 77.2 万元。

借：长期股权投资——A 公司　　　　　　　　　　　772 000
　　交易性金融资产——公允价值变动　　　　　　　240 000
　　贷：交易性金融资产——成本　　　　　　　　　1 000 000
　　　　银行存款　　　　　　　　　　　　　　　　　12 000

(二)修改其他条款

债务重组采用修改其他条款方式进行的，如果修改其他条款导致全部债权终止确认，债权人应当按照修改后的条款以公允价值初始计量重组债权，借记"应收账款"等科目；转销债权账面价值，借记"坏账准备"等科目，贷记"应收账款"等科目；重组债权的确认金额与债权终止确认日账面价值之间的差额，借记或贷记"投资收益"科目。

如果修改其他条款未导致债权终止确认，债权人应当根据其分类，继续以摊余成本、以公允价值计量且其变动计入其他综合收益，或者以公允价值计量且其变动计入当期损益进行后续计量。对于以摊余成本计量的债权，债权人应当根据重新议定合同的现金流量变化情况，重新计算该重组债权的账面余额，并将相关利得或损失记入"投资收益"科目。重新计算的该重组债权的账面余额，应当根据将重新议定或修改的合同现金流量按债权原实际利率折现的现值确定。对于修改或重新议定合同所产生的成本或费用，债权人应当调整修改后的重组债权的账面价值，并在修改后重组债权的剩余期限内摊销。

【例 5-4】2×18 年 4 月 1 日，G 公司销售一批产品给 H 公司，价税合计为 100 万元，至 12 月 30 日 G 公司仍未收到款项，于是为该应收款计提坏账准备 10 万元。2×18 年 12 月 31 日，因 H 公司发生财务困难，与 G 公司协商，达成债务重组协议：G 公司同意免除 H 公司所欠货款的 20%，并将剩余债务延期至 2×20 年 12 月 31 日偿还，但要求按年利率 5%计算支付利息，利息于每年年末支付，该项债务重组协议从协议签订日起开始实施。请编制 G 公司此次债务重组的有关会计分录。

G 公司作为债权人，重组后债权的公允价值=100×(1-20%)=80(万元)，相关会计处理如下。

借：长期应收款——债务重组　　　　　　　　　　800 000
　　投资收益　　　　　　　　　　　　　　　　　100 000
　　坏账准备　　　　　　　　　　　　　　　　　100 000
　　贷：应收账款　　　　　　　　　　　　　　　1 000 000

2×19 年年末收到利息时：

借：银行存款　　　　　　　　　　　　　　　　　40 000
　　贷：财务费用　　　　　　　　　　　　　　　40 000

2×20 年年末收到本金和利息时：

借：银行存款　　　　　　　　　　　　　　　　　840 000
　　贷：长期应收款——债务重组　　　　　　　　800 000
　　　　财务费用　　　　　　　　　　　　　　　40 000

(三)组合方式

债务重组采用组合方式进行的，一般可以认为对全部债权的合同条款作出了实质性修改，债权人应当按照修改后的条款，以公允价值初始计量重组债权和受让的新金融资产，按照受让的金融资产以外的各项资产在债务重组合同生效日的公允价值比例，对放弃债权在合同生效日的公允价值扣除重组债权和受让金融资产当日公允价值后的净额进行分配，并以此为基础分别确定各项资产的成本。放弃债权的公允价值与账面价值之间的差额，记入"投资收益"科目。

【例5-5】2×20年2月2日，J公司销售一批产品给K公司，价税合计为100万元，至12月31日J公司为该应收款计提坏账准备10万元。2×20年12月31日，K公司与J公司协商，达成债务重组协议：J公司同意K公司以现金20万元清偿部分债务，剩余债务以其生产的一批产品清偿，产品成本40万元，计税价格50万元，增值税税率为16%，J公司收到的产品作为商品入账，J公司已收到现金和产品。请编制J公司此次债务重组的有关会计分录。

J公司作为债权人，相关会计处理如下。

借：库存商品　　　　　　　　　　　　　　　　　500 000
　　应交税费——应交增值税(进项税额)　　　　　 80 000
　　银行存款　　　　　　　　　　　　　　　　　200 000
　　坏账准备　　　　　　　　　　　　　　　　　100 000
　　投资收益　　　　　　　　　　　　　　　　　120 000
　　贷：应收账款　　　　　　　　　　　　　　　　　　1 000 000

三、债务人的会计处理

(一)债务人以资产清偿债务

债务重组采用以资产清偿债务方式进行的，债务人应当将所清偿债务账面价值与转让资产账面价值之间的差额计入当期损益。

1. 债务人以金融资产清偿债务

债务人以单项或多项金融资产清偿债务的，借记"应付账款""长期借款"等科目，贷记"库存现金""银行存款""交易性金融资产""债权投资""其他债权投资""其他权益工具投资""应收账款"等科目；偿债金融资产已计提减值准备的，应结转已计提的减值准备，借记"债权投资减值准备""坏账准备"等科目；债务的账面价值与偿债金融资产账面价值的差额，借记或贷记"投资收益"科目。对于以分类为以公允价值计量且其变动计入其他综合收益的债务工具投资清偿债务的，之前计入其他综合收益的累计利得或损失应当从其他综合收益中转出，借记或贷记"投资收益"科目，贷记或借记"其他综合收益"科目。对于以指定为以公允价值计量且其变动计入其他综合收益的非交易性权益工具投资清偿债务的，之前计入其他综合收益的累计利得或损失应当从其他综合收益中转出，借记或贷记"利润分配——未分配利润"等科目，贷记或借记"其他综合收益"科目。

【例5-6】根据例5-1的相关资料，请编制B公司此次债务重组的有关会计分录。

B公司作为债务人，其会计处理如下。

借：应付账款	1 000 000
贷：银行存款	600 000
投资收益	400 000

2. 债务人以非金融资产清偿债务

债务人以单项或多项非金融资产清偿债务，或者以包括金融资产和非金融资产在内的多项资产清偿债务的，借记"应付账款""长期借款"等科目，贷记"固定资产""无形资产""库存商品"等科目；偿债资产已计提减值准备的，应结转已计提的减值准备，借记"资产减值准备""存货跌价准备"等科目；不需要区分资产处置损益和债务重组损益，也不需要区分不同资产的处置损益，而应将所清偿债务账面价值与转让资产账面价值之间的差额，借记或贷记"其他收益——债务重组收益"科目。

债务人以包含非金融资产的处置组清偿债务的，应当将所清偿债务和处置组中负债的账面价值之和，与处置组中资产的账面价值之间的差额，借记或贷记"其他收益——债务重组收益"科目。处置组所属的资产组或资产组组合分摊了企业合并中取得的商誉的，该处置组应当包含分摊至处置组的商誉。处置组中的资产已计提减值准备的，应结转已计提的减值准备。

【例5-7】根据例5-2的相关资料，请编制D公司此次债务重组的有关会计分录。

D公司作为债务人，10月22日的账务处理如下。

借：应付账款	950 000
累计摊销	100 000
无形资产减值准备	20 000
贷：无形资产	1 000 000
其他收益——债务重组收益	70 000

(二)债务人将债务转为权益工具

债务重组采用将债务转为权益工具方式进行的，债务人初始确认权益工具时，应当按照权益工具的公允价值计量，权益工具的公允价值不能可靠计量的，应当按照所清偿债务的公允价值计量，借记"应付账款""长期借款"等科目，贷记"股本""资本公积"等科目；所清偿债务账面价值与权益工具确认金额之间的差额，借记或贷记"投资收益"科目。债务人因发行权益工具而支出的相关税费等，应当依次冲减资本公积、盈余公积、未分配利润等。

【例5-8】根据例5-3的相关资料，请编制F公司此次债务重组的有关会计分录。

10月20日，F公司作为债务人，在初始确认权益工具公允价值时应当按照所清偿债务的公允价值76万元计量，并扣除因发行权益工具支出的相关税费1.5万元。相关账务处理如下。

借：应付账款	1 000 000
贷：实收资本	250 000
资本公积——资本溢价	495 000
银行存款	15 000
投资收益	240 000

(三)修改其他条款

债务重组采用修改其他条款方式进行的,如果修改其他条款导致债务终止确认,债务人应当按照公允价值计量重组债务,借记"应付账款""长期借款"等科目,贷记"应付账款""长期借款"等科目;终止确认的债务账面价值与重组债务确认金额之间的差额,借记或贷记"投资收益"科目。

如果修改其他条款未导致债务终止确认,或者仅导致部分债务终止确认,对于未终止确认的部分债务,债务人应当根据其分类,继续以摊余成本、以公允价值计量且其变动计入当期损益或其他适当方法进行后续计量。对于以摊余成本计量的债务,债务人应当根据重新议定合同的现金流量变化情况,重新计算该重组债务的账面价值,并将相关利得或损失借记或贷记"投资收益"科目。重新计算的该重组债务的账面价值,应当根据将重新议定或修改的合同现金流量按债务原实际利率折现的现值确定。对于修改或重新议定合同所产生的成本或费用,债务人应当调整修改后的重组债务的账面价值,并在修改后重组债务的剩余期限内摊销。

【例5-9】 根据例5-4的相关资料,请编制H公司此次债务重组的有关会计分录。

H公司作为债务人,重组后债务的公允价值=100×(1-20%)=80(万元),相关会计处理如下。

借:应付账款	1 000 000
贷:长期应付款——债务重组	800 000
其他收益——债务重组收益	200 000

2×19年年末支付利息时:

借:财务费用	40 000
贷:银行存款	40 000

2×20年年末支付本金和利息时:

借:长期应付款——债务重组	800 000
财务费用	40 000
贷:银行存款	840 000

(四)组合方式

债务重组采用以资产清偿债务、将债务转为权益工具、修改其他条款等方式的组合进行的,对于权益工具,债务人应当在初始确认时按照权益工具的公允价值计量,权益工具的公允价值不能可靠计量的,应当按照所清偿债务的公允价值计量。对于修改其他条款形成的重组债务,债务人应当参照"修改其他条款"部分,确认和计量重组债务。所清偿债务的账面价值与转让资产的账面价值以及权益工具和重组债务的确认金额之和的差额,借记或贷记"其他收益——债务重组收益"或"投资收益"科目。

【例5-10】 根据例5-5的相关资料,请编制K公司此次债务重组的有关会计分录。

K公司作为债务人,相关会计处理如下。

借:应付账款	1 000 000
贷:库存商品	400 000
应交税费——应交增值税(销项税额)	80 000

银行存款	200 000
其他收益——债务重组收益	320 000

四、债务重组的相关披露

企业应当在资产负债表日相关项目中列报债务重组涉及增减变动后的资产、负债和所有者权益,并将债务重组损益分别列报于利润表中的相关损益项目。此外,债权人和债务人还应当在附注中披露与债务重组有关的额外信息。

债权人应当在附注中披露与债务重组有关的下列信息:①根据债务重组方式,分组披露债权账面价值和债务重组相关损益;②债务重组导致的对联营企业或合营企业的权益性投资增加额,以及该投资占联营企业或合营企业股份总额的比例。

债务人应当在附注中披露与债务重组有关的下列信息:①根据债务重组方式,分组披露债务账面价值和债务重组相关损益,分组的标准与对债权人的要求类似;②债务重组导致的股本等所有者权益的增加额。

5-3 债务重组(微课视频)

本章课后练习

一、单项选择题

1. 下列不适用债务重组准则进行会计处理的是( )。
   A. 以固定资产清偿债务
   B. 债务重组中涉及的债权、重组债权、债务、重组债务和其他金融工具的确认、计量和列报
   C. 以投资性房地产抵偿债务
   D. 以联营企业抵偿债务

2. 债务人将债务转为权益工具,下列对债权人和债务人会计处理表述不正确的是( )。
   A. 债务人初始确认权益工具时,应当按照权益工具的公允价值计量,除非权益工具的公允价值不能可靠计量
   B. 债务人初始确认权益工具时,如果权益工具的公允价值不能可靠计量的,应当按照所清偿债务的公允价值计量
   C. 债务人所清偿债务账面价值与权益工具确认金额之间的差额计入其他收益
   D. 债权人取得的对债务人股权投资构成对联营企业或合营企业投资的,其成本一般为放弃债权的公允价值与直接相关税费的合计

3. 下列有关债务人对债务重组有关会计处理的表述,不正确的是( )。
   A. 债务人以单项或多项金融资产清偿债务的,债务的账面价值与偿债金融资产账面价值的差额,记入"投资收益"科目
   B. 债务人以单项或多项非金融资产清偿债务,或者以包括金融资产和非金融资产在

内的多项资产清偿债务的,不需要区分资产处置损益和债务重组损益,也不需要区分不同资产的处置损益,而应将所清偿债务账面价值与转让资产账面价值之间的差额,记入"其他收益——债务重组收益"科目

C. 偿债金融资产原来由于公允价值变动确认其他综合收益的,无须进行结转

D. 偿债金融资产已计提减值准备的,应结转已计提的减值准备

4. 对于采用修改其他条款的方式进行的债务重组,以下说法正确的是( )。

A. 债务人必然确认重组债务

B. 债务人债务重组必然确认重组利得

C. 债务人对重组债务应以公允价值为基础进行计量

D. 对债务人而言修改其他条款就是指免除部分本金

5. 在债务人根据债务重组协议用本企业无形资产抵偿到期债务的情况下,相关会计处理中不会涉及的会计科目是( )。

A. 应付账款　　B. 资产处置损益　　C. 其他收益　　D. 无形资产

二、多项选择题

1. 下列各项中,属于债务重组方式的有( )。

A. 以非现金资产进行清偿　　　　B. 将债务转为资本

C. 修改其他债务条件　　　　　　D. 可转换公司债券转换成普通股

2. 2×20年7月31日,甲公司应付乙公司的款项420万元到期,因经营陷入困境,预计短期内无法偿还。当日,甲公司就该债务与乙公司达成的下列偿债协议中,属于债务重组的有( )。

A. 甲公司以公允价值为410万元的固定资产清偿

B. 甲公司以公允价值为420万元的长期股权投资清偿

C. 减免甲公司220万元债务,剩余部分甲公司延期两年偿还

D. 减免甲公司220万元债务,剩余部分甲公司以现金偿还

3. 下列关于债务重组的会计处理的表述中,正确的有( )。

A. 债务人以股权偿还债务的,债权人将其作为交易性金融资产核算的,应以金融资产的公允价值入账

B. 债务人以债务转为权益工具的方式偿还债务的,债务人应将股份的公允价值总额与股本之间的差额计入资本公积——股本溢价

C. 债务人以存货偿还债务的,视同销售该存货,应按照其公允价值确认相应的收入,同时结转存货的成本

D. 债务人以其他权益工具投资偿还债务的,其他权益工具投资公允价值与其账面价值之间的差额,计入留存收益

4. 以资产清偿债务方式进行债务重组的,债务人下列各项会计处理表述正确的有( )。

A. 应当在相关资产和所清偿债务符合终止确认条件时予以终止确认

B. 应付债务账面价值与抵债资产公允价值的差额计入当期损益

C. 抵债资产公允价值与账面价值之间的差额计入当期损益

D. 应付债务账面价值与抵债资产账面价值的差额计入当期损益

5. 以资产清偿债务方式进行债务重组的，债权人初始确认受让的金融资产以外的资产时，其会计处理表述正确的有( )。

A. 存货的成本，包括放弃债权的公允价值和使该资产达到当前位置和状态所发生的可直接归属于该资产的税金、运输费、装卸费、保险费等其他成本

B. 对联营企业或合营企业投资的成本，包括放弃债权的公允价值和可直接归属于该资产的税金等其他成本

C. 投资性房地产的成本，包括放弃债权的公允价值和可直接归属于该资产的税金等其他成本

D. 固定资产的成本，包括放弃债权的公允价值和使该资产达到预定可使用状态前所发生的可直接归属于该资产的税金、运输费、装卸费、安装费、专业人员服务费等其他成本

三、判断题

1. 债权人在收取债权现金流量的合同权利终止时终止确认债权，债务人在债务现时义务解除时终止确认债务。( )

2. 对于终止确认的债权，债权人应当结转已计提的减值准备中对应该债权终止确认部分。( )

3. 债务人以定向增发股票方式抵偿债务的，为发行股票支付的发行费用应冲减营业外收入。( )

4. 债权人受让包括现金在内的单项或多项金融资产的，金融资产初始确认时应当以其公允价值为基础进行计量，无须考虑放弃债权的公允价值。( )

5. 企业以权益法核算的长期股权投资作为抵债资产进行债务重组的，应将原计入资本公积(其他资本公积)的金额结转至其他收益。( )

四、业务题

1. 甲公司向乙公司赊销产品，价税合计为 70 万元。由于乙公司到期无法偿还债务，经双方协商进行债务重组，甲公司同意乙公司以专利技术抵偿债务。该专利技术的账面原价为 85 万元，累计摊销 10 万元，已计提减值准备 1 万元。双方已办理专利技术转让手续。甲公司对该项应收账款已计提坏账准备 3 万元，债务重组日该债权的公允价值为 60 万元。

要求：①为甲公司编制会计分录；②为乙公司编制会计分录。

2. 丙公司持有丁公司的债权投资 1 000 万元，到期后双方进行债务重组，债务重组协议规定，丙公司同意丁公司以其他权益工具投资清偿债务，该其他权益工具投资的账面价值为 880 万元(成本 800 万元，公允价值变动 80 万元)，债务重组日的公允价值为 950 万元，丙公司将获得的该金融资产作为长期股权投资(对被投资企业具有重大影响)核算。双方已经办理了证券转让手续。丙公司对债权投资已计提了 60 万元的减值准备。假设丁公司盈余公积提取比例为 10%。

要求：①为丙公司编制会计分录；②为丁公司编制会计分录。

5-4 本章课后练习答案

5-5 业务题 5-2 讲解(微课视频)

第六章 会计调整

【学习目标】

- 理解会计政策变更和会计估计变更的含义。
- 掌握会计政策变更和会计估计变更的会计处理。
- 掌握前期差错更正的含义及其会计处理方法。
- 理解资产负债表日后事项的含义和内容。

【学习内容】

- 会计政策及其变更。
- 会计估计及其变更。
- 会计差错及其更正。
- 资产负债表日后事项。

【学习重点】

会计政策变更追溯调整法的会计处理。

【学习难点】

资产负债表日后调整事项的会计处理方法。

【准则依据】

- 《企业会计准则第28号——会计政策、会计估计变更和差错更正》。
- 《企业会计准则第29号——资产负债表日后事项》。

6-1 《企业会计准则第28号——会计政策、会计估计变更和差错更正》(拓展阅读)

6-2 《企业会计准则第29号——资产负债表日后事项》(拓展阅读)

第一节 会计政策及其变更

一、会计政策

会计政策,是指企业在会计确认、计量和报告中所采用的原则、基础和会计处理方法。其中"原则"是指企业按照国家统一的会计准则制度规定的、适合于企业会计核算所采用的特定会计原则;"基础"是指为了将会计原则应用于交易或者事项而采取的会计基础;"会计处理方法"是指企业在会计核算中从诸多可选择的会计处理方法中所选择的、适合于本企业的具体会计处理方法。

企业会计政策的选择和运用具有以下特点:①企业应在国家统一的会计准则制度规定的会计政策范围内选择适用的会计政策;②会计政策涉及会计原则、会计基础和具体会计处理方法;③会计政策应当保持前后各期的一致性。

企业在会计核算中所采用的会计政策,通常应在报表附注中加以披露,需要披露的会计政策项目主要有以下几项。

(1) 财务报表的编制基础、计量基础和会计政策的确定依据等。

(2) 存货的计价,是指企业存货的计价方法。例如,企业发出存货成本的计量是采用先进先出法,还是采用其他计量方法。

(3) 固定资产的初始计量,是指对取得的固定资产初始成本的计量。例如,企业取得的固定资产初始成本是以购买价款进行计量,还是以购买价款的现值为基础进行计量。

(4) 无形资产的确认,是指对无形项目的支出是否确认为无形资产。例如,企业内部研究开发项目开发阶段的支出是确认为无形资产,还是在发生时计入当期损益。

(5) 投资性房地产的后续计量,是指企业在资产负债表日对投资性房地产进行后续计量所采用的会计处理。例如,企业对投资性房地产的后续计量是采用成本模式,还是公允价值模式。

(6) 长期股权投资的核算,是指长期股权投资的具体会计处理方法。例如,企业对被投资单位的长期股权投资是采用成本法核算,还是采用权益法核算。

(7) 非货币性资产交换的计量,是指非货币性资产交换事项中对换入资产成本的计量。例如,非货币性资产交换是以换出资产的公允价值作为确定换入资产成本的基础,还是以换出资产的账面价值作为确定换入资产成本的基础。

(8) 收入的确认,是指收入确认所采用的会计方法。

(9) 借款费用的处理,是指借款费用的处理方法,即采用资本化还是采用费用化。

(10) 外币折算,是指外币折算所采用的方法以及汇兑损益的处理。

(11) 合并政策,是指编制合并财务报表所采用的原则。例如,母公司与子公司的会计年度不一致的处理原则;合并范围的确定原则等。

二、会计政策变更

(一)会计政策变更的概念

会计政策变更,是指企业对相同的交易或者事项由原来采用的会计政策改用另一会计政策的行为。一般情况下，为保证会计信息的可比性，使财务报告使用者在比较企业一个以上期间的财务报表时，能够正确判断企业的财务状况、经营成果和现金流量的趋势，企业在不同的会计期间应采用相同的会计政策，不应也不能随意变更会计政策；否则，势必削弱会计信息的可比性，使财务报告使用者在比较企业的经营成果时发生困难。需要注意的是，企业不能随意变更会计政策并不意味着企业的会计政策在任何情况下均不能变更。

(二)会计政策变更的条件

会计政策的变更应经股东大会或董事会等类似机构批准。符合下列条件之一，企业可以变更会计政策：①法律、行政法规或国家统一的会计制度等要求变更；②会计政策的变更能够提供更可靠、更相关的会计信息。

会计政策变更，并不意味着以前期间的会计政策是错误的，只是由于情况发生了变化，或者掌握了新的信息、积累了更多的经验，使得变更会计政策能够更好地反映企业的财务状况、经营成果和现金流量。如果以前期间会计政策的选择和运用是错误的，则属于前期差错，应按前期差错更正的会计处理方法进行处理。

(三)不属于会计政策变更的情形

对会计政策变更的认定，直接影响到会计处理方法的选择。实务中，企业应当分清哪些属于会计政策变更，哪些不属于会计政策变更。下列情况不属于会计政策变更：①本期发生的交易或者事项与以前相比具有本质差别而采用新的会计政策；②对初次发生的或不重要的交易或者事项采用新的会计政策。

三、会计政策变更的会计处理

(1) 企业依据法律、行政法规或者国家统一的会计制度等的要求变更会计政策的，应当按照国家相关规定执行。

(2) 会计政策变更能够提供更可靠、更相关的会计信息的，应当采用追溯调整法处理，将会计政策变更累积影响数调整列报前期最早期初留存收益，其他相关项目的期初余额和列报前期披露的其他比较数据也应当一并调整，但确定该项会计政策变更累积影响数不切实可行的除外。

追溯调整法是指对某项交易或事项变更会计政策，视同该项交易或事项初次发生时即采用变更后的会计政策，并以此对财务报表相关项目进行调整的方法。

追溯调整法的运用通常由以下几个步骤构成：①计算会计政策变更的累积影响数；②相关的账务处理；③调整财务报表相关项目；④财务报表附注说明。

其中，会计政策变更累积影响数，是指按照变更后的会计政策对以前各期追溯计算的列报前期最早期初留存收益应有金额与现有金额之间的差额，它反映了变更会计政策所导致的对净利润的累积影响以及由此导致的对利润分配及未分配利润的累积影响金额，但不包括分配的利润或股利。会计政策变更累积影响数通常可以通过以下各步计算获得：①根据新的会计政策重新计算受影响的前期交易或事项；②计算两种会计政策下的差异；③计算差异的所得税影响金额；④确定前期中每一期的税后差异；⑤计算会计政策变更的累积影响数。

(3) 确定会计政策变更对列报前期影响数不切实可行的，应当从可追溯调整的最早期间期初开始应用变更后的会计政策。在当期期初确定会计政策变更对以前各期累积影响数不切实可行的,应当采用未来适用法处理。

未来适用法是指将变更后的会计政策应用于变更日及以后发生的交易或者事项,或者在会计估计变更当期和未来期间确认会计估计变更影响数的方法。在未来适用法下,不需要计算会计政策变更产生的累积影响数,也无须重编以前年度的财务报表。

四、会计政策变更的披露

企业应当在附注中披露与会计政策变更有关的下列信息。

(1) 会计政策变更的性质、内容和原因。

(2) 当期和各个列报前期财务报表中受影响的项目名称和调整金额。

(3) 无法进行追溯调整的,说明该事实和原因以及开始应用变更后的会计政策的时点、具体应用情况。

【例6-1】甲公司 2×20 年 12 月 15 日购入一栋商务楼,初始入账成本 3 000 万元,预计使用寿命为 30 年,假定无残值。2×21 年年初甲公司将其出租给乙公司使用,采用成本模式进行后续计量,直线法计提折旧,税法认可其成本模式计量口径。2×22 年 1 月 1 日,由于房地产交易市场成熟,具备了采用公允价值模式计量的条件,甲公司决定对该投资性房地产从成本模式转换为公允价值模式计量。2×22 年年初大楼的公允价值为 3 100 万元。甲公司按净利润的 10%提取法定盈余公积,按资产负债表债务法核算所得税,所得税税率为 25%。

根据我国《企业会计准则第 3 号——投资性房地产》的规定,投资性房地产的后续计量由成本模式转换为公允价值模式的,应作为会计政策变更,因此需进行追溯调整如下。

(1) 变更导致以前年度多计其他业务成本 100 万元,少计公允价值变动收益 100 万元,因此以前年度税前利润少计 200 万元。

借:投资性房地产——成本　　　　　　　　　　　3 000
　　　　　　　　　——公允价值变动　　　　　　　100
　　投资性房地产累计折旧　　　　　　　　　　　　100
　　贷:投资性房地产　　　　　　　　　　　　　　3 000
　　　　以前年度损益调整　　　　　　　　　　　　　200

(2) 变更导致以前年度少计应纳税暂时性差异 200 万元,相应地少算"递延所得税负债"和以前年度所得税费用各 50 万元。

借:以前年度损益调整　　　　　　　　　　　　　　50
　　贷:递延所得税负债　　　　　　　　　　　　　　50

(3) 由于以前年度少计净利润 150 万元,所以少提盈余公积 15 万元,以前年度的未分配利润影响数为 135 万元。

借:以前年度损益调整　　　　　　　　　　　　　　150
　　贷:盈余公积　　　　　　　　　　　　　　　　　15
　　　　利润分配——未分配利润　　　　　　　　　　135

(4) 涉及报表调整数如表 6-1~表 6-3 所示。

表 6-1 资产负债表(部分)

2×22 年 12 月 31 日　　　　　　　　　　　　　　　　　　　　单位：万元

资　产	年初数	负　债	年初数
投资性房地产	+200	递延所得税负债	+50
		盈余公积	+15
		未分配利润	+135
资产合计	+200	负债及所有者权益合计	+200

表 6-2 利润表(部分)

2×22 年　　　　　　　　　　　　　　　　　　　　　　　　　　单位：万元

项　目	上年数
一、营业收入	
减：营业成本	-100
税金及附加	
销售费用	
管理费用	
财务费用(收益以"-"号填列)	
资产减值损失	
加：公允价值变动净收益(净损失以"-"号填列)	+100
投资净收益(净损失以"-"号填列)	
二、营业利润(亏损以"-"号填列)	+200
加：营业外收入	
减：营业外支出	
三、利润总额(亏损总额以"-"填列)	+200
减：所得税费用	+50
四、净利润(净亏损以"-"填列)	+150

表 6-3 所有者权益变动表

2×22 年度　　　　　　　　　　　　　　　　　　　　　　　　单位：万元

项　目	本年金额			
	……	盈余公积	未分配利润	所有者权益合计
一、上年年末余额				
加：会计政策变更		+15	+135	+150
前期会计差错				
二、本年年初余额		+15	+135	+150

(5) 附注说明。

本公司按照企业会计准则规定，从 20×2 年 1 月 1 日开始对经营出租的商务楼由原来的成本模式改用公允价值模式进行后续计量。此项会计政策变更采用追溯调整法，20×2 年的比较报表已重新表述。20×2 年运用新的方法追溯计算的会计政策变更累积影响数为 150 万元。会计政策变更对 20×2 年度报告的损益的影响为增加净利润 150 万元，调增 20×2 年的期末留存收益 150 万元，其中，调增盈余公积 15 万元，调增未分配利润 135 万元。

第二节　会计估计及其变更

一、会计估计

会计估计是指企业对其结果不确定的交易或事项以最近可利用的信息为基础所作的判断。会计估计具有以下特点：①会计估计的存在是由于经济活动中内在的不确定因素的影响；②会计估计应当依据最近可利用的信息或资料为基础；③进行会计估计并不会削弱会计核算的可靠性。

下列各项属于常见的需要进行估计的项目：①存货可变现净值的确定。②采用公允价值模式下的投资性房地产公允价值的确定。③固定资产的预计使用寿命与净残值，固定资产的折旧方法。④使用寿命有限的无形资产的预计使用寿命与净残值。⑤可收回金额按照资产组的公允价值减去处置费用后的净额确定的，确定公允价值减去处置费用后的净额的方法；可收回金额按照资产组预计未来现金流量的现值确定的，预计未来现金流量的确定。⑥建造合同或劳务合同完工进度的确定。⑦公允价值的确定。⑧预计负债初始计量的最佳估计数的确定。⑨承租人对未确认融资费用的分摊；出租人对未实现融资收益的分配。

二、会计估计变更

(一)会计估计变更的概念及其原因

由于企业经营活动中内在不确定因素的影响，某些财务报表项目不能精确地计量而只能加以估计。如果赖以进行估计的基础发生了变化，或者由于取得新的信息、积累更多的经验以及后来的发展变化，可能需要对会计估计进行修正。

会计估计变更，是指由于资产和负债的当前状况及预期经济利益和义务发生了变化，从而对资产或负债的账面价值或者资产的定期消耗金额进行调整。

通常情况下，企业可能由于以下原因而发生会计估计变更。

(1) 赖以进行估计的基础发生了变化。企业进行会计估计，总是要依赖于一定的基础，如果其所依赖的基础发生了变化，则会计估计也应相应作出改变。例如，企业某项无形资产的摊销年限原定为 15 年，以后获得了国家专利保护，该资产的受益年限已变为 10 年，则应相应地调减摊销年限。

(2) 取得了新的信息，积累了更多的经验。企业进行会计估计是就现有资料对未来所作的判断，随着时间的推移，企业有可能取得新的信息、积累更多的经验，在这种情况下，也需要对会计估计进行修订。例如，企业原对固定资产采用年限平均法按 15 年计提折旧，使用 5 年后对该固定资产所能生产产品的产量有了比较准确的证据，企业改用按工作量法计提固定资产折旧。

(二)会计政策变更与会计估计变更的划分

企业可以采用以下具体方法划分会计政策变更与会计估计变更：分析并判断该事项是否涉及会计确认、计量基础选择或列报项目的变更。如果至少涉及上述一项划分基础变更的，该事项是会计政策变更；不涉及上述划分基础变更时，该事项可以判断为会计估计变更。

当企业难以对某项变更区分为会计政策变更或会计估计变更的，应将其作为会计估计变更进行处理。

三、会计估计变更的会计处理

会计估计变更应采用未来适用法处理，即在会计估计变更当期及以后期间，采用新的会计估计，不改变以前期间的会计估计，也不调整以前期间的报告结果。

(1) 如果会计估计的变更仅影响变更当期，有关估计变更的影响应于当期确认。

(2) 如果会计估计的变更既影响变更当期又影响未来期间，有关估计变更的影响在当期及以后各期确认。

四、会计估计变更的披露

企业对于会计估计变更，应当在附注中披露以下有关信息。

(1) 会计估计变更的内容和原因。
(2) 会计估计变更对当期和未来的影响数。
(3) 会计估计变更的影响数不能确定的，披露这一事实和原因。

【例6-2】乙公司于2×20年1月1日起对某管理用设备计提折旧，原价为84 000元，预计使用寿命为8年，预计净残值为4 000元，按年限平均法计提折旧。2×24年年初，由于新技术发展等原因，需要对原估计的使用寿命和净残值作出修正，修改后该设备预计尚可使用年限为2年，预计净残值为2 000元。乙公司适用的企业所得税税率为25%。

乙公司对该项会计估计变更的会计处理如下。

(1) 不调整以前各期折旧，也不计算累积影响数。
(2) 变更日以后改按新的估计计提折旧。

按原估计，每年折旧额为10 000元，已提折旧4年，共计40 000元，该项固定资产账面价值为44 000元，则第5年相关科目的期初余额如下。

固定资产　　　　　　　　　　　　　　　　　　　84 000
减：累计折旧　　　　　　　　　　　　　　　　　40 000
　　固定资产账面价值　　　　　　　　　　　　　44 000

改变预计使用年限后，从2×24年起每年计提的折旧费用为21 000[(44 000-2 000)/2]元。2×24年不必对以前年度已提折旧进行调整，只需按重新预计的尚可使用年限和净残值计算确定折旧费用，有关账务处理如下。

借：管理费用　　　　　　　　　　　　　　　　　21 000
　　贷：累计折旧　　　　　　　　　　　　　　　21 000

(3) 财务报表附注说明。

本公司一台管理用设备成本为 84 000 元，原预计使用寿命为 8 年，预计净残值为 4 000 元，按年限平均法计提折旧。由于新技术的发展，该设备已不能按原预计使用寿命计提折旧，本公司于 20×4 年年初将该设备的预计尚可使用寿命变更为 2 年，预计净残值变更为 2 000 元，以反映该设备在目前状况下的预计尚可使用寿命和净残值。此估计变更将减少本年度净利润 8 250[(21 000−10 000)×(1−25%)]元。

第三节　前期差错更正

一、前期差错的概念

前期差错是指由于没有运用或错误运用下列两种信息，而对前期财务报表造成省略或错报：①编报前期财务报表时预期能够取得并加以考虑的可靠信息；②前期财务报告批准报出时能够取得的可靠信息。

前期差错通常包括以下三个方面。

(1) 计算错误。例如，企业本期应计提折旧 50 000 000 元，但由于计算出现差错，得出错误数据为 45 000 000 元。

(2) 应用会计政策错误。例如，企业将固定资产已达到预定可使用状态后发生的借款费用也计入了该项固定资产成本，予以资本化，则属于采用法律、行政法规或者国家统一的会计准则制度等所不允许的会计政策。

(3) 疏忽或曲解事实以及舞弊产生的影响。例如，企业销售一批商品，商品已经发出，开出增值税专用发票，商品销售收入确认条件均已满足，但企业在期末未将已实现的销售收入入账。

二、前期差错更正的会计处理

前期差错按照重要程度分为不重要的前期差错和重要的前期差错。

不重要的前期差错，是指不足以影响财务报表使用者对企业财务状况、经营成果和现金流量作出正确判断的前期差错。对于不重要的前期差错，企业不需要调整财务报表相关项目的期初数，但应调整发现当期与前期相同的相关项目。属于影响损益的，应直接计入本期与上期相同的净损益项目。

重要的前期差错是指足以影响财务报表使用者对企业财务状况、经营成果和现金流量作出正确判断的前期差错。对于重要的前期差错，如果能够合理确定前期差错累积影响数，则重要的前期差错的更正应采用追溯重述法。

追溯重述法是指在发现前期差错时，视同该项前期差错从未发生过，从而对财务报表相关项目进行调整的方法。前期差错累积影响数是指前期差错发生后对差错期间每期净利润的影响数之和。

如果确定前期差错累积影响数不切实可行，可以从可追溯重述的最早期间开始调整留存收益的期初余额，财务报表其他相关项目的期初余额也应当一并调整，也可以采用未来适用法。

三、前期差错更正的披露

企业应当在附注中披露与前期差错更正有关的下列信息。
(1) 前期差错的性质。
(2) 各个列报前期财务报表中受影响的项目名称和更正金额。
(3) 无法进行追溯重述的,说明该事实和原因以及对前期差错开始进行更正的时点和具体更正情况。

【例6-3】2×21年12月31日,甲公司发现2×20年公司漏记一项管理用固定资产的折旧费用300 000元,所得税申报表中也未扣除该项费用。假定2×20年甲公司适用所得税税率为25%,无其他纳税调整事项。该公司按净利润的10%和5%提取法定盈余公积和任意盈余公积。假定税法允许调整应交所得税。

(1) 分析前期差错的影响数。

2×20年少计折旧费用300 000元,多计所得税费用75 000(300 000×25%)元,多计净利润225 000元,多计应交税费75 000(300 000×25%)元,多提法定盈余公积和任意盈余公积22 500(225 000×10%)元和11 250(225 000×5%)元。

(2) 编制有关项目的调整分录。

① 补提折旧。

借:以前年度损益调整——管理费用　　　　　　　　　　　300 000
　　贷:累计折旧　　　　　　　　　　　　　　　　　　　　　300 000

② 调整应交所得税。

借:应交税费——应交所得税　　　　　　　　　　　　　　75 000
　　贷:以前年度损益调整——所得税费用　　　　　　　　　　75 000

③ 将"以前年度损益调整"科目余额转入未分配利润。

借:利润分配——未分配利润　　　　　　　　　　　　　　225 000
　　贷:以前年度损益调整——本年利润　　　　　　　　　　　225 000

④ 因净利润减少,调减盈余公积。

借:盈余公积——法定盈余公积　　　　　　　　　　　　　22 500
　　　　　　——任意盈余公积　　　　　　　　　　　　　11 250
　　贷:利润分配——未分配利润　　　　　　　　　　　　　　33 750

(3) 财务报表调整和重述(财务报表略)。

甲公司在列报2×21年度财务报表时,应调整2×20年度财务报表的相关项目。

① 资产负债表项目的调整。

调减固定资产300 000元;调减应交税费75 000元;调减盈余公积33 750元,调减未分配利润191 250元。

② 利润表项目的调整。

调增管理费用300 000元,调减所得税费用75 000元,调减净利润225 000元(需要对每股收益进行披露的企业应当同时调整基本每股收益和稀释每股收益)。

③ 所有者权益变动表项目的调整。

调减前期差错更正项目中盈余公积上年金额33 750元,未分配利润上年金额191 250元,所有者权益合计上年金额 225 000 元。

④ 财务报表附注说明。

本年度发现 2×20 年漏记固定资产折旧 300 000 元，在编制 2×21 年和 2×20 年比较财务报表时，已对该项差错进行了更正。更正后，调减 2×20 年净利润 225 000 元，调增累计折旧 300 000 元。

第四节　资产负债表日后事项

一、资产负债表日后事项概述

(一)资产负债表日后事项的概念

资产负债表日后事项是指资产负债表日至财务报告批准报出日之间发生的有利或不利事项。其中"资产负债表日"是指会计年度末和会计中期期末(中期是指短于一个完整的会计年度的报告期间，包括半年度、季度和月度等)；"财务报告批准报出日"是指董事会或类似机构批准财务报告报出的日期，通常是指对财务报告的内容负有法律责任的单位或个人批准财务报告对外公布的日期。

需要强调的是，资产负债表日后事项包括有利事项和不利事项，对于资产负债表日后有利或不利事项的处理原则相同。而且，资产负债表日后事项不是在这个特定期间内发生的全部事项，而是与资产负债表日存在状况有关的事项，或虽然与资产负债表日存在状况无关，但对企业财务状况具有重大影响的事项。

(二)资产负债表日后事项的内容

资产负债表日后事项包括资产负债表日后调整事项和资产负债表日后非调整事项。

1. 调整事项

资产负债表日后调整事项是指对资产负债表日已经存在的情况提供了新的或进一步证据的事项。

如果资产负债表日及所属会计期间已经存在某种情况，但当时并不知道其存在或者不能知道确切结果，资产负债表日后发生的事项能够证实该情况的存在或者确切结果，则该事项属于资产负债表日后调整事项。也就是说，资产负债表日后事项对资产负债表日的情况提供了进一步的证据，证据表明的情况与原来的估计和判断不完全一致，则需要对原来的会计处理进行调整。

调整事项的特点：①在资产负债表日已经存在，资产负债表日后得以证实的事项；②对按资产负债表日存在状况编制的财务报告产生重大影响的事项。

企业发生的资产负债表日后调整事项，通常包括下列各项：①资产负债表日后诉讼案件结案，法院判决证实了企业在资产负债表日已经存在现时义务，需要调整原先确认的与该诉讼案件相关的预计负债，或确认一项新负债；②资产负债表日后取得确凿证据，表明某项资产在资产负债表日发生了减值或者需要调整该项资产原先确认的减值金额；③资产负债表日后进一步确定了资产负债表日前购入资产的成本或售出资产的收入;④资产负债表日后发现了财务报告舞弊或差错。

2. 非调整事项

资产负债表日后非调整事项,是指表明资产负债表日后发生的情况的事项。资产负债表日后非调整事项虽然不影响资产负债表日存在的情况,但不加以说明将会影响财务报告使用者作出正确估计和决策。

企业发生的资产负债表日后非调整事项,通常包括下列各项:①资产负债表日后发生重大诉讼、仲裁、承诺;②资产负债表日后资产价格、税收政策、外汇汇率发生重大变化;③资产负债表日后因自然灾害导致资产发生重大损失;④资产负债表日后发行股票和债券以及其他巨额举债;⑤资产负债表日后资本公积转增资本;⑥资产负债表日后发生巨额亏损;⑦资产负债表日后发生企业合并或处置子公司;⑧资产负债表日后,企业利润分配方案中拟分配的以及经审议批准宣告发放的股利或利润。

(三)调整事项与非调整事项的区别

资产负债表日后发生的某一事项究竟是调整事项还是非调整事项,取决于该事项表明的情况在资产负债表日或资产负债表日以前是否已经存在。若该情况在资产负债表日或之前已经存在,则属于调整事项;反之,则属于非调整事项。

【例6-4】甲公司2×21年11月向乙公司出售原材料30 000 000元,根据销售合同,乙公司应在收到原材料后3个月内付款。至2×21年12月31日,乙公司尚未付款。假定甲公司在编制2×21年度财务报告时有两种情况:①2×21年12月31日甲公司根据掌握的资料判断,乙公司有可能破产清算,估计该应收账款将有30%无法收回,故按30%的比例计提坏账准备;2×22年1月10日,甲公司收到通知,乙公司已被宣告破产清算,甲公司估计有70%的应收账款无法收回。②2×21年12月31日乙公司的财务状况良好,甲公司预计应收账款可按时收回;2×22年1月10日,乙公司遭受重大雪灾,导致甲公司60%的应收账款无法收回。2×22年3月10日,甲公司的财务报告经批准对外公布。

分析:①导致甲公司应收账款无法收回的事实是乙公司财务状况恶化,该事实在资产负债表日已经存在,乙公司被宣告破产清算只是证实了资产负债表日乙公司财务状况恶化的情况,因此,乙公司破产清算导致甲公司应收账款无法收回的事项属于调整事项。②导致甲公司应收账款损失的因素是雪灾,不可预计,应收账款发生损失这一事实在资产负债表日以后才发生,因此乙公司遭受雪灾导致甲公司应收账款发生坏账的事项属于非调整事项。

二、资产负债表日后调整事项

企业发生的资产负债表日后调整事项,应当调整资产负债表日的财务报表。

对于年度财务报告而言,由于资产负债表日后事项发生在报告年度的次年,报告年度的有关账目已经结转,特别是损益类科目在结账后已无余额。因此,资产负债表日后发生的调整事项,应分以下几种情况进行处理。

(1) 涉及损益的事项,通过"以前年度损益调整"科目核算。

调整增加以前年度利润或调整减少以前年度亏损的事项,记入"以前年度损益调整"科目的贷方；调整减少以前年度利润或调整增加以前年度亏损的事项，记入"以前年度损益调整"科目的借方。

涉及损益的调整事项，如果发生在资产负债表日所属年度(即报告年度)所得税汇算清缴前的，应调整报告年度应纳税所得额、应纳所得税税额；由于以前年度损益调整增加的所得税费用，记入"以前年度损益调整"科目的借方，同时贷记"应交税费——应交所得税"等科目；由于以前年度损益调整减少的所得税费用，记入"以前年度损益调整"科目的贷方，同时借记"应交税费——应交所得税"等科目。调整完成后，将"以前年度损益调整"科目的贷方或借方余额，转入"利润分配——未分配利润"科目。

涉及损益的调整事项，发生在报告年度所得税汇算清缴后的，应调整本年度(即报告年度的次年)应纳所得税税额。

(2) 涉及利润分配调整的事项，直接在"利润分配——未分配利润"科目核算。

(3) 不涉及损益及利润分配的事项，调整相关科目。

(4) 通过上述账务处理后，还应同时调整财务报表相关项目的数字，包括：①资产负债表日编制的财务报表相关项目的期末数或本年发生数；②当期编制的财务报表相关项目的期初数或上年数；③上述调整如果涉及报表附注内容的，还应当作出相应调整。

【例 6-5】甲公司与乙公司签订一项销售合同，约定甲公司应在 2×21 年 8 月向乙公司交付 A 产品 3 000 件。但甲公司未按照合同发货，致使乙公司遭受重大经济损失。2×21 年 11 月，乙公司将甲公司告上法庭，要求甲公司赔偿 9 000 000 元。2×21 年 12 月 31 日人民法院尚未判决，甲公司对该诉讼事项确认预计负债 6 000 000 元，乙公司未确认应收赔偿款。2×22 年 2 月 8 日，经人民法院判决甲公司应赔偿乙公司 8 000 000 元，甲、乙双方均服从判决。判决当日，甲公司向乙公司支付赔偿款 8 000 000 元，甲、乙两公司 2×21 年所得税汇算清缴均在 2×22 年 3 月 10 日完成(假定该项预计负债产生的损失不允许在预计时税前抵扣，只有在损失实际发生时，才允许税前抵扣)。

本例中，人民法院 2×22 年 2 月 8 日的判决证实了甲、乙两公司在资产负债表日(即 2×21 年 12 月 31 日)分别存在现实赔偿义务和获赔权利，因此甲、乙两公司都应将"人民法院判决"这一事项作为调整事项进行处理。甲公司和乙公司 2×21 年所得税汇算清缴均在 2×22 年 3 月 10 日完成，因此，应根据法院判决结果调整报告年度应纳税所得额和应纳所得税税额。

1. 甲公司的账务处理。

(1) 记录支付的赔偿款。

借：以前年度损益调整——营业外支出	2 000 000
贷：其他应付款——乙公司	2 000 000
借：预计负债——未决诉讼	6 000 000
贷：其他应付款——乙公司	6 000 000
借：其他应付款——乙公司	8 000 000
贷：银行存款	8 000 000

资产负债表日后事项如涉及现金收支项目，均不调整报告年度资产负债表的货币资金项目和现金流量表各项目数字。本例中，虽然已经支付了赔偿款，但在调整会计报表相关数字时，只需调整上述第一笔分录和第二笔分录，第三笔分录作为 2×22 年的会计事项处理。

(2) 调整递延所得税资产。
借：以前年度损益调整——所得税费用(6 000 000×25%)　　1 500 000
　　贷：递延所得税资产　　　　　　　　　　　　　　　　　　　　　　 1 500 000

2×21年年末因确认预计负债6 000 000元时已确认相应的递延所得税资产，资产负债表日后事项发生后递延所得税资产不复存在，应予转回。

(3) 调整应交所得税。
借：应交税费——应交所得税(8 000 000×25%)　　　　　　 2 000 000
　　贷：以前年度损益调整——所得税费用　　　　　　　　　　　　　 2 000 000

(4) 将"以前年度损益调整"科目余额转入未分配利润。
借：利润分配——未分配利润　　　　　　　　　　　　　　　 1 500 000
　　贷：以前年度损益调整——本年利润　　　　　　　　　　　　　　 1 500 000

(5) 因净利润减少，调减盈余公积。
借：盈余公积——提取法定盈余公积(1 500 000×10%)　　　　 150 000
　　贷：利润分配——未分配利润　　　　　　　　　　　　　　　　　　 150 000

(6) 调整报告年度财务报表相关项目的数字(财务报表略)。
① 资产负债表项目的调整。
调减递延所得税资产1 500 000元，调减应交税费——应交所得税2 000 000元；调增其他应付款8 000 000元，调减预计负债6 000 000元；调减盈余公积150 000元，调减未分配利润1 350 000元。
② 利润表项目的调整。
调增营业外支出2 000 000元，调减所得税费用500 000元，调减净利润1 500 000元。
③ 所有者权益变动表项目的调整。
调减净利润1 500 000元；提取盈余公积项目中盈余公积一栏调减150 000元；未分配利润调减1 350 000元。

(7) 调整2×22年2月份资产负债表相关项目的年初数(资产负债表略)。甲公司在编制2×22年1月份的资产负债表时，按照调整前2×21年12月31日的资产负债表的数字作为资产负债表的年初数，由于发生了资产负债表日后调整事项，甲公司除了调整2×21年度资产负债表相关项目的数字外，还应当调整2×22年2月份资产负债表相关项目的年初数，其年初数按照2×21年12月31日调整后的数字填列。

2. 乙公司的账务处理。
(1) 记录收到的赔款。
借：其他应收款——甲公司　　　　　　　　　　　　　　　　 8 000 000
　　贷：以前年度损益调整——营业外收入　　　　　　　　　　　　　 8 000 000
借：银行存款　　　　　　　　　　　　　　　　　　　　　　 8 000 000
　　贷：其他应收款——甲公司　　　　　　　　　　　　　　　　　　 8 000 000

同前述，资产负债表日后事项如涉及现金收支项目，均不调整报告年度资产负债表的货币资金项目和现金流量表各项目数字。本例中，虽然已经收到了赔偿款，但在调整会计报表相关数字时，只需调整上述第一笔分录，第二笔分录作为2×22年的会计事项处理。

(2) 调整应交所得税。

借：以前年度损益调整——所得税费用(8 000 000×25%)　　2 000 000
　　　贷：应交税费——应交所得税　　　　　　　　　　　　　　　2 000 000

(3) 将"以前年度损益调整"科目余额转入未分配利润。

借：以前年度损益调整——本年利润　　　　　　　　　　　　6 000 000
　　　贷：利润分配——未分配利润　　　　　　　　　　　　　　　6 000 000

(4) 因净利润增加，补提盈余公积。

借：利润分配——未分配利润　　　　　　　　　　　　　　　　600 000
　　　贷：盈余公积——提取法定盈余公积(6 000 000×10%)　　　　　600 000

(5) 调整报告年度财务报表相关项目的数字(财务报表略)。

① 资产负债表项目的调整。

调增其他应收款 8 000 000 元；调增应交税费 2 000 000 元；调增盈余公积 600 000 元；调增未分配利润 5 400 000 元。

② 利润表项目的调整。

调增营业外收入 8 000 000 元，调增所得税费用 2 000 000 元，调增净利润 6 000 000 元。

③ 所有者权益变动表项目的调整。

调增净利润 6 000 000 元；提取盈余公积项目中盈余公积一栏调增 600 000 元；未分配利润调增 5 400 000 元。

(6) 调整 2×22 年 2 月份资产负债表相关项目的年初数(资产负债表略)。

乙公司在编制 2×22 年 1 月份的资产负债表时，按照调整前 2×21 年 12 月 31 日的资产负债表的数字作为资产负债表的年初数。由于发生了资产负债表日后调整事项，乙公司除了调整 2×21 年度资产负债表相关项目的数字外，还应当调整 2×22 年 2 月份资产负债表相关项目的年初数，其年初数按照 2×21 年 12 月 31 日调整后的数字填列。

三、资产负债表日后非调整事项

资产负债表日后发生的非调整事项，是表明资产负债表日后发生的情况的事项，与资产负债表日存在状况无关，不应当调整资产负债表日的财务报表。但有的非调整事项由于事项重大，对财务报告使用者具有重大影响，如不加以说明，将不利于财务报告使用者作出正确的估计和决策，因此，应在附注中对其性质、内容及对财务状况和经营成果的影响加以披露。

对于资产负债表日后发生的非调整事项,应当在报表附注中披露每项重要的资产负债表日后非调整事项的性质、内容，以及其对财务状况和经营成果的影响；无法作出估计的，应当说明原因。

6-3　会计调整(微课视频)

本章课后练习

一、单项选择题

1. 某上市公司发生的下列交易或事项，属于会计政策变更的是(　　)。

A. 因技术发展，无形资产的摊销期限由10年缩短为6年
B. 固定资产改良后延长了使用年限，将其折旧年限由8年延长至10年
C. 对投资性房地产从成本模式计量改用公允价值模式计量
D. 坏账准备由余额百分比法按照1%比例计提改为账龄分析法计提

2. 企业发生会计估计变更时，下列各项目中不需要在会计报表附注中披露的是（　　）。
   A. 会计估计变更的内容　　　　B. 会计估计变更的累积影响数
   C. 会计估计变更的理由　　　　D. 会计估计变更对当期损益的影响金额

3. 甲股份有限公司于2×22年6月15日，发现2×20年9月20日误将购入600 000元固定资产支出计入管理费用，对利润影响较大。该企业编制2×22年6月份会计报表时应（　　）。
   A. 调整2×20年度会计报表相关项目的期初数
   B. 调整2×21年度会计报表相关项目的期初数
   C. 调整2×20年度会计报表相关项目的期末数
   D. 调整2×22年度会计报表相关项目的期初数

4. 股份有限公司自资产负债表日至财务会计报告批准报出日之间发生的下列事项，属于调整事项的是（　　）。
   A. 资产负债表日后发生重大诉讼
   B. 发生资产负债表所属期间所售商品的退回
   C. 资产负债表日后发生巨额亏损
   D. 一幢厂房因地震发生倒塌，造成公司重大损失

5. 资产负债表日至财务会计报告批准报出日之间发生的调整事项在进行调整处理时，下列不能调整的项目是（　　）。
   A. 货币资金收支项目　　　　B. 涉及应收账款的事项
   C. 涉及所有者权益的事项　　D. 涉及损益调整的事项

二、多项选择题

1. 甲股份有限公司2×15年度发生的下列交易或事项中，应采用未来适用法进行会计处理的有（　　）。
   A. 因出现相关新技术，将某专利权摊销年限由15年改为7年
   B. 因发现以前会计期间滥用会计估计，将该滥用会计估计形成的秘密准备予以冲销
   C. 因某固定资产用途发生变化导致使用寿命下降，将其折旧年限由10年改为5年
   D. 追加投资后对被投资单位有重大影响，将长期股权投资由成本法改按权益法核算

2. 下列事项中，已构成前期会计差错的有（　　）。
   A. 存货和固定资产盘盈　　　　B. 存货和固定资产盘亏
   C. 将工程人员的工资计入前期损益　　D. 期末应计和递延项目未作调整

3. 前期差错在会计报表附注中应披露的内容有（　　）。
   A. 前期差错的性质
   B. 各个列报前期财务报表中受影响的项目名称和更正金额
   C. 无法进行追溯重述的，说明该事实和原因
   D. 无法进行追溯重述的，说明对前期差错开始进行更正的时点

4. 某上市公司财务报告批准报出日为次年4月15日，该公司在资产负债表日后发生财务的以下事项，其中属于非调整事项的有(   )。

  A. 董事会作出与债权人进行债务重组的决议

  B. 2月1日发现上年一项已完工程尚未结转固定资产

  C. 3月1日临时股东大会决议购买某公司60%的股权并于4月10日执行完毕

  D. 4月12日董事会制定分配现金股利方案

5. 下列于年度资产负债表日至财务会计报告批准报出日之间发生的事项，属于资产负债表日后事项的有(   )。

  A. 支付年度审计费　　　　　　B. 固定资产和投资发生严重减值

  C. 股票和债券的发行　　　　　D. 火灾造成重大损失

三、判断题

1. 企业对初次发生的或不重要的交易或事项采用新的会计政策，属于会计政策变更。(   )

2. 企业对于本期发现属于以前年度的重大会计差错，只需要调整财务报表相关项目的期初数，无须在财务报表附注中披露。(   )

3. 企业曲解事实及舞弊的，应当作为重大会计差错，按前期差错的会计处理方法进行处理。(   )

4. 企业因日后调整事项而对资产负债表项目进行调整时，可能调整报告年度的资产负债表相关项目的年初数和年末数。(   )

5. 投资性房地产因资产负债表日后公允价值严重下跌，企业应将其视为资产负债表日后调整事项。(   )

四、业务题

1. 某公司2×19年12月购入一套管理用设备，原始价值128 000元，当时预计可使用10年，预计净残值8 000元，采用直线法计提折旧。由于技术进步及现代化管理要求，于2×23年1月将折旧年限改为5年，预计净残值改为5 000元，该公司所得税税率为33%。

要求：为该公司完成该项设备2×23年的会计折旧处理。

2. 2×22年5月10日，甲公司发现2×21年年末估计固定资产可收回金额时，因多估可收回金额从而少提固定资产减值准备100万元，甲公司适用所得税税率为25%，除该事项外，无其他纳税调整事项。甲公司各年均按10%提取法定盈余公积。

要求：①编制甲公司有关会计差错的会计分录；②调整甲公司会计报表相关项目的数字。

3. 甲公司2×21年6月销售给乙公司一批物资，货款为2 000 000元(含增值税)。乙公司于7月份收到所购物资并验收入库。按合同规定，乙公司应于收到所购物资后3个月内付款。由于乙公司财务状况不佳，到2×21年12月31日仍未付款。甲公司于2×21年12月31日已为该项应收账款计提坏账准备100 000元。2×21年12月31日资产负债表上"应收账款"项目的金额为4 000 000元，其中1 900 000元为该项应收账款。甲公司于2×22年2月3日(所得税汇算清缴前)收到人民法院通知，乙公司已宣告破产清算，无力偿还所欠部分货款。甲公司预计可收回应收账款的60%。

要求：为甲公司完成上述事项的会计处理。

第七章 企业合并

【学习目标】
- 掌握企业合并遇到的会计问题。
- 掌握企业合并的会计处理。

【学习内容】
- 企业合并的分类。
- 企业合并产生的会计问题。
- 同一控制下吸收合并、控股合并的会计处理。
- 非同一控制下吸收合并、控股合并的会计处理。

【学习重点】
购买法和权益结合法的运用。

【学习难点】
公允价值在购买日后的确定的核算。

【准则依据】
《企业会计准则第20号——企业合并》。

7-1 《企业会计准则第20号——企业合并》(拓展阅读)

第一节 企业合并概述

一、企业合并动因

为了获得良好的发展机会，取得最大的经济效益，许多企业都致力于扩展企业规模，拓展经营业务与市场。企业规模和业务的扩展可采取两种基本途径：其一，采取内部扩展的方式，通过自身的积累来扩大规模；其二，采取外部扩展的方式，通过企业合并来扩大规模。由于内部扩展不仅受到所有者和企业自身能力的限制，而且受到活动范围的限制，所以现代企业扩展往往采用外部扩展的方式。

企业管理学意义上的企业合并，一般是指两个或两个以上的经济资源和经营活动因资金组带关系而置于单一的管理机构或集团控制之下的企业组织方法，它是企业扩充规模、寻求发展的一个重要方式。

企业合并的动机与效应往往非常复杂，简单来说，可以将企业合并的动机归结为以下几点：①追求利润的动机；②增强竞争实力的动机；③谋求企业发展战略的动机等。合并可以给企业带来以下效应：①经营协同效应；②财务协同效应；③市场扩展效应等。

二、企业合并的常见分类

(一)按法律形式划分

企业合并按法律形式划分，可以分为吸收合并、新设合并和控股合并。

1. 吸收合并

所谓吸收合并，是指将两个或两个以上的企业合并成一个企业。通过吸收合并，原有的两个或两个以上企业中，只有一个企业保留法人资格，另外一个或几个企业则被解散。吸收合并的具体做法是，由保留法人资格的企业通过支付现金、转让非现金资产、承担债务或发行权益性证券取得其他企业的股权或净资产。吸收合并用公式可表示为

$$A 企业+B 企业=A 企业$$

2. 新设合并

所谓新设合并，是指由两个或两个以上企业共同设立一个新的企业。新设合并后，原企业所有者将各自企业的全部净资产投入到新企业，成为新企业的股东，原有企业不再作为单独的法律主体存在，只是作为新企业的分部进行经营活动。通过新设合并，原有的企业全部解散，新企业取得法人资格后，独立承担经济责任。新设合并用公式表示为

$$A 企业+B 企业=C 企业$$

3. 控股合并

所谓控股合并，是指一个企业通过支付现金、转让非现金资产、承担债务或发行权益性证券取得其他企业的全部或足以控制该企业的部分具有表决权的股份而实现的企业合并。控股合并后，合并各方仍作为单独的法律主体而存在。控股公司与被控股公司形成母子公司的关系。吸收合并用公式表示为

$$A 企业+B 企业=A 企业+B 企业$$

(二)按行业特点划分

企业合并按行业特点划分，可以分为横向合并、纵向合并和混合合并。

1. 横向合并

横向合并是指两个或两个以上生产或销售相同、相似产品的企业的合并。这种合并的目的，一般是通过行业的集中，扩大市场权力。通过合并，减少了竞争的数量，改善了行业结构，使合并后的企业增强了对市场的控制力。另外，由于这种合并发生在生产或销售相同或相似的行业，所以风险较小，合并双方容易融合在一起，进而形成生产或销售的规模经济。

2. 纵向合并

纵向合并是指对处于同一产品、不同生产阶段的企业之间的合并。它主要是通过对原材料供应和销售渠道及用户的控制来实现这一目的的，从而扩大企业的影响范围和产品市场。由于合并的各方原属投入和产出的关系，合并后融合起来相对容易。

3. 混合合并

混合合并是指两个或两个以上处于不同行业的企业之间进行的合并。其目的是减少长期处于一个行业带来的风险。一般来说，混合合并的条件是，被合并企业经过改造以后，有利于帮助合并企业扩大生产，实行多种经营，增强盈利能力。

(三)按产权转让方式划分

企业合并按产权转让的方式划分，可以分为购买式合并、承债式合并和控股式合并。

1. 购买式合并

购买式合并是指合并企业出资购买被合并企业的全部资产，并以安排其全部职工为条件而实行的合并。这种合并方式通过买卖将被合并企业的全部资产经营权一次性转移到合并方，有利于合并企业按自己的意志对企业进行改造利用。但是，这种合并需要对被合并企业的资产进行评估，一般适用于大型企业对濒于破产或微利、无发展前途、迫切要求转产的企业合并。

2. 承债式合并

承债式合并是指合并企业以承担被合并企业全部债务，并负责安置全部职工为条件的合并方式。这种合并方式，不需要对被合并企业资产进行评估，因此合并过程比较简单。

3. 控股式合并

控股式合并是指合并企业占有被合并企业一定比例的股票份额，成为被合并企业的主要股东，并掌握被合并企业的经营权。这种合并方式比较灵活，是一种比较规范的产权转让方式。但这种合并方式，需要有比较完善的股票市场，一般适用于大型上市企业之间的合并。

三、基于会计准则的企业合并

(一)企业合并的界定

我国《企业会计准则第 20 号——企业合并》对于企业合并的定义为：企业合并是将两个或两个以上单独的企业(主体)合并形成一个报告主体的交易或事项。

根据该准则，基于会计视角的某交易或事项是否构成企业合并，主要应关注以下两个方面。

1. 被购买方是否构成业务

要形成会计意义上的"企业合并"，前提是被购买的资产或资产负债组合要形成"业务"。企业合并本质上是一种购买行为，是一组有内在联系、为了某一既定生产经营目的而存在的多项资产组合或是多项资产、负债构成的净资产的购买，其结果通常是一个企业取得了对一个或多个业务的控制权。如果一个企业取得了对另一个或多个企业的控制权，而被购买方(或被合并方)并不构成业务,则该交易或事项不形成企业合并。

2. 交易发生前后是否涉及对标的业务控制权的转移

是否形成"企业合并",还要看有关交易或事项发生前后,是否引起报告主体的变化。报告主体的变化产生于控制权的变化。比如,在交易事项发生以后,投资方拥有对被投资方的权力,通过参与被投资方的相关活动享有可变回报,且有能力运用对被投资方的

7-2 企业合并中"业务"的判断(教学拓展)

权力影响其回报金额的,投资方对被投资方具有控制,形成母子公司关系,则涉及控制权的转移。该交易或事项发生以后,子公司需要纳入母公司合并财务报表的范围中,从合并财务报告的角度形成报告主体的变化。再如,交易事项发生以后,一方能够控制另一方的全部净资产,被合并的企业在合并后失去其法人资格,也涉及控制权及报告主体的变化,形成企业合并。

(二)企业合并类型的划分

我国企业合并准则中将企业合并按照一定的标准划分为两大基本类型,即同一控制下的企业合并和非同一控制下的企业合并。企业合并的类型划分不同,所遵循的会计处理原则也不同。

1. 同一控制下的企业合并

1) 同一控制下企业合并的判断

同一控制下的企业合并,是指参与合并的企业在合并前后均受同一方或相同的多方最终控制且该控制并非暂时性的。

判断某一企业合并是否属于同一控制下的企业合并,应当把握以下要点。

(1) 能够对参与合并各方在合并前后均实施最终控制的一方通常指企业集团的母公司。同一控制下的企业合并一般发生于企业集团内部,如集团内母子公司之间、子公司与子公司之间等。因为该类合并本质上是集团内部企业之间的资产或权益的转移,不涉及自集团外购入子公司或是向集团外其他企业出售子公司的情况,能够对参与合并企业在合并前后均实施最终控制的一方为集团的母公司。

(2) 能够对参与合并的企业在合并前后均实施最终控制的相同多方,是指根据合同或协议的约定,拥有最终决定参与合并企业的财务和经营政策,并从中获取利益的投资者群体。

(3) 实施控制的时间性要求,是指参与合并各方在合并前后较长时间内为最终控制方所控制,具体是指在企业合并之前(即合并日之前),参与合并各方在最终控制方的控制时间一般在 1 年以上(含 1 年),企业合并后所形成的报告主体在最终控制方的控制时间也应达到 1 年以上(含 1 年)。

(4) 企业之间的合并是否属于同一控制下的企业合并,应综合构成企业合并交易的各方面情况,按照实质重于形式的原则进行判断。

2) 同一控制下企业合并的会计处理原则

对于同一控制下的企业合并,企业合并准则中规定的会计处理方法类似于权益结合法。该方法将企业合并看作两个或多个参与合并企业权益的重新整合。由于最终控制方的存在,从最终控制方的角度来看,该类企业合并一定程度上并不会造成构成企业集团整体的经济利

益流入和流出，最终控制方在合并前后实际控制的经济资源并没有发生变化，有关交易事项不作为出售或购买看待。

会计处理具体要点包括以下几个方面。

(1) 合并方在合并中确认取得的被合并方的资产、负债仅限于被合并方账面上原已确认的资产和负债，合并中不产生新的资产和负债。

(2) 合并方在合并中取得的被合并方各项资产、负债应维持其在被合并方的原账面价值不变。

(3) 合并方在合并中取得的净资产的入账价值与为进行企业合并支付的对价账面价值之间的差额，应当调整所有者权益相关项目，不计入企业合并当期损益。在根据合并差额调整合并方的所有者权益时，应首先调整资本公积(资本溢价或股本溢价)，资本公积的余额不足冲减的，应冲减留存收益(盈余公积和未分配利润)。

2. 非同一控制下的企业合并

1) 非同一控制下企业合并的判断

非同一控制下的企业合并，是指参与合并各方在合并前后不受同一方或相同的多方最终控制的合并交易，即除判断属于同一控制下企业合并以外的其他企业合并。

非同一控制下企业合并的基本处理原则是购买法。购买法的特点是，对合并企业和被合并企业的资产与负债的计量采用不同的处理方式。前者不改变其计量基础，其资产、负债都按其原来的账面价值计价；而被合并企业要改变其计量基础，资产、负债按其合并日的公允价值计价。

2) 非同一控制下企业合并的会计处理原则

(1) 采用购买法核算企业合并的首要前提是确定购买方。购买方是指在企业合并中取得对另一方或多方控制权的一方。非同一控制下的企业合并中，一般应考虑企业合并合同、协议以及其他相关因素来确定购买方。在判断企业合并中的购买方时，应考虑所有相关的事实和情况，特别是企业合并后参与合并各方的相对投票权、合并后主体管理机构及高层管理人员的构成、权益互换的条款等。

(2) 确定购买日的基本原则是控制权转移的时点。购买日是购买方获得对被购买方控制权的日期，即企业合并交易进行过程中，发生控制权转移的日期。根据企业合并方式的不同，在控股合并的情况下，购买方应在购买日确认因企业合并形成的对被购买方的长期股权投资，在吸收合并的情况下，购买方应在购买日确认合并中取得的被购买方各项可辨认资产、负债等。

(3) 确定企业合并成本。企业合并成本包括购买方为进行企业合并支付的现金或非现金资产、发行或承担的债务、发行的权益性证券等在购买日的公允价值以及企业合并中发生的各项直接相关费用之和。

(4) 企业合并成本在取得的可辨认资产和负债之间的分配。非同一控制下的企业合并中，购买方取得了被购买方净资产的控制权，视合并方式的不同，应分别在合并财务报表或个别财务报表中确认合并中取得的各项可辨认资产和负债。

(5) 购买方对于企业合并成本与确认的被购买方可辨认净资产公允价值份额的差额，应视情况分别处理：①企业合并成本大于合并中取得的被购买方可辨认净资产公允价值份额的差额，应确认为商誉。视企业合并方式不同，在吸收合并的情况下，该差额是购买方在其账簿及个别财务报表中应确认的商誉；在控股合并的情况下，该差额是指合并财务报表中应列示的商誉。②企业合并成本小于合并中取得的被购买方可辨认净资产公允价值份额的差额，应计入合并当期损益。在吸收合并的情况下，上述企业合并成本小于合并中取得的被购买方可辨认净资产公允价值的差额，应计入合并当期购买方的个别利润表；在控股合并的情况下，上述差额应体现在合并当期的合并利润表中。

7-3 企业合并中构成购买方的
判断标准(教学拓展)

7-4 企业合并中实现了控制权
转移的条件(教学拓展)

7-5 企业合并成本的
计量项目(教学拓展)

(三)企业合并中有关费用的处理

为进行企业合并发生的有关费用，指合并方(购买方)为进行企业合并发生的各项直接相关费用。无论是同一控制下的企业合并还是非同一控制下的企业合并，在进行过程中发生的相关费用，会计处理原则如下所述。

(1) 发生的各项直接相关的费用，如为进行企业合并支付的审计费用、进行资产评估的费用以及有关的法律咨询费用等增量费用，应于发生时费用化，计入当期损益，借记"管理费用"等科目，贷记"银行存款"等科目。

(2) 以发行债券的方式进行的企业合并，与发行债券相关的佣金、手续费等，应计入负债的初始计量金额中。其中债券如为折价发行的，该部分费用应增加折价的金额；债券如为溢价发行的，该部分费用应减少溢价的金额。

(3) 发行权益性证券作为合并对价的，与所发行权益性证券相关的佣金、手续费等费用，不论其是否与企业合并直接相关，均应自所发行权益性证券的发行收入中扣减。在权益性工具发行有溢价的情况下，自溢价收入中扣除；无溢价或溢价金额不足以扣减的情况下，应当冲减盈余公积和未分配利润。

(四)报表附注关于企业合并的信息披露

1. 同一控制下企业合并的合并方信息披露

在企业合并发生当期的期末，合并方应当在附注中披露与同一控制下企业合并有关的下列信息。

(1) 参与合并企业的基本情况。

(2) 属于同一控制下企业合并的判断依据。

(3) 合并日的确定依据。

(4) 以支付现金、转让非现金资产以及承担债务作为合并对价的，所支付对价在合并日的账面价值；以发行权益性证券作为合并对价的，合并中发行权益性证券的数量及定价原则，以及参与合并各方交换有表决权股份的比例。

(5) 被合并方的资产、负债在上一会计期间资产负债表日及合并日的账面价值；被合并方自合并当期期初至合并日的收入、净利润、现金流量等情况。

(6) 合并合同或协议约定将承担被合并方或有负债的情况。
(7) 被合并方采用的会计政策与合并方不一致所作调整情况的说明。
(8) 合并后已处置或准备处置被合并方资产、负债的账面价值及处置价格等。

2. 非同一控制下企业合并的购买方信息披露

企业合并发生当期的期末，购买方应当在附注中披露与非同一控制下企业合并有关的下列信息。

(1) 参与合并企业的基本情况。
(2) 购买日的确定依据。
(3) 合并成本的构成及其账面价值；公允价值及其确定方法。
(4) 被购买方各项可辨认资产、负债在上一会计期间资产负债表日及购买日的账面价值和公允价值。
(5) 合并合同或协议约定将承担被购买方或有负债的情况。
(6) 被购买方自购买日起至报告期期末的收入、净利润和现金流量等情况。
(7) 商誉的金额及其确定方法。
(8) 因合并成本小于合并中取得的被购买方可辨认净资产公允价值的份额计入当期损益的金额。
(9) 合并后已处置或准备处置被购买方资产、负债的账面价值及处置价格等。

第二节　吸收合并的会计处理

一、吸收合并的会计处理问题

吸收合并是指合并方在企业合并中取得被合并方的全部净资产，并将有关资产、负债并入合并方自身生产经营活动中。企业合并完成后，注销被合并方的法人资格，由合并方持有合并中取得的被合并方的资产、负债，并继续经营。

吸收合并中，因被合并方在合并发生以后被注销，从合并方的角度需要解决的问题是，其在合并日(或购买日)取得的被合并方有关资产、负债入账价值的确定，以及为了进行企业合并支付的对价与所取得被合并方资产、负债的入账价值之间差额的处理。企业合并后续期间，合并方应将企业合并中取得的资产、负债作为本企业的资产、负债核算。

由于新设合并中，参与合并的各方在企业合并后法人资格均被注销，重新注册成立一家新的企业，由新注册成立的企业持有参与合并各企业的资产、负债并继续经营。各参与合并企业投入到新设企业的资产、负债价值以及相关构成新设企业的资本等，一般应按照有关法律法规及参与合并各方的合同、协议执行。以新设企业为会计主体，其有关企业合并会计处理程序和方法与"吸收合并"基本相同，故本节不再赘述。

二、同一控制下吸收合并的会计处理

(1) 合并方对同一控制下吸收合并中取得的资产、负债应当按照相关资产、负债在被合并方的原账面价值入账。

(2) 合并差额，即合并方在确认了合并中取得的被合并方的资产和负债的入账价值与合并方支付的合并对价之间的差额，按以下原则处理。①以支付现金、转让非现金资产或承担债务方式进行的该类合并，所确认的净资产入账价值与支付的现金、转让的非现金资产及承担债务账面价值的差额，相应调整资本公积(资本溢价或股本溢价)，资本公积的余额不足冲减的，应调整盈余公积和未分配利润。②以发行权益性证券方式进行的该类合并，所确认的净资产入账价值与发行股份面值总额的差额，应计入资本公积(资本溢价或股本溢价)，资本公积的余额不足冲减的，应调整盈余公积和未分配利润。

具体的会计分录为

借：各资产账户　　　　　　　　　　(被合并方资产账面价值)
　　资本公积、盈余公积、未分配利润　(合并差额为负的情况)
　贷：各负债账户　　　　　　　　　　(被合并方负债账面价值)
　　　现金、银行存款等　　　　　　　(合并方支付的相应资产账面价值)
　　　应付账款等　　　　　　　　　　(合并方承担的相应债务账面价值)
　　　股本　　　　　　　　　　　　　(合并方发行权益性证券的面值)
　　　资本公积　　　　　　　　　　　(合并差额为正的情况)

(3) 在同一控制下的吸收合并中，合并方还要确认和反映享有被合并方的留存收益情况。

具体的会计分录为

借：资本公积
　贷：盈余公积　　　　　　　　　　　(被合并方的盈余公积账面价值)
　　　利润分配——未分配利润　　　　(被合并方的未分配利润账面价值)

(4) 合并中发生的相关费用处理原则如前节所述。

具体的会计分录为

借：管理费用等　　　　　　　　　　　(发生的各项直接相关的费用)
　　应付债券　　　　　　　　　　　　(发行债券相关的佣金、手续费)
　　资本公积　　　　　　　　　　　　(发行权益性证券相关的佣金、手续费等)
　贷：银行存款等

【例 7-1】 2×21 年 1 月 1 日，甲公司发行每股发行价 2 元、面值 1 元的股票 1 200 000 股吸收合并乙公司，股票发行手续费及佣金 50 000 元以银行存款支付，支付与合并相关的费用 40 000 元。甲、乙公司均按 10%提取盈余公积。假设合并前，甲、乙公司同为某集团的子公司，合并当日已办妥有关资产转移及股权转让手续，不考虑其他因素的影响。合并交易发生前，双方的资产负债表如表 7-1 所示。

表 7-1　资产负债表(简表)

2×21 年 1 月 1 日　　　　　　　　　　　　　　　　　　金额单位：元

项　目	甲公司账面价值	乙公司账面价值	乙公司公允价值
银行存款	1 200 000	300 000	300 000
应收账款	800 000	600 000	500 000
存货	800 000	700 000	850 000
固定资产	3 900 000	2 000 000	2 200 000

续表

项 目	甲公司账面价值	乙公司账面价值	乙公司公允价值
无形资产		200 000	200 000
资产合计	6 700 000	3 800 000	4 050 000
短期借款	1 400 000	900 000	900 000
长期借款	2 500 000	900 000	900 000
负债合计	3 900 000	1 800 000	1 800 000
股本	1 700 000	1 250 000	
资本公积——股本溢价	600 000	300 000	
盈余公积	300 000	250 000	
未分配利润	200 000	200 000	
所有者权益合计	2 800 000	2 000 000	2 250 000
负债与所有者权益合计	6 700 000	3 800 000	4 050 000

要求:(1) 编制甲公司吸收合并乙公司的会计分录;(2) 计算甲公司所有者权益各项金额。

(1) 由于合并前,甲、乙公司同为某集团的子公司,故本次合并为同一控制下的吸收合并,2×21 年 1 月 1 日合并日当日,甲公司的会计处理如下所述。

借:银行存款	300 000	借:资本公积	450 000
应收账款	600 000	贷:盈余公积	250 000
存货	700 000	未分配利润	200 000
固定资产	2 000 000	借:资本公积	50 000
无形资产	200 000	管理费用	40 000
贷:短期借款	900 000	贷:银行存款	90 000
长期借款	900 000		
股本	1 200 000		
资本公积	800 000		

(2) 2×21 年 1 月 1 日合并日当日,甲公司完成吸收合并后的所有者权益项目分别为:

股本:1 700 000+1 200 000=2 900 000(元)

资本公积:600 000+800 000−450 000−50 000=900 000(元)

盈余公积:300 000+250 000−40 000×10%=546 000(元)

未分配利润:200 000+200 000−40 000×90%=364 000(元)

三、非同一控制下吸收合并的会计处理

(1) 非同一控制下的吸收合并,购买方在购买日应当将合并中取得的符合确认条件的各项资产、负债,按其公允价值确认为本企业的资产和负债。

(2) 作为合并对价的有关非货币性资产按处置非货币性资产进行处理,相关的资产处置损益计入合并当期的利润表。

(3) 确定合并差额，即企业合并成本与所取得的被购买方可辨认净资产公允价值之间的差额。如果合并差额为负，确认为商誉计入购买方资产负债表，如果合并差额为正，作为企业合并当期的损益(营业外收入)计入购买方利润表。

具体的会计分录为

借：各资产账户　　　　　　　　　(被购买方资产公允价值)
　　商誉　　　　　　　　　　　　(合并差额为负的情况)
　　贷：各负债账户　　　　　　　(被购买方负债公允价值)
　　　　银行存款、应付账款等　　(购买方支付现金资产、承担相应负债的公允价值)
　　　　固定资产清理、无形资产等(购买方换出非现金资产的账面价值)
　　　　资产处置损益等　　　　　(上述换出资产公允价值与账面价值之间的差额)
　　　　股本、资本公积(股本溢价)(购买方发行权益性证券的公允价值)
　　　　营业外收入　　　　　　　(合并差额为正的情况)

(4) 合并中发生的相关费用处理原则同前。

(5) 合并中涉及有关递延所得税的处理，可参见第四章所得税相关内容[4-3 企业合并过程中取得资产、负债计税基础的确定(教学拓展)]。

【例 7-2】以例 7-1 为资料，假设甲公司与乙公司为两个不存在关联关系的独立企业，并且本次合并不考虑有关递延所得税方面的问题。

要求：(1)编制甲公司吸收合并乙公司的会计分录；(2)计算甲公司所有者权益各项金额。

(1) 甲公司与乙公司为两个不存在关联关系的独立企业，故本次合并为非同一控制下的吸收合并，2×21 年 1 月 1 日合并日当日，甲公司的会计处理如下所述。

借：银行存款	300 000	借：资本公积	50 000
应收账款	500 000	管理费用	40 000
存货	850 000	贷：银行存款	90 000
固定资产	2 200 000		
无形资产	200 000		
商誉	150 000		
贷：短期借款	900 000		
长期借款	900 000		
股本	1 200 000		
资本公积	1 200 000		

(2) 2×21 年 1 月 1 日合并日当日，甲公司完成吸收合并后的所有者权益项目分别为：

股本：1 700 000+1 200 000=2 900 000(元)

资本公积：600 000+1 200 000-50 000=1 300 000(元)

盈余公积：300 000-40 000×10%=296 000(元)

未分配利润：200 000-40 000×90%=164 000(元)

第三节 控股合并的会计处理

一、控股合并的会计处理问题

控股合并是指合并方(或购买方)通过企业合并交易或事项取得对被合并方(或被购买方)的控制权,企业合并后能够通过所取得的股权等主导被合并方的生产经营决策并自被合并方的生产经营活动中获益,被合并方在企业合并后仍维持其独立法人资格继续经营,所以控股合并的核心会计问题是合并方长期股权投资的确认、计量和调整。

在这类企业合并中,因合并方通过企业合并交易或事项取得了对被合并方的控制权,被合并方成为其子公司,从合并财务报告的角度看,形成报告主体的变化,所以控股合并发生后,被合并方应当纳入合并方合并财务报表的编制范围,在每个会计期末以整个企业集团为会计主体编制合并报表。

二、同一控制下控股合并的会计处理

(1) 确认合并方长期股权投资的初始投资成本。同一控制下控股合并形成的长期股权投资,合并方应以合并日应享有被合并方所有者权益在最终控制方合并财务报表中的账面价值的份额作为长期股权投资的初始投资成本,借记"长期股权投资"科目,按享有被投资企业已宣告但尚未发放的现金股利或利润,借记"应收股利"科目,按支付的合并对价的账面价值,贷记有关资产科目等。

(2) 合并方长期股权投资的初始投资成本与合并对价差额的处理,与同一控制下吸收合并处理原则类似。

① 以支付现金、转让非现金资产或承担债务方式进行的,该初始投资成本与支付的现金、转让的非现金资产及承担债务账面价值的差额,相应调整资本公积(资本溢价或股本溢价),资本公积的余额不足冲减的,相应调整盈余公积和未分配利润。

② 以发行权益性证券方式进行的,按发行权益性证券的面值总额作为股本,长期股权投资的初始投资成本与所发行股份的面值总额之间的差额,应调整资本公积(资本溢价或股本溢价),资本公积的余额不足冲减的,相应调整盈余公积和未分配利润。

具体的会计分录为

借:长期股权投资　　　　　　　　　　(合并方享有被合并方所有者权益账面
　　　　　　　　　　　　　　　　　　　价值的份额)
　　应收股利　　　　　　　　　　　　(已宣告但尚未发放的现金股利或利润)
　　资本公积、盈余公积、未分配利润　(合并差额为负的情况)
　贷:现金、银行存款等　　　　　　　　(合并方支付的现金资产账面价值)
　　　固定资产清理等　　　　　　　　　(合并方换出的非现金资产账面价值)
　　　应付账款等　　　　　　　　　　　(合并方承担的相应债务账面价值)
　　　股本　　　　　　　　　　　　　　(合并方发行权益性证券的面值)
　　　资本公积　　　　　　　　　　　　(合并差额为正的情况)

(3) 被合并企业的留存收益(盈余公积和未分配利润)应转入合并后的企业。

具体的会计分录如下。

借：资本公积
　　贷：盈余公积　　　　　　　　　　(被合并方的盈余公积账面价值)
　　　　利润分配——未分配利润　　　　(被合并方的未分配利润账面价值)

(4) 合并中发生的相关费用处理原则同前。

(5) 合并方一般应在合并日编制合并财务报表，反映于合并日形成的报告主体的财务状况、视同该主体一直存在产生的经营成果等。编制合并日的合并财务报表时，一般包括合并资产负债表、合并利润表及合并现金流量表。

对于同一控制下的控股合并，应视同合并后形成的报告主体自最终控制方开始实施控制时一直是一体化存续下来的，体现在其合并财务报表上，即由合并后形成的母子公司构成的报告主体，无论是其资产规模还是其经营成果都应持续计算。在合并当期编制合并财务报表时，应当对合并资产负债表的期初数进行调整，同时应当对比较报表的相关项目进行调整，视同合并后的报告主体在以前期间一直存在；无论该项合并发生在报告期的任一时点，合并利润表、合并现金流量表均反映的是由母子公司构成的报告主体自合并当期期初至合并日实现的损益及现金流量情况，相应地，合并资产负债表的留存收益项目，应当反映母子公司如果一直作为一个整体运行至合并日应实现的盈余公积和未分配利润的情况。

【例7-3】2×21年3月1日，丙公司以固定资产和无形资产的资产组合作为对价，取得了丁公司60%控制权股份。其中，固定资产的原价为8 000 000元，已计提折旧2 000 000元，当日公允价值为10 000 000元；无形资产的原价为10 000 000元，已计提摊销6 000 000元，当日公允价值为6 000 000元。合并日丁公司所有者权益账面为15 000 000元(其中，股本为7 000 000元，资本公积为3 000 000元，盈余公积为2 000 000元，未分配利润为3 000 000元)，公允价值为20 000 000元。合并过程中丙公司用银行存款支付为合并而发生的审计费、评估费400 000元，不考虑其他税费问题。假设丙公司和丁公司在合并前与合并后同为某集团公司的子公司，并假设合并前丙公司资产负债表中资本公积(股本溢价)项目金额为5 000 000元。

要求：为丙公司完成合并当日的会计处理(此处暂不考虑合并报表调整问题)。

由于丙公司和丁公司在合并前与合并后同为某集团公司的子公司，本次合并属于同一控制下的控股合并，故合并日丙公司确认的长期股权投资的初始成本=15 000 000×60%=9 000 000(元)。

相关的会计处理如下。

① 借：固定资产清理　　　　　　　　　　　　6 000 000
　　　累计折旧　　　　　　　　　　　　　　2 000 000
　　　　贷：固定资产　　　　　　　　　　　　　　　8 000 000
② 借：长期股权投资　　　　　　　　　　　　9 000 000
　　　累计摊销　　　　　　　　　　　　　　6 000 000
　　　资本公积　　　　　　　　　　　　　　1 000 000
　　　　贷：固定资产清理　　　　　　　　　　　　　6 000 000
　　　　　　无形资产　　　　　　　　　　　　　　10 000 000

③ 借：资本公积　　　　　　　　　　　　　　3 000 000
　　　贷：盈余公积　　　　　　　　　　　　　1 200 000
　　　　　未分配利润　　　　　　　　　　　　1 800 000
④ 借：管理费用　　　　　　　　　　　　　　　400 000
　　　贷：银行存款　　　　　　　　　　　　　　400 000

(6) 企业通过多次交易分步取得股权最终形成同一控制下控股合并的，应当区分个别财务报表和合并财务报表进行相关会计处理：①在个别财务报表中，应当以持股比例计算的合并日应享有被合并方所有者权益在最终控制方合并财务报表中的账面价值份额，作为该项投资的初始投资成本。初始投资成本与其原长期股权投资账面价值加上合并日为取得新的股份所支付对价的现金、转让的非现金资产及所承担债务账面价值之和的差额，调整资本公积(资本溢价或股本溢价)，资本公积不足冲减的，冲减留存收益。②在合并财务报表中，应视同参与合并的各方在最终控制方开始控制时即以目前的状态存在进行调整，在编制比较报表时，以不早于合并方和被合并方同处于最终控制方的控制之下的时点为限，将被合并方的有关资产、负债并入合并方合并财务报表的比较报表中，并将合并而增加的净资产在比较报表中调整所有者权益项下的相关项目。为避免对被合并方净资产的价值进行重复计算，合并方在取得被合并方控制权之前持有的股权投资，在取得原股权之日与合并方和被合并方同处于同一方最终控制之日孰晚日起至合并日之间已确认有关损益、其他综合收益以及其他净资产变动，应分别冲减比较报表期间的期初留存收益或当期损益。

三、非同一控制下控股合并的会计处理

(1) 购买方长期股权投资初始成本的计量。非同一控制下的控股合并中，购买方取得对被购买方控制权的，在购买日应当按照确定的企业合并成本，作为形成的对被购买方长期股权投资的初始投资成本，借记"长期股权投资"科目，按享有被投资企业已宣告但尚未发放的现金股利或利润，借记"应收股利"科目，通常按支付合并对价的公允价值，贷记有关资产科目等。

(2) 购买方为取得对被购买方的控制权，以支付非货币性资产为对价的，按照处置非货币性资产进行处理，相关的资产处置损益计入合并当期的利润表。

具体的会计分录为
借：长期股权投资
　　贷：银行存款、应付账款等　　　(购买方支付现金资产、承担相应负债的公允价值)
　　　　固定资产清理、无形资产等 (购买方换出非现金资产账面价值)
　　　　资产处置损益等　　　　　　　(上述换出资产公允价值与账面价值之间的差额)
　　　　股本、资本公积(股本溢价)　(购买方发行权益性证券的公允价值)

(3) 合并中发生的相关费用处理原则同前。

【例 7-4】继续以例 7-3 为资料，假设丙公司和丁公司不受相同一方或多方的控制，其他资料不变，要求：为丙公司完成合并当日的会计处理(此处暂不考虑合并报表调整问题)。

由于丙公司和丁公司不受相同一方或多方的控制，本次合并属于非同一控制下的控股合并，故合并日丙公司确认的长期股权投资的初始成本=10 000 000+6 000 000=16 000 000(元)。

相关会计处理如下。

① 借：固定资产清理　　　　　　　　　　　6 000 000
　　　累计折旧　　　　　　　　　　　　　　2 000 000
　　　　贷：固定资产　　　　　　　　　　　　　　　　8 000 000
② 借：长期股权投资　　　　　　　　　　　16 000 000
　　　累计摊销　　　　　　　　　　　　　　6 000 000
　　　　贷：固定资产清理　　　　　　　　　　　　　　6 000 000
　　　　　　无形资产　　　　　　　　　　　　　　　10 000 000
　　　　　　资产处置损益　　　　　　　　　　　　　　6 000 000
③ 借：管理费用　　　　　　　　　　　　　　400 000
　　　　贷：银行存款　　　　　　　　　　　　　　　　400 000

(4) 购买方一般应于购买日编制合并资产负债表，反映其于购买日开始能够控制的经济资源情况。在合并资产负债表中，合并中取得的被购买方各项可辨认资产、负债应以其在购买日的公允价值计量，长期股权投资的成本大于合并中取得的被购买方可辨认净资产公允价值份额的差额，体现为合并财务报表中的商誉；长期股权投资的成本小于合并中取得的被购买方可辨认净资产公允价值份额的差额，企业合并准则中规定应计入合并当期损益，因购买日不需要编制合并利润表，该差额体现在合并资产负债表上，应调整合并资产负债表的盈余公积和未分配利润。

(5) 作为购买方的母公司在进行有关会计处理后，应单独设置备查簿，记录其在购买日取得的被购买方各项可辨认资产、负债的公允价值以及因企业合并成本大于合并中取得的被购买方可辨认净资产公允价值的份额应确认的商誉金额，或因企业合并成本小于合并中取得的被购买方可辨认净资产公允价值的份额计入当期损益的金额，作为企业合并当期以及以后期间编制合并财务报表的基础。

(6) 企业通过多次交易分步实现非同一控制下企业合并的，应当区分个别财务报表和合并财务报表进行相关会计处理。

① 在个别财务报表中，应当以购买日之前所持被购买方的股权投资的账面价值与购买日新增投资成本之和，作为该项投资的初始投资成本。购买日之前持有的被购买方的股权采用权益法核算的，购买日之前因权益法形成的其他综合收益或其他资本公积暂时不作处理，待到处置该项投资时将与其相关的其他综合收益，以及因被投资方除净损益、其他综合收益和利润分配以外的其他所有者权益变动而确认的所有者权益采用与被投资方直接处置相关资产或负债相同的基础进行会计处理。购买日之前持有的股权投资，采用公允价值计量的，应当按照该准则确定的股权投资的公允价值加上新增投资成本之和，作为改按成本法核算的初始投资成本，购买日之前持有的被购买方的股权涉及其他综合收益的，计入留存收益，不得计入当期损益。

② 在合并财务报表中，首先应结合分步交易的各个步骤的协议条款，以及各个步骤中所分别取得的股权比例、取得对象、取得方式、取得时点及取得对价等信息来判断分步交易是否属于"一揽子"交易。

如果属于"一揽子"交易，应当将各项交易作为一项取得子公司控制权的交易进行会计处理。如果不属于"一揽子"交易，对于购买日之前持有的被购买方的股权，应按照该股权在购买日的公允价值进行重新计量,公允价值与其账面价值的差额计入当期投资收益;购买日之前持有的被购买方的股权涉及其他综合收益以及其他所有者权益变动的,与其相关的其他综合收益、其他所有者权益变动应当转为购买日所属当期投资收益,由于被购买方重新计量设定受益计划净负债或净资产变动而产生的其他综合收益等不能重分类进损益的其他综合收益除外。购买方应当在附注中披露其在购买日之前持有的被购买方的股权在购买日的公允价值、按照公允价值重新计量产生的相关利得或损失的金额。

【例7-5】2×20年1月1日,戊公司以1 000万元投资于巳公司,持股比例为10%。采用权益法核算。当日巳公司可辨认净资产的公允价值为10 000万元,公允价值与账面价值相等。2×20年12月31日,戊公司以8 000万元从巳公司其他股东处购买了巳公司40%的股权,能够对巳公司实施控制。2×20年12月31日,巳公司可辨认净资产公允价值为12 000万元。假定不考虑其他因素。

(1) 购买日2×20年12月31日个别财务报表中,戊公司应确认取得的对巳公司的投资。

借:长期股权投资　　　　　　　　　　　　　　80 000 000
　　贷:银行存款　　　　　　　　　　　　　　　　80 000 000

即当日戊公司对巳公司长期股权投资的成本共计9 000万元。

(2) 购买日2×20年12月31日合并财务报表中。

① 对于购买日之前持有的被购买方的股权,按照该股权在购买日的公允价值进行重新计量,公允价值与其账面价值的差额计入当期投资收益,即当期投资收益=12 000×10%-10 000×10%=200(万元)。

借:长期股权投资　　　　　　　　　　　　　　2 000 000
　　贷:投资收益　　　　　　　　　　　　　　　　2 000 000

② 合并成本=购买日之前所持被购买方的股权于购买日的公允价值+购买日新购入股权所支付对价的公允价值=1 200+8 000=9 200(万元)。

③ 合并商誉=合并成本-被购买方可辨认净资产公允价值×持股比例=9 200-12 000×50%=3 200(万元)。

7-6　企业合并(微课视频)

本章课后练习

一、单项选择题

1. 下列事项中不属于企业合并准则中所界定的企业合并的是(　　)。
    A. 甲公司通过发行债券自乙公司原股东处取得乙公司的全部股权,交易事项发生后乙公司仍持续经营
    B. 甲公司支付对价取得乙公司的净资产,交易事项发生后乙公司失去法人资格
    C. 甲公司以其资产作为出资投入乙公司,取得对乙公司的控制权,交易事项发生后乙公司仍维持其独立法人资格继续经营
    D. 甲公司购买乙公司30%的股权
2. 企业合并后仍维持其独立法人资格继续经营的企业合并形式为(　　)。

A. 控股合并　　B. 吸收合并　　C. 新设合并　　D. 换股合并

3. 非同一控制下企业合并中发生的与企业合并直接相关的费用，应当计入企业合并成本。下列不属于以上所说的直接相关费用的是(　　)。

   A. 为进行企业合并而支付的审计费用
   B. 为进行企业合并而支付的法律服务费用
   C. 为进行企业合并而发生的咨询费用
   D. 以权益性证券进行企业合并发生的手续费、佣金

4. 甲企业于2×18年6月20日取得乙企业10%的股权，于2×18年12月20日取得乙企业15%的股权并有重大影响，于2×19年12月20日又取得乙企业40%的股权，假定于该日开始能够对乙企业实施控制，则企业合并的购买日为(　　)。

   A. 2×18年6月20日　　　　　　B. 2×18年12月20日
   C. 2×19年12月20日　　　　　　D. 2×20年1月1日

5. 下列关于同一控制下的控股合并和非同一控制下的控股合并中产生的差额的处理，说法正确的是(　　)。

   A. 同一控制下，合并方在合并中将差额调整所有者权益相关项目，不影响企业合并当期的利润表；非同一控制下，合并方在合并中将差额计入商誉和当期损益，计入当期损益时影响企业合并当期的利润表
   B. 同一控制下和非同一控制下，合并方在合并中都将差额调整所有者权益相关项目，不影响企业合并当期的利润表
   C. 同一控制下和非同一控制下，合并方在合并中都将差额计入商誉和当期损益，影响企业合并当期的利润表
   D. 同一控制下，合并方在合并中将差额计入商誉和当期损益，影响企业合并当期的利润表；非同一控制下，合并方在合并中将差额调整所有者权益相关项目，不影响企业合并当期的利润表

二、多项选择题

1. 对非同一控制下的企业合并时的合并成本，下列说法正确的有(　　)。

   A. 一次交换交易实现的企业合并，合并成本为购买方在购买日为取得对被购买方的控制权而付出的资产、发生或承担的负债以及发行的权益性证券的公允价值
   B. 通过多次交换交易分步实现的企业合并，其合并成本为每一单项交换交易成本之和
   C. 购买方为进行企业合并发生的各项直接相关费用也应当计入企业合并成本
   D. 购买方为进行企业合并发生的各项直接相关费用应当计入当期损益

2. 关于非同一控制下控股合并购买日编制合并报表的说法，正确的有(　　)。

   A. 合并资产负债表中取得的被购买方各项资产和负债按照公允价值确认
   B. 合并前留存收益中归属于合并方的部分应自合并方的资本公积转入留存收益
   C. 不需要将合并前留存收益中归属于合并方的部分自合并方的资本公积转入留存收益
   D. 购买方合并成本大于取得被购买方可辨认净资产公允价值份额的差额确认为合并商誉

3. 按会计准则规定，以下关于同一控制下企业合并的理解，正确的有(　　)。

   A. 同一控制下企业合并，需要确认新的商誉

B. 同一控制下企业合并，需要确认被合并方原有商誉
C. 同一控制下企业合并，不确认新的商誉
D. 同一控制下企业合并，不确认被合并方原有商誉

4. 下列关于同一控制下企业合并发生的直接相关费用，说法正确的有(　　)。
   A. 一般情况下，同一控制下企业合并进行合并过程中发生的各项直接相关费用，应于发生时费用化，借记"管理费用"等科目，贷记"银行存款"等科目
   B. 以发行债券方式进行的企业合并，与发行有关的佣金、手续费等应计入负债的初始计量金额中，如是折价发行，则增加折价金额；如是溢价发行，则减少溢价金额
   C. 以权益性证券作为合并对价的，与发行有关的佣金、手续费等，不管其与企业合并是否直接相关，均应从所发行权益性证券的发行溢价收入中扣除
   D. 为进行企业合并支付的审计费用、资产评估费用以及有关的法律咨询费用等增量费用属于为进行企业合并发生的有关费用

5. 同一控制下编制合并日的合并财务报表时，一般包括(　　)。
   A. 合并资产负债表　　　　　　B. 合并利润表
   C. 合并现金流量表　　　　　　D. 所有者权益变动表

三、判断题

1. 企业合并可以是购买企业整体，也可以是购买企业的某项资产或资产组合。（　　）
2. 同一控制下的企业合并，其主要特征为参与合并的企业在合并前后均受同一方或相同多方最终控制且该控制并非暂时性的。（　　）
3. 同属国家国有资产监管部门管理的国有企业之间的并购均属于同一控制下的企业合并。（　　）
4. 同一控制下的企业合并，合并方为进行企业合并而发生的各项相关费用，计入当期对被合并企业的长期股权投资。（　　）
5. 通过多次交易实现企业合并时，购买方首次对被购买方进行投资日期为购买日。（　　）

四、业务题

1. 2×21年1月1日，A公司以每股2元的价格发行每股面值1元的股票1 400 000股吸收合并B公司，以银行存款支付发行股票的佣金30 000元，支付与合并相关的费用40 000元。A公司、B公司均按10%提取盈余公积。假设合并前，A公司、B公司同为某集团的子公司，合并当日已办妥有关资产转移及股权转让手续，不考虑其他因素的影响。合并交易发生前，双方的资产负债表如表7-2所示。

表7-2　资产负债表

2×21年1月1日　　　　　　　　　　　　　　　　　　单位：元

项　目	A公司	B公司
银行存款	500 000	300 000
应收账款	700 000	400 000
存货	800 000	600 000
固定资产	1 200 000	900 000

续表

项　目	A 公司	B 公司
无形资产	400 000	200 000
资产合计	3 600 000	2 400 000
短期借款	500 000	600 000
长期借款	700 000	900 000
负债合计	1 200 000	1 500 000
股本	1 300 000	500 000
资本公积(股本溢价)	430 000	200 000
盈余公积	500 000	150 000
未分配利润	170 000	50 000
所有者权益合计	2 400 000	900 000
负债与所有者权益合计	3 600 000	2 400 000

要求：①编制 A 公司吸收合并 B 公司的会计分录；②计算 A 公司合并后所有者权益各构成项目金额。

2. 甲公司、乙公司为两个无关联关系的公司，2×21 年 1 月 1 日甲公司对乙公司进行吸收合并，以 1 600 000 元银行存款和一项无形资产购买乙公司的全部资产并承担全部负债，该项无形资产的账面价值为 1 500 000 元，累计摊销 500 000 元，未计提资产减值准备，在购买日其公允价值为 1 200 000 元。在合并过程中，甲公司以银行存款支付了审计费用、评估费用、法律服务费用等合并相关的直接费用 100 000 元。2014 年 12 月 31 日乙公司各项资产及负债的账面价值和公允价值如表 7-3 所示。

表 7-3　乙公司资产及负债账面价值和公允价值表

2×20 年 12 月 31 日　　　　　　　　　　　　　　　　　　　　单位：元

项　目	账面价值	公允价值
银行存款	500 000	500 000
应收账款	100 000	70 000
存货	700 000	800 000
固定资产	1 000 000	1 450 000
无形资产	300 000	180 000
资产合计	2 600 000	3 000 000
短期借款	500 000	400 000
应付账款	300 000	250 000
长期借款	800 000	700 000
负债合计	1 600 000	1 350 000

要求：①计算合并中产生的商誉；②计算合并中转让非现金资产形成的损益；③编制甲公司支付相关直接费用的会计分录；④编制甲公司吸收合并乙公司的会计分录。

3. 甲公司和乙公司为不同集团的两家公司，2×21年6月30日，甲公司以无形资产(土地使用权)作为合并对价取得了乙公司60%的股权。甲公司作为对价的无形资产账面价值为5 100万元(假定没有累计摊销和减值准备)，其公允价值为6 000万元。假定甲公司与乙公司在合并前采用的会计政策相同，不考虑增值税等相关税费。当日，甲公司、乙公司资产、负债情况如表7-4所示。

表7-4 资产负债表(简表)

2×21年6月30日 单位：万元

项目	甲公司账面价值	乙公司账面价值	乙公司公允价值	项目	甲公司账面价值	乙公司账面价值	乙公司公允价值
资产：				负债和所有者权益：			
货币资金	4 100	500	500	短期借款	2 000	2 200	2 200
存货	6 200	200	400	应付账款	4 000	600	600
应收账款	2 000	2 000	2 000	负债合计	6 000	2 800	2 800
长期股权投资	4 000	2 100	3 500	股本	18 000	2 500	
固定资产	12 000	3 000	4 500	资本公积	5 000	1 500	
无形资产	9 500	500	1 500	盈余公积	4 000	500	
商誉	0	0	0	未分配利润	4 800	1 000	
				所有者权益合计	31 800	5 500	9 600
资产总计	37 800	8 300	12 400	权益总计	37 800	8 300	

要求：①编制甲公司长期股权投资的会计分录；②计算确定合并商誉；③编制甲公司购买日的合并资产负债表的抵销分录。

7-7 本章课后练习答案　　7-8 业务题7-1讲解(微课视频)　　7-9 业务题7-3讲解(微课视频)

第八章 合并财务报表

【学习目标】
- 了解合并报表的构成、编制原则等知识。
- 熟练掌握合并报表的编制方法。

【学习内容】
- 合并报表的概念、编制原则、合并理论、合并范围等。
- 合并资产负债表、合并利润表、合并现金流量表、合并所有者权益变动表的编制。

【学习重点】
- 长期股权投资与所有者权益项目的抵销。
- 集团内部存货交易的抵销。
- 集团内部固定资产交易的抵销。

【学习难点】

购买法下连续编制合并报表中的长期股权投资由成本法调整为权益法。

【准则依据】

《企业会计准则第33号——合并财务报表》。

8-1 《企业会计准则第33号——合并财务报表》(拓展阅读)

第一节 合并财务报表概述

一、合并财务报表的概念

合并财务报表是指反映母公司和其全部子公司形成的企业集团整体财务状况、经营成果和现金流量的财务报表。

母公司,是指控制一个或一个以上主体(含企业、被投资单位中可分割的部分,以及企业所控制的结构化主体等)的主体。子公司是指被母公司控制的主体。

与个别财务报表相比，合并财务报表具有下列特点：一是反映的对象是由母公司和其全部子公司组成的会计主体；二是编制者是母公司，但所对应的会计主体是由母公司及其控制的所有子公司所构成的合并财务报表主体(简称"合并集团")；三是合并财务报表是站在合并集团的立场上，以纳入合并范围的企业个别财务报表为基础，根据其他有关资料，抵销母公司与子公司、子公司与子公司之间发生的内部交易，考虑了特殊交易事项对合并财务报表的影响后编制的，旨在反映合并集团作为一个整体的财务状况、经营成果和现金流量。

二、合并财务报表的相关理论

(一)母公司理论

所谓母公司理论，是将合并财务报表视为母公司本身的财务报表反映的范围扩大来看待，从母公司角度来考虑合并财务报表的合并范围、选择合并处理方法。母公司理论认为合并财务报表主要是为母公司的股东和债权人服务的，为母公司现实的和潜在的投资者服务的，强调的是母公司股东的利益。

(二)实体理论

实体理论认为合并财务报表是企业集团各成员企业构成的经济联合体的财务报表，编制合并财务报表是为整个经济体服务的，它强调的是企业集团中所有成员企业所构成的经济实体，它对构成企业集团的持有多数股权的股东和拥有少数股权的股东一视同仁、同等对待，认为只要是企业集团成员股东，无论是拥有多数股权，还是拥有少数股权，都是共同组成的经济实体的股东。

(三)所有权理论

所有权理论运用于合并财务报表编制时，既不强调企业集团中存在的法定控制关系，也不强调企业集团各成员企业所构成的经济实体，而是强调编制合并财务报表的企业对另一企业的经济活动和财务决策具有重大影响的所有权。

三、合并范围

合并财务报表的合并范围是指纳入合并财务报表编报的子公司的范围，主要明确哪些被投资单位(或主体)应当纳入合并财务报表编报范围，哪些被投资单位(或主体)不应当纳入合并财务报表编报范围。

(一)判断基础

合并财务报表的合并范围应当以控制为基础予以确定，不仅包括根据表决权(或类似权利)本身或者结合其他安排确定的子公司，也包括基于一项或多项合同安排的结构化主体。

1. 控制的基本要素

"控制"是指投资方拥有对被投资方的权力，通过参与被投资方的相关活动而享有可变回报，并且有能力运用对被投资方的权力影响其回报金额。

该定义包含三项基本要素：①投资方拥有对被投资方的权力；②投资方通过参与被投资方的相关活动而享有可变回报；③投资方有能力运用对被投资方的权力影响其回报金额。

当且仅当投资方满足上述三项基本要素(即权力、可变回报、权力与回报的关联)时，投资方才被视为控制了被投资方。

2. 投资方对控制的判断

投资方应当在综合考虑所有相关事实和情况的基础上对其是否控制被投资方进行判断。一旦相关事实和情况的变化导致对控制定义所涉及的相关要素发生变化，投资方应当进行重新评估。相关事实和情况主要包括以下几方面。

(1) 被投资方的设立目的。

(2) 被投资方的相关活动以及其如何对相关活动作出决策。

(3) 投资方享有的权利是否使其目前有能力主导被投资方的相关活动(即投资方的权利是否使其拥有权力)。

(4) 投资方是否通过参与被投资方的相关活动而享有可变回报。

(5) 投资方是否有能力运用对被投资方的权力影响其回报金额(即权力与回报之间是否存在关联)。

(6) 投资方与其他方的关系(强调识别"实质代理人")。

(7) 对被投资方可分割部分的控制。

(二)豁免条款

母公司应当将其全部子公司纳入合并范围。但是，如果母公司是投资性主体，则只应将那些为投资性主体的投资活动提供相关服务的子公司纳入合并范围，其他子公司不应予以合并，母公司对其他子公司的投资应当按照公允价值计量且其变动计入当期损益。

母公司如果其本身不是投资性主体，则应当将其控制的全部主体，包括投资性主体以及通过投资性主体间接控制的主体，纳入合并财务报表范围。

8-2 投资主体的认定标准(教学拓展)

第二节 合并财务报表编制的程序

一、合并财务报表编制的前期准备事项

为了使编制的合并财务报表准确、全面地反映企业集团的真实情况，必须做好一系列前期准备事项。

(一)统一母子公司的会计政策

统一母公司和子公司的会计政策是保证母子公司财务报表各项目反映内容一致的基础。在编制财务报表前，应当尽可能统一母公司和子公司的会计政策，统一要求子公司所采用的会计政策与母公司保持一致。对一些境外子公司，由于所在国家或地区法律、会计准则等方

面的原因，确实无法使其采用的会计政策与母公司所采用的会计政策保持一致的，则应当要求其按照母公司所采用的会计政策，重新编报财务报表，也可以由母公司根据自身所采用的会计政策对境外子公司报送的财务报表进行调整，以重编或调整编制的境外子公司财务报表，作为编制合并财务报表的基础。

(二)统一母子公司的资产负债表日及会计期间

编制合并财务报表前，必须统一企业集团内所有的子公司的资产负债表日和会计期间，使子公司的资产负债表日和会计期间与母公司的资产负债表日和会计期间保持一致，以便于子公司提供相同资产负债表日和会计期间的财务报表。对于境外子公司，由于当地法律限制确实不能与母公司财务报表决算日和会计期间一致的，母公司应当按照自身的资产负债表日和会计期间对子公司的财务报表进行调整，以调整后的子公司财务报表为基础编制合并财务报表，也可以要求子公司按照母公司的资产负债表日和会计期间另行编制报送其个别财务报表。

(三)对子公司以外币表示的财务报表进行折算

对母公司和子公司的财务报表进行合并，其前提必须是母子公司个别财务报表所采用的货币计量单位一致。我国允许外币业务比较多的企业采用某一外币作为记账本位币，境外企业一般也是采用其所在国家或地区的货币作为其记账本位币。在将这些企业的财务报表进行合并时，则必须将其折算为母公司所采用的记账本位币表示的财务报表。

(四)收集编制合并财务报表的相关资料

合并财务报表以母公司和其子公司的财务报表以及其他有关资料为依据，由母公司进行编制。为编制合并财务报表，子公司除了应当向母公司提供相应期间的财务报表外，还应当向母公司提供下列有关材料：①采用的与母公司不一致的会计政策及其影响金额；②与母公司不一致的会计期间的说明；③与母公司及与其他子公司之间发生的内部购销交易、债权债务、投资及其产生的现金流量和未实现内部销售损益的期初、期末余额及变动情况等资料；④子公司所有者权益变动和利润分配的有关资料；⑤编制合并财务报表所需要的其他资料。

二、合并财务报表的编制程序

合并财务报表编制的一般程序主要包括以下几个步骤。

(一)设置合并工作底稿

合并工作底稿的作用是为合并财务报表的编制提供基础。在合并工作底稿中，对母公司和纳入合并范围的子公司的个别财务报表各项目的数额进行汇总和抵销处理，最终计算得出合并财务报表各项目的合并数。合并工作底稿的基本格式如表8-1和表8-7所示。

(二)将个别财务报表的数据过入合并工作底稿

将母公司、纳入合并范围的子公司个别资产负债表、个别利润表、个别现金流量表及个别所有者权益变动表各项目的数据过入合并工作底稿，并在合并工作底稿中对母公司和子公司个别财务报表各项目的数据进行加总，计算得出个别资产负债表、个别利润表、个别现金流量表及个别所有者权益变动表各项目合计数额。

(三)编制调整分录与抵销分录

编制调整分录与抵销分录，进行调整抵销处理是合并财务报表编制的关键和主要内容，其目的在于将因会计政策及计量基础的差异而对个别财务报表的影响进行调整，以及将个别财务报表各项目的加总数据中重复的因素等予以抵销。

本章的第三节和第四节将详细讲解在合并财务报告过程中涉及的"长期股权投资与所有者权益的合并处理"和"集团内部交易事项的抵销处理"。

(四)计算合并财务报表各项目的合并数额

在母公司和纳入合并范围的子公司个别财务报表各项目加总数额的基础上，分别计算财务报表中的资产项目、负债项目、所有者权益项目、收入项目和费用项目的合并数。其计算方法如下所述。

(1) 资产类项目，其合并数根据该项目加总的数额，加上该项目调整分录与抵销分录的借方发生额，减去该项目调整分录与抵销分录的贷方发生额计算确定。

(2) 负债类项目和所有者权益类项目，其合并数根据该项目加总的数额，减去该项目调整分录与抵销分录的借方发生额，加上该项目调整分录与抵销分录的贷方发生额计算确定。

(3) 有关收益类项目，其合并数根据该项目加总的数额，减去该项目调整分录与抵销分录的借方发生额，加上该项目调整分录与抵销分录的贷方发生额计算确定。

(4) 有关成本费用类项目和有关利润分配的项目，其合并数根据该项目加总的数额，加上该项目调整分录与抵销分录的借方发生额，减去该项目调整分录与抵销分录的贷方发生额计算确定。

(五)填列合并财务报表

根据合并工作底稿中计算出的资产、负债、所有者权益、收入、成本费用类各项目的合并数，填列正式的合并财务报表。

第三节　长期股权投资与所有者权益的合并处理

一、同一控制下的控股合并

(一)同一控制下取得子公司合并日合并财务报表的处理

根据现行企业会计准则，母公司在合并日可以编制合并日的合并资产负债表、合并利润表、合并现金流量表等合并财务报表。母公司在将合并取得子公司股权登记入账后，在编制合并日合并资产负债表时，只需将对子公司长期股权投资与子公司所有者权益中母公司所拥有的份额相抵销。对于非全资子公司，则将长期股权投资与子公司所有者权益中母公司所拥有的金额进行抵销，不属于母公司的份额，即属于子公司少数股东的权益，应将其转为少数股东权益。

即在合并工作底稿上编制抵销分录如下。

借：子公司的所有者权益项目　　　　　　　　　　(合并日账面价值)
　　贷：长期股权投资项目　　　　　　　　　　　(合并日账面价值)
　　　　少数股东权益　　　　　　(少数股东持股占比部分的账面价值)

同时，子公司在企业合并前实现的留存收益中归属于母公司的部分，自资本公积转入留存收益，即：

借：资本公积　　(子公司在合并前实现的留存收益中归属于母公司的部分)
　　贷：盈余公积
　　　　未分配利润

【例8-1】甲公司于2×20年1月1日，以41 200万元的价格取得乙公司80%的股权，使其成为子公司。合并当日，乙公司股东权益总额为48 800万元，其中，股本为30 000万元，资本公积为10 000万元，盈余公积为4 000万元，未分配利润为4 800万元。甲公司同时支付此次合并发生的审计、法律服务费120万元。

假设甲公司与乙公司为同一控制下的企业。两公司采用的会计政策、会计期间一致。

在2×20年1月1日，甲公司进行以下会计处理。

(1) 编制投资业务分录。

借：长期股权投资　　　　　　　　　　　　　39 040
　　资本公积　　　　　　　　　　　　　　　　2 160
　　贷：银行存款　　　　　　　　　　　　　41 200
借：管理费用　　　　　　　　　　　　　　　　　120
　　贷：银行存款　　　　　　　　　　　　　　　120

(2) 编制调整分录。

借：资本公积　　　　　　　　　　　　　　　　7 040
　　贷：盈余公积　　　　　　　　　　　3 200(4 000×80%)
　　　　未分配利润　　　　　　　　　　3 840(4 800×80%)

(3) 编制合并报表当日抵销分录。

借：股本　　　　　　　　　　　　　　　　　30 000
　　资本公积　　　　　　　　　　　　　　　10 000
　　盈余公积　　　　　　　　　　　　　　　 4 000
　　未分配利润　　　　　　　　　　　　　　 4 800
　　贷：长期股权投资　　　　　　　　　　　39 040
　　　　少数股东权益　　　　　　　9 760(48 800×20%)

(4) 编制合并工作底稿。

合并工作底稿如表8-1所示。

表 8-1　合并工作底稿(部分)

单位：万元

项　　目	甲公司账面价值	乙公司账面价值	合　计　数	调整抵销分录 借方	调整抵销分录 贷方	合　并　数
资产项目						
长期股权投资	39 040	600	71 200		39 040	600
所有者权益项目						
股本	150 000	30 000	180 000	30 000		150 000
资本公积	50 000	10 000	60 000	10 000 7 040		42 960
盈余公积	36 000	4 000	40 000	4 000	3 200	39 200
未分配利润	40 000	4 800	44 800	4 800	3 840	43 840
少数股东权益					9 760	9 760
发生额合计				55 840	55 840	

(二)同一控制下取得子公司合并日后合并财务报表的处理

1. 处理程序

同一控制下取得子公司合并日后合并财务报表的编制，一般按照以下程序处理。

首先，将母公司对子公司长期股权投资由成本法核算的结果调整为权益法核算的结果，使母公司对子公司长期股权投资项目反映其在子公司所有者权益中所拥有权益的变动情况。

其次，将母公司对子公司长期股权投资项目与子公司所有者权益项目等内部交易相关的项目进行抵销处理，将内部交易对合并财务报表的影响予以抵销。

最后，在编制合并日合并工作底稿的基础上，编制合并财务资产负债表。

2. 长期股权投资成本法核算的结果调整为权益法核算的结果

将成本法核算调整为权益法核算时，应当自取得对子公司长期股权投资的年度起，逐年按照子公司当年实现的净利润中属于母公司享有的份额，调整增加对子公司长期股权投资的金额，并调整增加当年投资收益；对于子公司当期分派的现金股利或宣告分派的股利中母公司享有的份额，则调整冲减长期股权投资的账面价值，同时调整减少原投资收益。

即在编制合并报表前，编制调整分录：

借：长期股权投资　　　(母公司享有子公司当年实现净利润的份额)
　　贷：投资收益

(如子公司出现亏损时做相反分录)

借：投资收益
　　贷：长期股权投资　　　(母公司已享有子公司当期股利分派的份额)

在取得子公司长期股权投资的第二年，将成本法调整为权益法核算的结果时，则在调整计算第一年年末权益法核算的对子公司长期股权投资的金额的基础上，按第二年子公司实现的净利润中母公司所拥有的份额，调增长期股权投资的金额；按子公司分派或宣告分派的现金股利中母公司所拥有的份额，调减长期股权投资的金额。以后年度的调整，则比照上述做法进行调整处理。

子公司除净损益以外所有者权益的其他变动，在按照权益法对成本法核算的结果进行调整时，应当根据子公司本期除损益以外的所有者权益的其他变动而计入资本公积或其他综合收益的金额中所享有的金额，对长期股权投资的金额进行调整。在以后年度将成本法调整为权益法核算的结果时，也应当持续考虑这一因素对长期股权投资的金额进行调整。

3. 合并抵销处理

在合并工作底稿中，按照上述权益法核算的要求，对长期股权投资的金额进行调整后，长期股权投资的金额正好反映母公司在子公司所有者权益中所拥有的份额。

编制合并财务报表时，首先，将母公司对子公司长期股权与子公司所有者权益中所拥有的份额予以抵销。其次，还必须将对子公司的投资收益与子公司当年的利润分配相抵销，使合并财务报表反映母公司股东权益变动的情况。

子公司当年实现的净利润，可以分为两部分：一部分属于母公司所有，即母公司的投资收益；另一部分属于少数股东所有，即少数股东本期收益。为了使合并财务报表反映母公司股东权益的变动情况及财务状况，则必须将母公司投资收益、少数股东收益和期初未分配利润与子公司当年利润分配以及未分配利润的金额相抵销。

即在合并工作底稿上编制抵销分录。

(1) 抵销投资账面部分。

借：子公司的所有者权益项目　　　　　(本期末账面价值)
　　贷：长期股权投资　　　　　　　　(本期末调整后的账面价值)
　　　　少数股东权益　　　　　　　　(少数股东持股占比部分的账面价值)

(2) 抵销投资收益部分。

借：投资收益　　　　　　　　　　　　(母公司应享有的子公司当年利润部分)
　　少数股东权益　　　　　　　　　　(少数股东应享有的子公司当年利润部分)
　　未分配利润——年初
　　贷：提取盈余公积
　　　　向股东分配利润
　　　　未分配利润——年末

【例8-2】沿用例8-1的资料，2×20年，乙公司当年实现净利润5 000万元，经公司董事会提议并经股东会批准，当年提取盈余公积500万元，向股东宣告分派现金股利1 500万元。则在2×20年12月31日，甲公司在编制合并报表前，进行以下会计处理。

(1) 将成本法核算结果调整为权益法核算结果。

借：长期股权投资　　　　　　　　　　4 000
　　贷：投资收益　　　　　　　　　　4 000(5 000×80%)
借：投资收益　　　　　　　　　　　　1 200(1 500×80%)
　　贷：长期股权投资　　　　　　　　1 200

(2) 抵销长期股权投资与子公司的所有者权益。

2×20年12月31日，甲公司调整后的长期股权投资为41 840(39 040+4 000-1 200)万元。乙公司股东权益总额为52 300万元，其中，股本为30 000万元，资本公积为10 000万元，盈余公积为 4 500(4 000+500)万元,未分配利润为 7 800(4 800+5 000-500-1 500)万元。

借:股本		30 000
资本公积		10 000
盈余公积		4 500
未分配利润		7 800
贷:长期股权投资		41 840
少数股东权益		10 460(52 300×20%)

(3) 按子公司接受投资前留存收益份额,调整母公司资本公积。

借:资本公积	7 040
贷:盈余公积	3 200
未分配利润	3 840

(4) 抵销本期投资收益与利润分配。

借:投资收益	4 000
少数股东损益	1 000
未分配利润——年末	4 800
贷:提取盈余公积	500
向股东分配利润	1 500
未分配利润——年末	7 800

【例8-3】沿用例8-1和例8-2的资料,2×21年,乙公司当年实现净利润6 000万元;在证券市场上购买了某公司股票,将其作为其他权益工具投资核算,至2×21年12月31日,该投资公允价值增加了190万元。当年年末,经董事会提议并经股东会批准,提取盈余公积600万元,向股东宣告分派现金股利1 800万元。则在2×21年12月31日,甲公司在编制合并报表前,需要进行如下会计处理。

(1) 调整2×20年权益法核算相关事项。

借:长期股权投资	4 000
贷:未分配利润——年初	4 000
借:未分配利润——年初	1 200
贷:长期股权投资	1 200

(2) 调整2×21年权益法核算相关事项。

借:长期股权投资	4 800
贷:投资收益	4 800(6 000×80%)
借:投资收益	1 440 (1 800×80%)
贷:长期股权投资	1 440
借:长期股权投资	152
贷:其他综合收益	152(190×80%)

(3) 抵销长期股权投资与子公司的所有者权益。

2×21年12月31日,甲公司调整后的长期股权投资为45 352(39 040+4 000-1 200+4 800-1 440+152)万元。

乙公司股东权益总额为56 690万元,其中,股本为30 000万元,资本公积为10 000万元,盈余公积为 5 100(4 500+600)万元,其他综合收益为 190 万元,未分配利润为 11 400(7 800+6 000-600-1 800)万元。

借:股本　　　　　　　　　　　　　　　　　30 000
　　资本公积　　　　　　　　　　　　　　　10 000
　　盈余公积　　　　　　　　　　　　　　　 5 100
　　其他综合收益　　　　　　　　　　　　　　 190
　　未分配利润　　　　　　　　　　　　　　11 400
　　贷:长期股权投资　　　　　　　　　　　45 352
　　　　少数股东权益　　　　　　　　　　11 338(56 690×20%)

(4) 按子公司接受投资前留存收益份额,调整母公司资本公积。

借:资本公积　　　　　　　　　　　　　　　 7 040
　　贷:盈余公积　　　　　　　　　　　　　 3 200
　　　　未分配利润　　　　　　　　　　　　 3 840

(5) 抵销本期投资收益与利润分配。

借:投资收益　　　　　　　　　　　　　　　 4 800
　　少数股东损益　　　　　　　　　　　　　 1 200
　　未分配利润——年末　　　　　　　　　　 7 800
　　贷:提取盈余公积　　　　　　　　　　　　 600
　　　　向股东分配利润　　　　　　　　　　 1 800
　　　　未分配利润——年末　　　　　　　　11 400

二、非同一控制下的控股合并

(一)非同一控制下取得子公司购买日合并财务报表的编制

根据现行企业会计准则,非同一控制下取得子公司、母公司编制购买日的合并资产负债表时,因企业合并取得的子公司各项可辨认资产、负债应当以公允价值在合并财务报表中列示。母公司合并成本大于取得的子公司可辨认净资产公允价值份额的差额,作为合并商誉在合并资产负债表中列示。

1. 按公允价值对非同一控制下取得子公司的财务报表进行调整

在非同一控制下取得子公司的情况下,母公司为进行企业合并要对子公司的资产负债进行估值,然而子公司作为持续经营的主体,一般情况下,不将该估值而产生的资产、负债公允价值的变动登记入账,其对外提供的财务报表仍然是以各项资产和负债原来的账面价值为基础编制的,其提供的购买日财务报表一般也是以各项资产和负债原账面价值为基础编制的。因此,母公司要编制购买日的合并财务报表,就必须按照购买日子公司资产、负债的公允价值对其财务报表项目进行调整。这一调整是通过在合并工作底稿中编制调整分录进行的,实际上相当于将各项资产、负债的公允价值变动模拟入账,然后以购买日子公司各项资产、负债的公允价值为基础编制购买日的合并财务报表。

2. 母公司长期股权投资与子公司所有者权益抵销处理

在编制购买日的合并资产负债表时，需要将母公司对子公司长期股权投资与子公司所有者权益中所拥有的份额予以抵销。母公司对非同一控制下取得的子公司长期股权投资进行账务处理时，母公司是按子公司资产、负债的公允价值确定其在子公司所有者权益中所拥有的份额，合并成本超过这一金额的差额则作为合并商誉处理。经过上述按公允价值对子公司财务报表调整处理后，在编制合并财务报表时可以将长期股权投资与子公司所有者权益所拥有的份额相抵销。在非全资子公司的情况下，不属于母公司所拥有的份额在抵销处理时则结转为少数股东权益。在抵销处理时，应当注意的是，母公司在子公司所有者权益中所拥有的份额是按资产和负债的公允价值为基础计算的，也是按公允价值进行抵销，少数股东权益也是按资产和负债的公允价值为基础计算调整后的金额确定的。

【例8-4】丙公司于2×20年1月1日以9 500万元，购入丁公司80%的普通股权，能够对丁公司实施控制。购买日丁公司股东权益账面价值总额为10 000万元，其中：股本为5 000万元，资本公积为5 000万元，无盈余公积和未分配利润。当日可辨认净资产公允价值为11 500万元。购买日丁公司的固定资产公允价值为3 000万元，账面价值为2 000万元；无形资产公允价值为1 000万元，账面价值为500万元。

假设两个公司合并前后不受任何方的控制。两公司采用的会计政策、会计期间一致。则在2×20年1月1日，丙公司进行以下会计处理。

(1) 编制投资业务分录。

借：长期股权投资　　　　　　　　　　　　　　　　9 500
　　贷：银行存款　　　　　　　　　　　　　　　　　9 500

(2) 编制调整分录。

借：固定资产　　　　　　　　　　　　　　　　　　1 000
　　无形资产　　　　　　　　　　　　　　　　　　　500
　　贷：资本公积　　　　　　　　　　　　　　　　　1 500

(3) 计算购买日的合并商誉=9 500-11 500×80%=300(万元)。

(4) 编制购买日合并报表抵销分录。

借：股本　　　　　　　　　　　　　　　　　　　　5 000
　　资本公积　　　　　　　　　　　　　　　　　　6 500(5 000+1 500)
　　商誉　　　　　　　　　　　　　　　　　　　　　300
　　贷：长期股权投资　　　　　　　　　　　　　　　9 500
　　　　少数股东权益　　　　　　　　　　　　　　　2 300(11 500×20%)

(二)非同一控制下取得子公司购买日后合并财务报表的编制

母公司在非同一控制下取得子公司后，在未来持有该子公司的情况下，每一会计期末都需要将其纳入合并范围，编制合并财务报表。

在对非同一控制下取得的子公司编制合并财务报表时，首先，应当以购买日确定的各项可辨认资产、负债及或有负债的公允价值为基础对子公司的财务报表进行调整；其次，将母公司对子公司的长期股权投资采用成本法核算的结果，调整为权益法核算的结果，对公司的财务报表进行相应的调整；再次，通过编制合并抵销分录，将母公司对子公司长期股权投资与子公司所有者权益等内部交易对合并财务报表的影响予以抵销;最后,在编制合并工作底稿的基础上,计算合并财务报表各项目的合并数,编制合并财务报表。

【例 8-5】沿用例 8-4 的资料,假设至 2×20 年 12 月 31 日,丁公司各项资产的公允价值相较于购买日没有变化。固定资产的预计使用年限为 10 年,净残值为零,按照年限平均法计提折旧;无形资产的预计使用年限为 5 年,净残值为零,按照直线法摊销。

2×20 年丁公司增加资本公积 1 000 万元,并实现净利润 3 000 万元,提取盈余公积 300 万元,假定当年分派现金股利 1 000 万元。则在 2×20 年 12 月 31 日,甲公司在编制合并报表前,进行以下会计处理。

(1) 调整子公司个别财务报表。

① 将相关资产由账面价值调整为公允价值。

借:固定资产	1 000	
无形资产	500	
贷:资本公积		1 500

② 调整子公司当年按公允价值应补提的折旧。

借:管理费用	200	
贷:固定资产		100(1 000÷10)
无形资产		100(500÷5)

则按资产公允价值调整后的净利润=3 000-200=2 800(万元)。

(2) 按权益法调整对子公司的长期股权投资。

借:长期股权投资	2 240	
贷:投资收益		2 240(2 800×80%)
借:投资收益	800(1 000×80%)	
贷:长期股权投资		800
借:长期股权投资	800	
贷:资本公积		800(1 000×80%)

(3) 抵销长期股权投资与子公司的所有者权益。

2×20 年 12 月 31 日丙公司按权益法调整后的长期股权投资=9 500+2 240-800+800=11 740(万元)。

丁公司按公允价值调整后的所有者权益总额为 14 300 万元,其中股本 5 000 万元,资本公积 7 500(5 000+1 000+1 500)万元,盈余公积 300 万元,未分配利润 1 500(3 000-300-1 000-200)万元。

当日合并商誉=11 740-14 300×80%=300(万元)。

借:股本	5 000	
资本公积	7 500	
盈余公积	300	
未分配利润	1 500	
商誉	300	
贷:长期股权投资		11 740
少数股东权益		2 860(14 300×20%)

(4) 抵销本期投资收益与利润分配。

借：投资收益	2 240	
少数股东损益	560(2 800×20%)	
未分配利润——年初	0	
贷：提取盈余公积	300	
对股东的分配	1 000	
未分配利润——年末	1 500	

第四节　集团内部交易事项的抵销处理

集团内部交易事项是指集团内部母公司与其所属子公司之间以及子公司之间发生的除股权投资以外的各种交易事项，如公司间购货、销货并因此产生的内部销售利润，以及购售债券等业务引起相互间的债权和债务等。这些内部交易发生以后已经分别以母公司或各子公司为报告主体反映在其个别财务报表中了，从企业集团的角度来看，这类交易应该排除在合并报表之外，因此，需要在个别财务报表基础上，对上述内部交易事项进行抵销，以避免虚列资产、负债和虚计利润。

一、集团内部存货交易

(一)当期内部利润的抵销处理

1. 购入的存货已经全部向集团外售出

集团内部之间发生存货交易之后，若内部交易的买方已在当期将该存货销售给集团成员以外的其他企业，则企业集团成员账簿上便不再包含该批存货，这种情况下就不存在期末存货中包含的未实现内部销售利润的抵销问题，仅需抵销单个报表中重复记录的营业成本和营业收入，即按内部交易的卖方的销售收入，借记"营业收入"项目，贷记"营业成本"项目。

【例8-6】甲公司是乙公司的母公司，2×21年1月，甲公司向乙公司销售某商品1 000件，其生产成本为每件80元，内部销售价格为每件100元，至本期末乙公司按每件150元的价格已将全部商品对外出售。

对于上述交易，甲、乙公司的会计处理，以及2×21年期末甲公司合并报表时的会计处理如下所示。

甲公司的会计处理	乙公司的会计处理
向乙公司销售， 借：银行存款　100 000 　　贷：主营业务收入　100 000 借：主营业务成本　80 000 　　贷：库存商品　　80 000	从甲公司采购， 借：库存商品　100 000 　　贷：银行存款　100 000 向集团外销售， 借：银行存款　150 000 　　贷：主营业务收入　150 000 借：主营业务成本　100 000 　　贷：库存商品　　100 000

甲公司的个别财报列示	乙公司的个别财报列示
银行存款 100 000 营业收入 100 000 营业成本　80 000	银行存款　50 000 营业收入 150 000 营业成本 100 000
甲公司在合并工作底稿中的抵销分录	
借：营业收入 100 000 　　贷：营业成本 100 000	
集团公司的合并报表列示	
银行存款 150 000 营业收入 150 000 营业成本　80 000	

2. 购入的存货全部未对集团外售出

集团内部之间发生存货交易之后，若当期该批存货全部尚未对外销售给集团以外的其他企业，则该批存货全部留存在企业集团成员的账簿上。这种情况下就必须把期末存货中包含的未实现内部销售利润的予以抵销，按销售方内部销售收入借记"营业收入"项目，按销售方结转的销售成本贷记"营业成本"项目，按内部销售收入与成本之间的差额贷记"存货"项目。

【例8-7】 沿用例8-6的资料，假设至本期末乙公司所采购的商品全部尚未对外出售。

对于上述交易，甲、乙公司的会计处理，以及2×21年期末甲公司合并报表时的会计处理如下所示。

甲公司的会计处理	乙公司的会计处理
向乙公司销售， 借：银行存款 100 000 　　贷：主营业务收入 100 000 借：主营业务成本 80 000 　　贷：库存商品　80 000	从甲公司采购， 借：库存商品 100 000 　　贷：银行存款 100 000
甲公司的个别财报列示	乙公司的个别财报列示
银行存款 100 000 营业收入 100 000 营业成本　80 000	存货 100 000 银行存款 -100 000
甲公司在合并工作底稿中的抵销分录	
借：营业收入 100 000 　　贷：营业成本 80 000 　　　　存货　　 20 000	
集团公司的合并报表列示	
存货 80 000	

3. 购入的存货部分已经对集团外售出

集团内部之间发生存货交易之后，若当期该批存货中的一部分已经销售给集团成员以外的其他企业，剩下的另一部分仍留存在企业集团成员的账簿上。在这种情况下，可以将内部交易的存货分为两个部分，一部分为当期购进并全部实现对外销售，另一部分为当期购进但未实现对外销售。

【例 8-8】沿用例 8-6 的资料，假设至本期末乙公司所采购的商品 60%已对外出售，剩余 40%尚留在乙公司商品仓库中。

对于上述交易，2×21 年期末甲公司合并报表时的会计处理如下所示。

甲公司在合并工作底稿中的抵销分录	
60%已出售部分	40%尚留存部分
借：营业收入　60 000 　　贷：营业成本　60 000	借：营业收入　40 000 　　贷：营业成本　32 000 　　　　存货　　　　8 000
集团公司的合并报表列示	
银行存款　90 000 营业收入　90 000 营业成本　48 000 存货　　　32 000	

对于上述抵销处理也可以理解为：对于已经向集团外销售的商品包含的内部利润，作为已实现内部利润，在编制合并财务报表时应当纳入合并范围；而对于未向集团外销售的存货所包含的内部利润，作为未实现内部销售利润，在编制合并财务报表时，应当予以抵销。编制抵销分录可以合并如下。

借：营业收入　　　（内部售价）
　　贷：营业成本　（差额）
　　　　存货　　　（内部未实现的利润）

8-3　集团内部交易的逆销或平销情况(教学拓展)

(二)存货跌价准备的抵销处理

集团内部存货交易抵销后，在交易当期还应消除内部交易形成的存货所计提的存货跌价准备的影响。在编制合并报表时，如果个别财务报表中计提的存货跌价准备数额小于内部销售利润时，意味着从集团角度看，该存货没有发生减值，应将计提的存货跌价准备全额抵销；如果个别财务报表中计提的存货跌价准备数额大于内部销售利润时，意味着从集团角度看该存货发生了减值，应将计提的存货跌价准备按内部销售利润为金额予以部分抵销。编制抵销分录时，借记"存货——存货跌价准备"项目，贷记"资产减值损失"项目。

【例 8-9】D 公司是 C 公司的全资子公司。2×21 年 4 月，C 公司销售给 D 公司某种产品，售价为 80 000 元，其成本为 64 000 元，本期该批产品尚未实现对外销售。假设情况一：当年年末，上述产品的可变现净值为 76 000 元；假设情况二：当年年末，上述产品的可变现净值为 52 000 元。则当年年末，C 公司为上述事项所进行的抵销处理分别如下所示。

(1) 抵销内部存货交易。

借：营业收入　　　　　　　　　　　　　　　　　　　　80 000
　　贷：营业成本　　　　　　　　　　　　　　　　　　　　64 000
　　　　存货　　　　　　　　　　　　　　　　　　　　　　16 000

(2) 抵销当期存货跌价准备。

假设情况一：D公司计提了4 000元存货跌价准备，但小于16 000元内部销售利润，所以对于集团公司来说，该批存货没有发生减值。故：

借：存货——存货跌价准备　　　　　　　　　　　　　　　4 000
　　贷：资产减值损失　　　　　　　　　　　　　　　　　　4 000

假设情况二：D公司计提了28 000元存货跌价准备，大于16 000元内部销售利润，所以对于集团公司来说，该批存货发生减值12 000元。故：

借：存货——存货跌价准备　　　　　　　　　　　　　　　16 000
　　贷：资产减值损失　　　　　　　　　　　　　　　　　　16 000

(三) 连续编制合并财务报表时的抵销处理

(1) 由于合并财务报表是根据集团公司内部各成员公司个别会计报表编制的，下年度在卖方公司的个别会计报表上，对买方公司未售出货的内部未实现利润，仍保留在期初未分配利润中。因此，在下年度编制合并财务报表时，需要将这部分上期未实现的内部销售利润对本期期初未分配利润的影响进行调整，借记"年初未分配利润"项目，如这部分存货下年度已售出，应贷记"营业成本"项目，如仍未售出，则贷记"存货"项目，即：

借：未分配利润——期初　　(以前年度内部未实现利润)
　　贷：营业成本　　　　　　(本年度已实现的利润)
　　　　存货　　　　　　　　(本年度仍未实现的利润)

(2) 如果前期个别报表中亦计提了存货跌价损失，还需按上期编制合并报表时抵销的存货跌价准备的数额，抵销其对期初未分配利润的影响。

借：存货——存货跌价准备 (本期仍未销售的存货中包含的前期多确认的存货跌价损失)
　　营业成本　　　　　　　 (本期已销售的存货中包含的前期多确认的存货跌价损失)
　　贷：未分配利润——期初

【例8-10】2×21年4月10日，E公司向其子公司F公司销售一批产品，价款为50万元，销售成本为40万元。款项已收存银行。F公司从E公司购入的产品全部未售出。年末该存货的可变现净值为48万元，F公司对该存货计提存货跌价准备2万元。2×22年F公司又从E公司购进商品30万元，E公司销售该商品的销售成本为24万元。F公司2×21年从E公司购进的商品本期全部售出，销售价格为54万元，并同时结转存货跌价准备；2×22年从E公司购进的商品已销售40%，销售价格为15万元；另外的60%形成存货。2×22年年末该部分商品的可变现净值为15万元，2×22年年末计提存货跌价准备3万元。

要求：编制E公司2×22年度合并抵销分录。

(1) 抵销期初内部存货中未实现利润。

借：未分配利润——年初　　　　　　　　　　　　　　　　100 000
　　贷：营业成本　　　　　　　　　　　　　　　　　　　　100 000

(2) 抵销本期内部存货未实现利润。
借：营业收入　　　　　　　　　　　　　　　　　　　　　300 000
　　贷：营业成本　　　　　　　　　　　　　　　　　　　264 000
　　　　存货　　　　　　　　　　　　　　　　　　　　　 36 000
(3) 抵销以前年度多计提的存货跌价准备。
借：营业成本　　　　　　　　　　　　　　　　　　　　　 20 000
　　贷：未分配利润——年初　　　　　　　　　　　　　　 20 000
(4) 抵销本期补提的存货跌价准备。
借：存货——存货跌价准备　　　　　　　　　　　　　　　 30 000
　　贷：资产减值损失　　　　　　　　　　　　　　　　　 30 000

二、内部固定资产交易

(一)当期内部利润的抵销处理

1. 一方的固定资产，另一方购入后仍作为固定资产使用

企业集团内部某企业将自身使用的固定资产变卖给集团内部的其他企业作为固定资产使用，从销售方的角度看，处置固定资产在资产负债表中表现为固定资产原价和累计折旧的减少，资产处置损益则列示在利润表中；从购买方的角度看，其固定资产原价中既包含了该资产在原销售方的净值，也包含了销售方因变卖固定资产所实现的收益。但从企业集团的角度看，这一交易属于企业集团内部固定资产调拨性质，只是使用地点发生了变化，既不能实现收益，也不会使固定资产交易未实现的销售利润与固定资产净值的增加金额相抵销。所以需要抵销固定资产净值的增加金额。

借：资产处置损益
　　贷：固定资产——原价(未实现的内部利润)

同时，抵销多计提的折旧额。

借：固定资产——累计折旧
　　贷：管理费用等

【例8-11】甲公司是乙公司的母公司。2×20年1月，甲公司将其使用的一台机器设备以32 000元的价格出售给乙公司，乙公司继续作为厂部固定资产使用。该设备原价40 000元，累计折旧12 000元，剩余折旧年限为4年。

甲公司的会计处理	乙公司的会计处理
向乙公司销售， 借：固定资产清理　28 000 　　累计折旧　　　　12 000 　　贷：固定资产　40 000 借：银行存款　32 000 　　贷：资产处置损益　　4 000 　　　　固定资产清理　28 000	从甲公司采购， 借：固定资产　32 000 　　贷：银行存款　32 000 当年计提折旧， 借：管理费用　8 000 　　贷：累计折旧　8 000

甲公司的个别财报列示	乙公司的个别财报列示
银行存款　　32 000 资产处置损益　4 000	固定资产　32 000 累计折旧　　8 000 管理费用　　8 000
甲公司在合并工作底稿中的抵销分录	
借：资产处置损益　4 000 　　贷：固定资产——原价　4 000 借：固定资产——累计折旧　1 000 　　贷：管理费用　1 000	
集团公司的合并报表列示	
固定资产——原价　28 000 固定资产——累计折旧　7 000 管理费用　7 000	

2. 一方销售的商品，另一方作为固定资产使用

企业集团内部某企业将自身生产的商品销售给集团内部的其他企业作为固定资产使用，从销售方的角度看，已将销售商品的收入和成本计入了当期的损益，列示在利润表中；从购买方的角度看，按销售方的销售价格作为固定资产原价列示在资产负债中。但从企业集团的角度看，相当于自建固定资产然后交付使用，不产生利润。因此，编制合并会计报表时，必须将该项交易所形成的内部销售收入和内部销售成本及未实现的内部销售利润予以抵销，使合并会计报表上反映的固定资产原价是内部转让企业的原价。

编制合并抵销分录为：

借：营业收入(内部销售方的销售收入)
　　贷：营业成本(内部销售方的销售成本)
　　　　固定资产——原价(差额，即未实现的内部利润)

其中多计提的折旧与多计的折旧费用也应予以抵销：

借：固定资产——累计折旧
　　贷：管理费用等

【例8-12】丙公司是丁公司的母公司。2×20年1月，丙公司将其生产的机器设备出售给丁公司，设备售价为80 000元，成本为60 000元，丁公司将该设备作为厂部固定资产使用，预计使用期限为5年，采用平均法计提折旧。

丙公司的会计处理	丁公司的会计处理
向丁公司销售， 　借：银行存款　80 000 　　　贷：主营业务收入　80 000 　借：主营业务成本　60 000 　　　贷：库存商品　　60 000	从丙公司采购， 　借：固定资产　80 000 　　　贷：银行存款　80 000 当年计提折旧， 　借：管理费用　16 000 　　　贷：累计折旧　16 000

丙公司的个别财报列示	丁公司的个别财报列示
营业收入 80 000 营业成本 60 000	固定资产 80 000 累计折旧 16 000 管理费用 16 000
丙公司在合并工作底稿中的抵销分录	
借：营业收入 80 000 　　贷：营业成本　　　　　　60 000 　　　　固定资产——原价 20 000 借：固定资产——累计折旧 4 000 　　贷：管理费用 4 000		
集团公司的合并报表列示	
固定资产——原价 60 000 固定资产——累计折旧 12 000 管理费用 12 000		

(二)以连续编制合并财务报表时的抵销处理

固定资产的使用往往跨越几个会计期间，内部交易的固定资产不仅与交易发生当期相关，而且与以后使用该固定资产的会计期间相关，在编制合并会计报表时，不仅在该交易发生的当期要考虑固定资产原价中包含的未实现内部销售利润的抵销，而且在以后持有该固定资产的期间每年都要考虑原价中包含的未实现内部利润的抵销。

连续期间由于内部销售形成固定资产的抵销分录如下。

(1) 恢复固定资产的原账面价值。

借：未分配利润——年初
　　贷：固定资产——原价

(2) 调整以前期间多计提的折旧。

借：固定资产——累计折旧
　　贷：未分配利润——年初

(3) 调整当期多计提的折旧。

借：固定资产——累计折旧
　　贷：管理费用等

【例 8-13】沿用例 8-12 的资料，假设 2×21 年 1—12 月，该机器设备正常使用，按期折旧。则 2×21 年年末，丙公司就此事项的合并抵销分录如下。

(1) 抵销该固定资产原价中包含的内部未实现利润。

借：未分配利润——年初　　　　　　　　　　　　　　20 000
　　贷：固定资产——原价　　　　　　　　　　　　　　　　　20 000

(2) 从以前年度损益中抵销 2×20 年多计提的折旧。

借：固定资产——累计折旧　　　　　　　　　　　　　　4 000
　　贷：未分配利润——年初　　　　　　　　　　　　　　　　4 000

(3) 从本年度当期损益中抵销2×21年多计提的折旧。

借：固定资产——累计折旧 4 000
　　贷：管理费用 4 000

(三)内部固定资产清理期间的抵销处理

1. 内部固定资产如期清理

在固定资产如期清理报废的情况下，内部固定资产的折旧已提足，购买企业将固定资产原价与其计提的折旧均已转账注销，固定资产原价中包含的未实现的内部销售利润和累计折旧中包含的因未实现内部销售利润多计提的折旧在个别会计报表中均不复存在，因此不必再予以抵销。只有本期管理费用中包含的多计提的折旧费需要抵销。

借：未分配利润——年初
　　贷：管理费用等　　(本期计提折旧额)

【例8-14】沿用例8-12的资料，假设2×20年—2×24年，该机器设备正常使用，按期折旧。则2×24年年末，该固定资产如期清理报废。丙公司就此事项的合并抵销分录如下。

(1) 抵销该固定资产原价中包含的内部未实现利润。

借：未分配利润——年初 20 000
　　贷：固定资产——原价 20 000

(2) 从以前年度损益中抵销四年多计提的折旧。

借：固定资产——累计折旧 16 000
　　贷：未分配利润——年初 16 000

(3) 从本年度当期损益中抵销2×24年多计提的折旧。

借：固定资产——累计折旧 4 000
　　贷：管理费用 4 000

故上述三笔抵销分录可合并如下。

借：未分配利润——年初 4 000
　　贷：管理费用 4 000

2. 内部固定资产超期清理

固定资产在其使用期限内的最后一个会计期间，仍然要计提折旧，同时，该固定资产的原价、已经计提的折旧仍然列示在购买企业的资产负债表中，所以，在这最后一个会计期间，仍要将固定资产原价中包含的未实现内部销售利润予以抵销，以调整期初未分配利润，还要将以前各期对未实现内部销售利润计提的折旧予以抵销，并将本期管理费用中包含的就未实现内部销售利润计提的折旧费予以抵销。

3. 内部固定资产提前清理

在提前进行清理的情况下，购买固定资产的企业将固定资产原价与其计提的折旧均予以注销，固定资产原价中包含的未实现内部销售利润和累计折旧中包含的就未分配利润计提的折旧均已不复存在，所以，这些已不必再予以抵销。但是，固定资产原价中包含的未实现内部销售利润，随着固定资产的清理而成为已实现的损益，因此，必须调整合并财务报表中期初未分配利润的数额；同时，以前各期就未实现内部销售利润计提折旧，也对合并财务报表中期初未分配利润产生了影响，因此也需要进行调整；本期管理费用中包含的就未实现内部销售利润计提的折旧费用也需要予以抵销。随着固定资产的清理，这三个需要调整抵销的项目均体现在清理损益中。

三、内部无形资产交易

企业集团内部成员之间交易形成的无形资产与内部交易形成的固定资产的处理方式相似：首先，对无形资产包含的内部未实现损益进行抵销处理；其次，对无形资产累计摊销的抵销处理。

1. 当期与内部无形资产交易相关的抵销分录

(1) 抵销无形资产中包含的未实现损益。

借：营业外收入(转让价与无形资产净值的差额)
　　贷：无形资产——原值(内部未实现收益部分)

(若为亏损转让，则做相反的分录。)

(2) 冲减多计提的摊销额。

借：无形资产——累计摊销
　　贷：管理费用

2. 连续编制合并财务报表时内部交易无形资产的抵销分录

(1) 恢复无形资产的原账面价值。

借：未分配利润——年初
　　贷：无形资产——原价

(若为亏损转让，则做相反的分录。)

(2) 调整以前期间多确认的摊销费用。

借：无形资产——累计摊销
　　贷：未分配利润——年初

(3) 调整当期多确认的摊销费用。

借：无形资产——累计摊销
　　贷：管理费用

四、内部债权债务项目

集团内部公司相互之间的债权债务项目，从整个企业集团的角度来看只是内部的资金活动，并没有导致企业集团资产和负债的增加，因此需要将该内部债权债务予以抵销，同时抵销相应的减值准备。

(一)内部应收账款与应付账款的抵销处理

1. 首次编制合并报表时的抵销处理

在首次编制合并报表时，应将内部赊购赊销形成的债权债务期末余额予以抵销，同时抵销与内部债权相关的坏账准备。

编制合并抵销分录为：

借：应付账款

  贷：应收账款

借：应收账款——坏账准备

  贷：信用减值损失

2. 连续编制合并报表时内部应收账款坏账准备的抵销处理

(1) 将内部应收账款与应付账款予以抵销。

借：应付账款

  贷：应收账款

(2) 抵销以前期间对内部应收账款计提的坏账准备。由于以前期间计提坏账准备对应的资产减值损失已经结转到以前期间的利润里，因此应将原本应贷记的"信用减值损失"替换为"未分配利润——年初"，即：

借：应收账款——坏账准备

  贷：未分配利润——年初

(3) 抵销本期对内部应收账款计提或冲减的坏账准备。

① 如果当期为补提坏账准备，需编制的抵销分录为：

借：应收账款——坏账准备

  贷：信用减值损失

② 如果当期为冲减坏账准备，需编制的抵销分录为：

借：信用减值损失

  贷：应收账款——坏账准备

【例 8-15】甲、乙两公司同属于某一集团公司，2×20 年甲公司的应收账款中有 40 000 元是应收乙公司的销货款，到了 2×21 年，甲公司应收乙公司的应收账款余额增加到了 72 000 元。甲公司应收账款总额的 10%计提坏账准备。

(1) 集团公司 2×20 年年底在合并工作底稿中应编制抵销分录如下。

借：应付账款	40 000
贷：应收账款	40 000
借：应收账款——坏账准备	4 000
贷：信用减值损失	4 000

(2) 集团公司 2×21 年年底在合并工作底稿中应编制抵销分录如下。

借：应付账款	72 000
贷：应收账款	72 000
借：应收账款——坏账准备	4 000
贷：未分配利润——年初	4 000
借：应收账款——坏账准备	3 200
贷：信用减值损失	3 200

(二)其他内部债权与债务项目的抵销处理

1. 预收账款与预付账款的抵销

借：预收账款
　　贷：预付账款

2. 应收票据与应付票据的抵销

借：应付票据
　　贷：应收票据

3. 应付债券与相关金融资产的抵销

借：应付债券
　　贷：交易性金融资产
　　　　债权投资
　　　　其他债权投资等

债券发行方发生的与债券相关的应付利息和购买方确认的应收利息相互抵销。

借：应付利息
　　贷：应收利息

4. 其他应收款与其他应付款的抵销处理

借：其他应付款
　　贷：其他应收款

5. 应收股利与应付股利的抵销处理

借：应付股利
　　贷：应收股利

【例8-16】A公司是B公司的母公司。2×21年A公司和B公司发生以下业务。

(1) 1月1日，A公司向B公司发行面值为120 000元的公司债券，年利率为5%，每半年付息一次，到期一次还本，B公司将其划分为以摊余成本计量的债权投资。

(2) 3月15日，A公司向B公司销售商品60 000元，其取得成本为48 000元，收到B公司开出商业汇票20 000元，余款尚未收到。

(3) 4月25日，A公司预收B公司货款120 000元。

(4) 年末A公司按应收账款余额的10%计提坏账准备。

2×21年年末，A公司就与B公司之间的债权债务相关项目在合并工作底稿中编制抵销分录如下：

(1) 抵销当年债权债务相关项目账面余额。

借：应付票据　　　　　　　　　　　　　　　20 000
　　应付账款　　　　　　　　　　　　　　　40 000
　　应付债券　　　　　　　　　　　　　　120 000
　　预收账款　　　　　　　　　　　　　　120 000
　　贷：应收票据　　　　　　　　　　　　　　　　20 000

应收账款	40 000
债权投资	120 000
预付账款	120 000

(2) 抵销当年B公司向A公司支付的债券利息。

借：投资收益　　　　　　　　　　　　　　6 000
　　贷：财务费用　　　　　　　　　　　　　　　6 000

(3) 抵销当年A公司计提的坏账准备。

借：应收账款——坏账准备　　　　　　　　4 000
　　贷：信用减值损失　　　　　　　　　　　　　4 000

五、合并引发的所得税会计处理

在编制合并财务报表时，由于需要对企业集团内部交易进行合并抵销处理，由此可能导致在合并财务报表中反映的资产、负债账面价值与其计税基础不一致，存在差异。

(一)与内部应收款项相关的递延所得税的抵销处理

出于会计谨慎性原则，债权人需要按会计准则的规定对内部交易形成的债权计提坏账准备，抵减应收账款的账面价值。但根据税法的规定，与坏账准备相应的信用减值损失不得在税前扣除，只有在实际发生坏账损失时才能在税前扣除，由此导致应收账款的账面价值与计税基础产生差异。在符合企业会计准则规定的确认条件的情况下，债权人会确认与此相关的递延所得税资产。但从企业集团的角度编制合并财务报表时，需对内部债权债务进行抵销，从而使得应收款项的账面价值和计税基础均为零，暂时性差异也为零，根据暂时性差异计算的递延所得税资产的期末应有余额同样应为零。因此，之前确认的与内部应收款项相关的递延所得税资产在编制合并报表时应予以抵销，使其余额为零。

需要编制的抵销分录如下。

借：未分配利润——年初(以前年度确认的递延所得税费用)
　　所得税费用(当期确认的递延所得税费用)
　　贷：递延所得税资产

(二)内部交易形成期末存货的递延所得税的确认与计量

对于内部购销形成的期末存货，从企业集团的角度来看，存货的账面价值是抵销掉未实现内部销售损益后的金额。然而根据企业所得税法的规定，企业所得税是以独立的法人实体为对象计征的，因此存货可税前扣除的金额(计税基础)为包含未实现内部销售损益的金额，即集团内部购买方在个别财务报表中列示的金额，由此产生了存货账面价值与计税基础的差异，在符合准则关于递延所得税资产(负债)确认条件的情况下，应确认递延所得税资产或递延所得税负债。

即当合并财务报表中期末存货账面价值大于计税基础时，应确认递延所得税负债：

借：所得税费用
　　贷：递延所得税负债

当合并财务报表中期末存货账面价值小于计税基础时，符合准则确认条件的情况下，应确认递延所得税资产：

借：递延所得税资产
　　贷：所得税费用

(三)内部交易形成固定资产、无形资产的所得税会计处理

对内部交易形成的固定资产或无形资产，从企业集团的角度来看，其账面价值应为不包含内部转让损益的部分。但税法规定，企业所得税是按单个企业而不是按企业集团计征的，因此其计税基础为集团内部购入方个别财务报表上的固定资产或无形资产价值(含未实现内部销售损益)，由此导致账面价值与计税基础存在差异，应确认递延所得税资产或递延所得税负债。

即当合并财务报表中的固定资产、无形资产账面价值大于计税基础时，应确认递延所得税负债：

借：所得税费用
　　贷：递延所得税负债

当合并财务报表中的固定资产、无形资产账面价值小于计税基础时，应确认递延所得税资产：

借：递延所得税资产
　　贷：所得税费用

【例8-17】甲公司2×21年1月1日，将一项无形资产以400万元出售给其子公司乙公司，该项无形资产账面余额为300万元，乙公司购入该无形资产之后尚可使用年限为5年，采用直线法进行摊销。假设税法规定的摊销政策与会计一致，甲、乙两公司适用所得税税率为25%，且不考虑除所得税外的其他税费项目。

在2×21年年底，甲公司在编制合并财务报表时，应编制如下抵销分录。

(1) 抵销无形资产成本中包含的未实现内部销售利润。

借：资产处置收益　　　　　　　　　　　　　　1 000 000
　　贷：无形资产——成本　　　　　　　　　　　　　1 000 000

(2) 抵销本期多摊销的无形资产。

借：无形资产——累计摊销　　　　　　　　　　　200 000
　　贷：管理费用　　　　　　　　　　　　　　　　　　200 000

(3) 调整因抵销未实现内部交易损益产生的可抵扣性差异的所得税影响。

该无形资产在合并报表中的计税基础=该无形资产在个别报表中的账面价值= 4 000 000-800 000=3 200 000(元)

该无形资产在合并报表中的账面价值=3 000 000-600 000=2 400 000(元)

产生可抵扣暂时性差异=800 000(元)

产生递延所得税资产=800 000×25%=200 000(元)

借：递延所得税资产　　　　　　　　　　　　　200 000
　　贷：所得税费用　　　　　　　　　　　　　　　　200 000

第五节 合并财务报表的编制

一、合并资产负债表的编制

(一)合并资产负债表的格式

合并资产负债表是反映企业集团在某一特定日期财务状况的财务报表,由合并资产、负债和所有者权益各项目组成。

合并资产负债表的格式在一般企业财务报表格式对财务状况列报要求的基础上,主要增加了以下项目。

(1) 在"无形资产"项目之下增加了"商誉"项目,用于反映非同一控制下企业合并中取得的商誉,即在控股合并下母公司对子公司的长期股权投资(合并成本)大于其在购买日子公司可辨认净资产公允价值份额的差额。

(2) 在所有者权益项目下增加了"归属于母公司所有者权益合计"项目,用于反映企业集团的所有者权益中归属于母公司所有者权益的部分,包括实收资本(或股本)、其他权益工具、资本公积、库存股、其他综合收益、盈余公积、未分配利润等项目的金额。

(3) 在所有者权益项目下,增加了"少数股东权益"项目,用于反映非全资子公司的所有者权益中不属于母公司的份额。

(二)编制合并资产负债表需要调整的项目

编制合并资产负债表时需要进行抵销处理的主要有以下项目。
(1) 母公司对子公司股权投资项目与子公司所有者权益(或股东权益)项目。
(2) 母公司与子公司、子公司与子公司之间未结算的内部债权债务项目。
(3) 存货项目,即内部购进存货价值中包含的未实现内部销售损益。
(4) 固定资产项目(包括固定资产原价和累计折旧项目),即内部购进固定资产价值中包含的未实现内部销售损益。
(5) 无形资产项目,即内部购进无形资产价值包含的未实现内部销售损益。

二、合并利润表和所有者权益变动表的编制

(一)合并利润表的格式

合并利润表是反映企业集团某一时期经营成果的财务报表,应当以母公司和子公司的利润表为基础,在抵销母公司与子公司、子公司与子公司之间发生的内部交易对合并利润表的影响后,由母公司合并编制。

合并利润表的格式在一般企业财务报表格式对经营成果列报要求的基础上,主要在三个方面增加了五个项目。

(1) 在"净利润"项目下增加了"归属于母公司所有者的净利润"和"少数股东损益"两个项目,分别反映净利润中由母公司所有者所享有的份额和非全资子公司当期实现的净利润中属于少数股东权益的份额,即不属于母公司享有的份额。

(2) 在属于同一控制下企业合并增加的子公司当期的合并利润表中还应在"净利润"项目之下增加"其中：被合并方在合并前实现的净利润"项目，用于反映同一控制下企业合并中取得的被合并方在合并日以前实现的净利润。但是，"被合并方在合并前实现的净利润"应当在母公司所有者和少数股东之间进行分配，如果全部不属于母公司所有者，则应同时列示在"少数股东损益"项目中，仍然保持"合并净利润=归属于母公司所有者的净利润+少数股东损益"的平衡关系。

(3) 在"综合收益总额"项目下增加了"归属于母公司所有者的综合收益总额"和"归属于少数股东的综合收益总额"两个项目，分别反映了综合收益总额中由母公司所有者所享有的份额和非全资子公司当期综合收益总额中属于少数股东权益的份额，即不属于母公司享有的份额，仍然保持"综合收益总额=归属于母公司所有者的综合收益总额+归属于少数股东的综合收益总额"的平衡关系。

(二)合并所有者权益变动表的格式

合并所有者权益变动表是反映构成企业集团所有者权益的各组成部分当期的增减变动情况的财务报表，应当以母公司和子公司的所有者权益变动表为基础，在抵销母公司与子公司、子公司与子公司之间发生的内部交易对合并所有者权益变动表的影响后，由母公司合并编制。合并所有者权益变动表也可以根据合并资产负债表和合并利润表进行编制。

合并所有者权益变动表的格式在一般企业所有者权益变动表格式的基础上，在子公司存在少数股东的情况下，增加了"少数股东权益"栏目，用于反映少数股东权益变动的情况。

(三)编制合并利润表和合并所有者权益变动表需要调整抵销的项目

编制合并利润表和合并所有者权益变动表时需要进行抵销处理的主要有以下项目。
(1) 内部销售收入和内部销售成本项目。
(2) 内部投资收益项目，包括内部利息收入与利息支出项目、内部股权投资收益项目。
(3) 资产减值损失项目，即与内部交易相关的内部应收账款、存货、固定资产、无形资产等项目的资产减值损失。
(4) 纳入合并范围的子公司利润分配项目。

【例8-18】2×21年1月1日，牡丹公司用银行存款3 000万元购得紫润公司80%的股份(假定两公司的合并为非同一控制下的企业合并)。牡丹公司当日建立的备查簿中记录紫润公司在2×21年1月1日可辨认资产、负债及或有负债的公允价值的资料见表8-2。

表8-2　牡丹公司备查簿(简表)

2×21年1月1日　　　　　　　　　　　　　　　　　　单位：万元

项　目	账面价值	公允价值	公允价值与账面价值的调整额	合并报表调整额	余额	备　注
紫润公司：						
流动资产	3 800	3 800				
非流动资产	1 900	2 000				

续表

项 目	账面价值	公允价值	公允价值与账面价值的调整额	合并报表调整额	余额	备 注
其中：固定资产——A办公楼	600	700	100	(1)5	695	该办公楼的剩余折旧年限为20年，采用年限平均法计提折旧
资产总计	5 700	5 800				
流动负债	1 300	1 300				
非流动负债	900	900				
负债合计	2 200	2 200				
股本	2 000	2 000				
资本公积	1 500	1 600	100			
盈余公积	0	0				
未分配利润	0	0				
股东权益合计	3 500	3 600				
负债和股东权益总计	5 700	5 800				

2×21年紫润公司实现净利润1 000万元，提取法定公积100万元，向牡丹公司分派现金股利480万元，向其他股东分派现金股利120万元，未分配利润为300万元。紫润公司因持有其他债权投资的公允价值变动计入其他综合收益的金额为100万元。

2×21年12月31日牡丹公司与紫润公司个别资产负债表分别见表8-3和表8-4。

表8-3 资产负债表(简表)

编制单位：牡丹公司　　　　　　　　　2×21年12月31日　　　　　　　　　单位：万元

资 产	期末余额	年初余额	负债和所有者权益	期末余额	年初余额
流动资产：			流动负债：		
货币资金	1 000	3 000	应付票据	1 000	1 000
应收票据	1 400	1 000	应付账款	3 000	2 000
其中：应收紫润公司票据	400		预收款项	200	300
应收账款	1 800	1 300	其中：预收紫润公司账款	100	
其中：应收紫润公司账款	475		应付职工薪酬	1 000	2 100
预付款项	770		应交税费	800	1 000
存货	1 000	3 800	流动负债合计	6 000	6 400
其中：汽车零部件(自紫润公司购入存货)	1 000		非流动负债：		
流动资产合计	5 970	9 100	长期借款	2 000	2 000
			应付债券	600	600
非流动资产：			非流动负债合计	2 000	2 000

续表

资　产	期末余额	年初余额	负债和所有者权益	期末余额	年初余额
债权投资	200	200	负债合计	8 600	9 000
其中：持有紫润公司债券	200	200			
长期股权投资	4 700	1 700	所有者权益：		
其中：对紫润公司投资	3 000		实收资本	4 000	4 000
固定资产	4 100	3 300	资本公积	800	800
其中：大客车(自紫润公司购入固定资产)	200		盈余公积	1 000	732
无形资产	630	700	未分配利润	1 200	468
非流动资产合计	9 000	5 200	所有者权益合计	7 000	6 000
资产总计	15 600	15 000	负债和所有者权益总计	15 600	15 000

表 8-4　资产负债表(简表)

编制单位：紫润公司　　　　　　　　　2×21 年 12 月 31 日　　　　　　　　　单位：万元

资　产	期末余额	年初余额	负债和股东权益	期末余额	年初余额
流动资产：			流动负债：		
货币资金	500	300	应付票据	400	300
应收票据	300	100	其中：应付牡丹公司票据	400	
应收账款	760	600	应付账款	500	400
预付款项	400		其中：应付牡丹公司账款	500	
其中：预付牡丹公司账款	100		预收款项		50
存货	1 100	2 800	应付职工薪酬	100	350
流动资产合计	3 060	3 800	应交税费	60	200
			流动负债合计	1 060	1 300
非流动资产：			非流动负债：		
债权投资			长期借款	700	700
其他债权投资	800	700	应付债券	200	200
长期股权投资			其中：应付牡丹公司债券	200	200
固定资产	2 100	1 200	非流动负债合计	900	900
其中：小型仓库(自牡丹公司购入固定资产)	108		负债合计	1 960	2 200
无形资产					
非流动资产合计	2 900	1 900	股东权益：		
			股本	2 000	2 000
			资本公积	1 500	1 500
			其他综合收益	100	
			盈余公积	100	0

续表

资　产	期末余额	年初余额	负债和股东权益	期末余额	年初余额
			未分配利润	300	0
			股东权益合计	4 000	3 500
资产总计	5 960	5 700	负债和股东权益总计	5 960	5 700

根据资产负债表项目，当年牡丹公司和紫润公司存在以下集团内部交易事项。

(1) 牡丹公司2×21年个别资产负债表中应收账款475万元为当年向紫润公司销售商品发生的应收销货款的账面价值，并对该笔应收账款计提的坏账准备25万元；预收账款100万元为紫润公司预付账款；应收票据400万元为紫润公司购买商品而开具的商业承兑汇票。

(2) 紫润公司2×21年个别资产负债表中应付债券200万元为牡丹公司所持有。

(3) 紫润公司2×21年向牡丹公司销售商品(其生产的汽车零部件若干批)1 000万元，其销售成本为800万元，该商品的销售毛利率为20%。牡丹公司购进的该商品当年全部未实现对外销售而形成期末存货。

(4) 紫润公司以300万元的价格将其生产的产品(其生产的大客车数辆)销售给牡丹公司，其销售成本为270万元。牡丹公司购买的大客车作为管理用固定资产使用，按购买价入账。假设牡丹公司对该固定资产按3年的使用寿命采用年限平均法计提折旧，预计净残值为0(假定该固定资产交易时间为2×21年1月1日，牡丹公司当年按12个月计提折旧)。

(5) 牡丹公司将其账面价值为130万元固定资产(小型仓库一间)以120万元的价格出售给紫润公司仍作为管理用固定资产使用。紫润公司以购买价作为该仓库的成本入账，并按5年的使用寿命采用年限平均法计提折旧。预计净残值为0(假定该固定资产交易时间为2×21年6月30日，紫润公司当年按6个月计提折旧)。

2×21年度牡丹公司和紫润公司的利润表和所有者权益变动表分别如表8-5、表8-6所示。

表8-5　利润表(简表)

2×21年度　　　　　　　　　　　　　　　　　　　　　　　　　单位：万元

项　目	牡丹公司	紫润公司
一、营业收入	8 700	6 300
减：营业成本	4 450	4 570
税金及附加	300	125
销售费用	15	10
管理费用	100	12
财务费用	300	90
资产减值损失	25	
加：公允价值变动收益(损失以"-"号填列)		
投资收益(损失以"-"号填列)	500	
二、营业利润(亏损以"-"号填列)	4 010	1 493
加：营业外收入		
减：营业外支出	10	

续表

项目	牡丹公司	紫润公司
三、利润总额(亏损总额以"-"号填列)	4 000	1 493
减：所得税费用	1 320	493
四、净利润(净亏损以"-"号填列)	2 680	1 000

表8-6 所有者权益变动表(简表)

2×21年度　　　　　　　　　　　　　　　　　　　　　　　　　　单位：万元

项　目	牡丹公司					紫润公司					
	实收资本	资本公积	盈余公积	未分配利润	所有者权益合计	股本	资本公积	其他综合收益	盈余公积	未分配利润	所有者权益合计
一、上年年末余额	4 000	800	732	468	6 000	2 000	1 500		0	0	3 500
加：会计政策变更前期差错更正											
二、本年年初余额	4 000	800	732	468	6 000	2 000	1 500		0	0	3 500
三、本年增减变动金额(减少以"-"号填列)											
(一)净利润				2 680	2 680					1 000	1 000
(二)直接计入所有者权益的利得和损失											
(三)其他债权投资公允价值变动净额								100			100
(四)利润分配			268	-1 948	-1 680				100	-700	-600
1.提取盈余公积			268	-268	0				100	-100	0
2.对所有者的分配				-1 680	-1 600					-600	-600
四、本年年末余额	4000	800	1 000	1 200	7 000	2 000	1 500	100	100	300	4 000

根据利润表项目，当年牡丹公司和紫润公司存在集团内部交易还有以下事项。

(1) 牡丹公司2×21年利润表的营业收入中有3 500万元，是向紫润公司销售产品取得的销售收入，该产品销售成本为3 000万元。紫润公司在本期将该产品全部售出，其销售收入为5 000万元，销售成本为3 500万元，并在其利润表中列示。

(2) 紫润公司2×21年确认的应向牡丹公司支付的债券利息费用总额为20万元(假定该债券的票面利率与实际利率相差较小)。

假定紫润公司的会计政策和会计期间与牡丹公司一致，不考虑牡丹公司和紫润公司及合并资产、负债的所得税影响。

(一)牡丹公司考察2×21年12月31日个别资产负债表，相应调整和抵销的项目如下所述。

1. 长期股权投资项目的调整和抵销。

(1) 按照牡丹公司备查簿中的记录，在购买日紫润公司可辨认资产、负债及或有负债的公允价值与账面价值存在差异仅有一项，即固定资产——A 办公楼，其公允价值高于账面价值的差额为 100(700-600)万元，按年限平均法每年应补计提的折旧额为 5 万元(100 万元÷20年)。假定 A 办公楼是紫润公司的总部大楼，在合并工作底稿应作调整分录。

借：管理费用　　　　　　　　　　　　　　　　　　　50 000
　　贷：固定资产——A 办公楼——累计折旧　　　　　　　50 000

(2) 以此公允价值为基础，重新确定的紫润公司当年的净利润为 995(1 000-5)万元。故确认牡丹公司当年享有紫润公司实现净利润的份额为 796(995×80%)万元。

借：长期股权投资——紫润公司　　　　　　　　　　7 960 000
　　贷：投资收益——紫润公司　　　　　　　　　　　　7 960 000

(3) 同时抵销原按成本法确认的投资收益 480 万元。

借：投资收益——紫润公司　　　　　　　　　　　　4 800 000
　　贷：长期股权投资——紫润公司　　　　　　　　　　4 800 000

(4) 确认牡丹公司在 2×21 年享有紫润公司除净损益以外的其他股东权益变动的份额 80万元(其他综合收益的增加额 100 万元 × 80%)。

借：长期股权投资——紫润公司　　　　　　　　　　　800 000
　　贷：其他综合收益——紫润公司　　　　　　　　　　　800 000

(5) 抵销牡丹公司对紫润公司的长期股权投资和紫润公司的股东权益，并确认合并商誉。

借：股本　　　　　　　20 000 000
　　资本公积　　　　　16 000 000(15 000 000+1 000 000)
　　其他综合收益　　　1 000 000
　　盈余公积　　　　　1 000 000
　　未分配利润　　　　2 950 000 (3 000 000-50 000)
　　商誉　　　　　　　1 200 000
　　贷：长期股权投资　　33 960 000(30 000 000+7 960 000-4 800 000+800 000)
　　　　少数股东权益　　 8 190 000

其中：商誉 120 万元=牡丹公司 2×21 年 1 月 1 日长期股权投资账面 3 000 万元-(紫润公司 2×21 年 1 月 1 日的股东权益总额 3 500 万元+紫润公司固定资产公允价值增加额 100 万元)×80%。

2. 内部债权与债务的抵销处理。

(6) 将内部应收账款与应付账款相互抵销。

借：应付账款——牡丹公司　　　　　　　　　　　　5 000 000
　　贷：应收账款——紫润公司　　　　　　　　　　　　5 000 000

(7) 将内部应收账款计提的坏账准备予以抵销。

借：应收账款——紫润公司——坏账准备　　　　　　　250 000
　　贷：资产减值损失　　　　　　　　　　　　　　　　250 000

(8) 将内部预收账款与内部预付账款抵销。

借：预收账款——紫润公司　　　　　　　　　　　　1 000 000

  贷：预付账款——牡丹公司   1 000 000

(9) 将内部应收票据与内部应付票据抵销。

  借：应付票据——牡丹公司   4 000 000
    贷：应收票据——紫润公司   4 000 000

(10) 将持有至到期投资中债券投资与应付债券抵销。

  借：应付债券——牡丹公司   2 000 000
    贷：债权投资——持有紫润公司债券   2 000 000

3. 存货价值中包含的未实现内部损益的抵销处理。

(11) 内部销售收入及其相对应的销售成本的抵销。

  借：营业收入   10 000 000
    贷：营业成本   10 000 000

(12) 内部交易存货价值中包含的未实现内部损益的抵销。

  借：营业成本   2 000 000
    贷：存货——汽车零部件   2 000 000

4. 内部固定资产交易的抵销处理。

(13) 与大客车相关的销售收入、销售成本以及原价中包含的未实现内部损益的抵销。

  借：营业收入   3 000 000
    贷：营业成本   2 700 000
      固定资产——大客车——原价   300 000

(14) 大客车当期多计提折旧额的抵销。

大客车当年计提的折旧额为100万元，而按抵销其原价中包含的未实现内部损益后计提的折旧额为90万元，当期多计提的折旧额为10万元。

  借：固定资产——大客车——累计折旧   100 000
    贷：管理费用   100 000

(15) 小型仓库的处置损失与原价中包含的未实现内部损益的抵销。

  借：固定资产——小型仓库——原价   100 000
    贷：营业外支出   100 000

(16) 小型仓库当期少计提折旧额的抵销。

该仓库当年计提的折旧额为12万元，而按抵销其原价中包含的未实现内部损益后计提的折旧额为13万元，当期少计提的折旧额为1万元。

  借：管理费用   10 000
    贷：固定资产——小型仓库——累计折旧   10 000

(二) 牡丹公司考察2×21年度个别利润表和所有者权益变动表，据此调整和抵销的项目如下所述。

5. 内部营业收入和内部营业成本的抵销处理。

(17) 两公司内部销售收入和内部销售成本予以抵销。

  借：营业收入   35 000 000
    贷：营业成本   35 000 000

6. 双方内部投资收益(利息收入)和利息费用的抵销处理。

(18) 应将牡丹公司内部债券投资收益与紫润公司应付债券利息费用相互抵销。

借：投资收益　　　　　　　　　　　　　200 000
　　贷：财务费用　　　　　　　　　　　　　　　200 000

7. 牡丹公司持有长期股权投资的投资收益的抵销处理。

(19) 牡丹公司按权益法调整的紫润公司本期投资收益为 316(995×80%-480)万元。紫润公司本期少数股东损益为 79(995×20%-120)万元，并由紫润公司股东权益变动表获知其年初未分配利润为 0元，紫润公司本期提取盈余公积 100 万元、分派现金股利 600 万元、未分配利润 295(300-5)万元。

借：投资收益　　　　　　　　　　　　　7 960 000
　　少数股东损益　　　　　　　　　　　1 990 000
　　未分配利润——年初　　　　　　　　　　　　0
　　贷：提取盈余公积　　　　　　　　　　　　1 000 000
　　　　对所有者的分配　　　　　　　　　　　6 000 000
　　　　未分配利润——年末　　　　　　　　　2 950 000

将上述事项计入合并工作底稿如表 8-7 所示。调整和抵销之后，得到集团公司合并资产负债表、合并利润表如表 8-8 和表 8-9 所示，并据以编制合并所有者权益变动表如表 8-10 所示。

表 8-7　合并工作底稿(部分)

编制单位：牡丹公司　　　　　　　　　　　　　　　　　　　　　　　　　　　　　　　　　单位：万元

项　目	牡丹公司			紫润公司			合计金额	抵销分录		少数股东权益	合并金额
	报表金额	借方	贷方	报表金额	借方	贷方		借方	贷方		
(利润表项目)											
营业收入	8 700			6 300			15 000	(11)1 000 (13)300 (17)3 500			10 200
营业成本	4 450			4 570			9 020	(12)200 (17)3 500	(11)1 000 (13)270		4 450
管理费用	100			12	(1)5		117	(16)1	(14)10		108
财务费用	300			90			390		(18)20		370
资产减值损失	25						25		(7)25		0
投资收益	500	(3)480	(2)796				816	(18)20 (19)796			0
营业外支出	10						10		(15)10		0
少数股东损益								(19)199			199

续表

项　目	牡丹公司 报表金额	借方	贷方	紫润公司 报表金额	借方	贷方	合并金额	抵销分录 借方	抵销分录 贷方	少数股东权益	合并金额
				(资产负债表项目)							
应收票据	1 400			300			1 700		(9)400		1 300
其中：应收紫润公司票据	400						400		(9)400		0
应收账款	1 800			760			2 560	(7)25	(6)500		2 085
其中：应收紫润公司账款	475						475	(7)25	(6)500		0
预付款项	770			400			1 170		(8)100		1 070
其中：预付牡丹公司账款				100			100		(8)100		0
存货	1 000			1 100			2 100		(12)200		1 900
其中：向紫润公司购入存货	1 000						1 000		(12)200		800
债权投资	200						200		(10)200		0
其中：持有紫润公司债券	200						200		(10)200		0
长期股权投资	4 700	(2)796 (4)80	(3)480				5 096		(5)3 396		1 700
其中：对紫润公司投资	3 000	(2)796 (4)80	(3)480				3 396		(5)3 396		0
固定资产	4 100			2 100	100	(1)5	6 295	(14)10 (15)10	(13)30 (16)1		6 284
其中：A办公楼					100	(1)5	95				95
大客车	200						200	(14)10	(13)30		180
小型仓库				108			108	(15)10	(16)1		117
商誉								(5)120			120
应付票据	1 000			400			1 400	(9)400			1 000
其中：应付牡丹公司票据				400			400	(9)400			0
应付账款	3 000			500			3 500	(6)500			3 000
其中：应付牡丹公司账款				500			500	(6)500			0

续表

项目	牡丹公司 报表金额	借方	贷方	紫润公司 报表金额	借方	贷方	合并金额	抵销分录 借方	抵销分录 贷方	少数股东权益	合并金额
预收款项	200						200	(8)100			100
其中:预收紫润公司账款	100						100	(8)100			0
应付债券	600			200			800	(10)200			600
其中:应付牡丹公司债券				200			200	(10)200			0
所有者权益:											
实收资本	4 000			2 000			6 000	(5)2 000			4 000
资本公积	800			1 500		100		(5)1 600			800
其他综合收益		(4)80		100				(5)100			80
盈余公积	1 000			100			1 100	(5)100			1 000
未分配利润	1 200	(3)480	(2)796	300	(1)5		1 811	(5)295 (11)1 000 (13)300 (17)3 500 (12)200 (16)1 (18)20 (19)796 (19)199 (19)0	(11)1 000 (13)270 (17)3 500 (14)10 (18)20 (7)25 (15)10 (19)100 (19)600 (19)295	(19)199	1 330
少数股东权益									(5)819		819

表 8-8 合并资产负债表

编制公司:牡丹公司　　　　　　　　2×21年12月31日　　　　　　　　　　单位:万元

资产	期末余额	年初余额	负债和所有者权益	期末余额	年初余额
流动资产:			流动负债:		
货币资金	1 500		预付票据	1 000	
应收票据	1 300		应付账款	3 000	
应收账款	2 085		预收款项	100	
预付款项	1 070		应付职工薪酬	1 100	
存货	1 900		应交税费	860	
流动资产合计	7 855		流动负债合计	6 060	

续表

资　产	期末余额	年初余额	负债和所有者权益	期末余额	年初余额
			非流动负债：		
非流动资产：			长期借款	2 700	
债权投资	0		应付债券	600	
其他债权投资	800		非流动负债合计	3 300	
长期股权投资	1 700		负债合计	9 360	
固定资产	6 284				
无形资产	630		所有者权益：		
商誉	120		实收资本	4 000	
非流动资产合计	9 534		资本公积	800	
			其他综合收益	80	
			盈余公积	1 000	
			未分配利润	1 330	
			归属于母公司所有者权益合计	7 210	
			少数股东权益	819	
			所有者权益合计	8 029	
资产总计	17 389		负债和所有者权益总计	17 389	

表 8-9　合并利润表

编制单位：牡丹公司　　　　　　2×21 年度　　　　　　　　　　单位：万元

项　目	本年金额	上年金额
一、营业总收入	10 200	
其中：营业收入	10 200	
二、营业总成本	5 378	
其中：营业成本	4 450	
税金及附加	425	
销售费用	25	
管理费用	108	
财务费用	370	
资产减值损失	0	
加：公允价值变动收益(损失以"-"号填列)		
投资收益(损失以"-"号填列)	0	
三、营业利润(亏损以"-"号填列)	4 822	
加：营业外收入		
减：营业外支出	0	
四、利润总额(亏损总额以"-"号填列)	4 822	
减：所得税费用	1 813	

续表

项 目	本年金额	上年金额
五、净利润(净亏损以"-"号填列)	3 009	
归属于母公司所有者的净利润	2 810	
少数股东损益	199	

表 8-10 合并所有者权益变动表

编制单位：牡丹公司　　　　　　　2×21 年度　　　　　　　　　　单位：万元

项 目	归属于母公司所有者权益					少数股东权益	所有者权益合计	上年项目与金额(略)
	实收资本	资本公积	其他综合收益	盈余公积	未分配利润			
一、上年年末余额	4 000	800		732	468		6 000	
加：会计政策变更								
前期差错更正								
二、本年年初余额	4 000	800		732	468	620	6 620	
三、本年增减变动金额(减少以"-"号填列)								
(一)净利润					2 810	199	3 009	
(二)直接计入所有者权益的利得和损失								
(三)其他债权投资公允价值变动净额			80				80	
(四)利润分配				268	1 948			
1.提取盈余公积				268	-268		0	
2.对所有者的分配					-1 680		-1 680	
四、本年年末余额	4 000	800	80	1 000	1 330	819	8 029	

三、合并现金流量表的编制

合并现金流量表是综合反映母公司及其子公司组成的企业集团，在一定会计期间现金流入、现金流出数量以及其增减变动情况的财务报表。合并现金流量表以母公司和子公司的现金流量表为基础，在抵销母公司与子公司、子公司与子公司之间发生内部交易对合并现金流量表的影响后，由母公司编制。

合并现金流量表的格式在一般企业财务报表格式对现金流量列报要求的基础上形成。

在以母公司和子公司个别现金流量表为基础编制合并现金流量表时，需要进行抵销的内容主要有：①母公司与子公司、子公司与子公司之间当期以现金投资或收购股权增加的投资所产生的现金流量；②母公司与子公司、子公司与子公司之间当期取得投资收益收到的现金与分配股利、利润或偿付利息支付的现金;③母公司与子公司、子公司与子公司之间以现金结算债权与债务所产生的现金流量;④母公司与子公司、子公司与子公司之间当期销售商品所产生的现金流量;⑤母公司与子公司、子公司与子公司之间处置固定资产、无形资产和其他长期资产收回的现金净额与购建固定资产、无形资产和其他长期资产支付的现金;⑥母公司与子公司、子公司与子公司之间当期发生的其他内部交易所产生的现金流量。

【例 8-19】沿用例 8-18 相关信息,2×21 年度牡丹公司和紫润公司的现金流量表如表 8-11 所示。根据现金流量表项目,当年牡丹公司和紫润公司存在内部货币资金往来有以下事项。

表 8-11 现金流量表(简表)

2×21 年度　　　　　　　　　　　　　　　　　　　　　　　单位:万元

项　目	牡丹公司	紫润公司
一、经营活动产生的现金流量:		
销售商品、提供劳务收到的现金	7 675	5 990
经营活动现金流入小计	7 675	5 990
购买商品、接受劳务支付的现金	1 420	3 170
支付给职工以及为职工支付的现金	1 100	250
支付的各项税费	1 820	758
支付其他与经营活动有关的现金	45	22
经营活动现金流出小计	4 385	4 200
经营活动产生的现金流量净额	3 290	1 790
二、投资活动产生的现金流量:		
取得投资收益收到的现金	500	
处置固定资产、无形资产和其他长期资产收回的现金净额	120	
投资活动现金流入小计	620	
购建固定资产、无形资产和其他长期资产支付的现金	930	900
取得子公司及其他营业单位支付的现金净额	3 000	
投资活动现金流出小计	3 930	900
投资活动产生的现金流量净额	-3 310	-900
三、筹资活动产生的现金流量:		
分配股利、利润或偿付利息支付的现金	1 980	690
筹资活动现金流出小计	1 980	690
筹资活动产生的现金流量净额	-1 980	-690
四、汇率变动对现金的影响额		
五、现金及现金等价物净增加额	-2 000	200
加:年初现金及现金等价物余额	3 000	300
六、年末现金及现金等价物余额	1 000	500

牡丹公司 2×21 年向紫润公司销售商品的价款 3 500 万元中实际收到紫润公司支付的银

行存款2 600万元。紫润公司还向牡丹公司开具了票面金额为400万元的商业承兑汇票。紫润公司2×21年向牡丹公司销售商品1 000万元的价款全部收到。紫润公司2×21年1月1日向牡丹公司销售商品300万元的价款全部收到。牡丹公司向紫润公司出售固定资产的价款120万元全部收到。

牡丹公司考察2×21年度个别现金流量表及集团内部货币资金往来项目,据此调整和抵销的项目如下。

1. 集团内部当期取得投资收益收到的现金与分配股利、利润或偿付利息支付的现金的抵销。

(20) 借:分配股利、利润或偿付利息支付的现金　　　　　5 000 000
　　　贷:取得投资收益收到的现金　　　　　　　　　　　　　5 000 000

2. 企业集团内部当期销售商品所产生的现金流量的抵销。

(21) 借:购买商品、接受劳务支付的现金　　　　　　　　36 000 000
　　　贷:销售商品、提供劳务收到的现金　　　　　　　　　　36 000 000

(22) 借:购建固定资产、无形资产和其他长期资产支付的现金　3 000 000
　　　贷:销售商品、提供劳务收到的现金　　　　　　　　　　3 000 000

3. 企业集团内部处置固定资产等收回的现金净额与购建固定资产等支付的现金的抵销。

(23) 借:购建固定资产、无形资产和其他长期资产支付的现金　1 200 000
　　　贷:处置固定资产、无形资产和其他长期资产收回的现金　1 200 000

将上述事项计入合并工作底稿如表8-12所示。调整和抵销之后,得到集团公司合并现金流量表如表8-13所示。

表8-12　合并工作底稿(部分)

编制单位:牡丹公司　　　　　　　　　　　　　　　　　　　　　　　单位:万元

项 目	牡丹公司报表金额	借方	贷方	紫润公司报表金额	借方	贷方	合计金额	抵销分录 借方	抵销分录 贷方	少数股东权益	合并金额
(现金流量表项目)											
销售商品、提供劳务收到的现金	7 675			5 990			13 665		(21)3 600 (22)300		9 765
购买商品、接受劳务支付的现金	1 420			3 170			4 590	(21)3 600			900
取得投资收益收到的现金	500						500		(20)500		0
处置固定资产、无形资产和其他长期资产收回的现金净额	120						120		(23)120		0
购建固定资产、无形资产和其他长期资产支付的现金	930			900			1 830	(22)300 (23)120			1 410
分配股利、利润或偿付利息支付的现金	1 980			690			2 670	(20)500			2 170

表 8-13 合并现金流量表

编制单位:牡丹公司　　　　　　2×21 年度　　　　　　单位:万元

项　目	本年金额	上年金额
一、经营活动产生的现金流量:		
销售商品、提供劳务收到的现金	9 765	
经营活动现金流入小计	9 765	
购买商品、接受劳务支付的现金	990	
支付给职工以及为职工支付的现金	1 350	
支付的各项税费	2 578	
支付其他与经营活动有关的现金	67	
经营活动现金流出小计	4 985	
经营活动产生的现金流量净额	4 780	
二、投资活动产生的现金流量:		
取得投资收益收到的现金	0	
处置固定资产、无形资产和其他长期资产收回的现金净额	0	
投资活动现金流入小计	0	
购建固定资产、无形资产和其他长期资产支付的现金	1 410	
取得子公司及其他营业单位支付的现金净额	3 000	
支付其他与投资活动有关的现金		
投资活动现金流出小计	4 410	
投资活动产生的现金流量净额	-4 410	
三、筹资活动产生的现金流量:		
分配股利、利润或偿付利息支付的现金	2 170	
其中:子公司支付给少数股东的股利、利润	120	
筹资活动现金流出小计	2 170	
筹资活动产生的现金流量净额	-2 170	
四、汇率变动对现金的影响		
五、现金及现金等价物净增加额	-1 800	
加:年初现金及现金等价物余额	3 300	
六、年末现金及现金等价物余额	1 500	

四、合并财务报表附注

附注是合并财务报表不可或缺的组成部分,是对在合并资产负债表、合并利润表、合并现金流量表和合并所有者权益变动表等报表中列示项目的文字描述或明细资料,以及对未能在这些报表中列示项目的说明等。

1. 附注披露应满足的基本要求

(1) 附注披露的信息应是定量信息、定性信息的结合，从而能从量和质两个角度对企业经济事项完整地进行反映，满足信息使用者的决策需求。

(2) 附注应当按照一定的结构进行系统合理的排列和分类，有顺序地披露信息。

(3) 附注相关信息应当与合并资产负债表、合并利润表、合并现金流量表和合并所有者权益变动表等报表中列示的项目相互参照，以便从整体上更好地理解财务报表。

2. 企业(母公司)按规定披露合并财务报表附注信息的内容

(1) 公司基本情况。

(2) 财务报表的编制基础。

(3) 重要会计政策及会计估计。

(4) 合并财务报表项目注释。

(5) 合并范围的变更。

(6) 在其他主体中的权益。

(7) 与金融工具相关的风险。

(8) 公允价值的披露。

(9) 关联方及关联交易。

(10) 股份支付。

(11) 承诺及或有事项。

(12) 资产负债表日后事项。

(13) 其他重要事项。

(14) 母公司财务报表主要项目注释。

(15) 补充资料。

8-4 合并财务报表(微课视频)

本章课后练习

一、单项选择题

1. 甲公司、乙公司和丁公司分别持有丙公司 50%、30%和 20%的股份，丙公司相关活动的决策需经股东大会 60%以上表决通过，甲公司与乙公司签署了股份托管协议，乙公司的股权由甲公司代管。则以下会计论断中，正确的是(　　)。

　　A. 甲公司控制丙公司

　　B. 甲公司、乙公司共同控制丙公司

　　C. 甲公司、丁公司共同控制丙公司

　　D. 甲公司、乙公司和丁公司对丙公司均具备重大影响能力

2. 母公司编制投资收益与利润分配的抵销分录时，抵销分录中不可能涉及的项目是(　　)。

　　A. 投资收益　　　B. 未分配利润　　　C. 提取盈余公积　　　D. 少数股东权益

3. 甲公司是乙公司的母公司。2×20 年 6 月 30 日，甲公司将其生产成本为 120 万元的 W 产品以 200 万元的价格销售给乙公司，乙公司将 W 产品作为固定资产核算，预计使用 5

年,预计净残值为0,采用年限平均法计提折旧。不考虑其他因素,该固定资产在甲公司2×21年12月31日合并资产负债表中列示的金额为(　　)万元。

　　A. 72　　　　　　B. 84　　　　　　C. 160　　　　　　D. 140

4. 母公司是投资性主体的,对不纳入合并范围的子公司的投资应按照公允价值进行后续计量。公允价值变动应当计入的财务报表项目是(　　)。

　　A. 公允价值变动收益　　　　　　B. 资本公积
　　C. 投资收益　　　　　　　　　　D. 其他综合收益

5. 乙公司为甲公司的全资子公司,且甲公司无其他子公司。乙公司当年实现净利润500万元,提取盈余公积50万元,宣告分配现金股利150万元,当年甲公司个别利润表中确认投资收益480万元。不考虑其他因素,当年甲公司合并利润表中"投资收益"项目应列示的金额是(　　)万元。

　　A. 330　　　　　　B. 630　　　　　　C. 500　　　　　　D. 480

二、多项选择题

1. 确定对被投资单位能实施控制时,应具备的基本要素包括(　　)。
　　A. 因涉入被投资方而享有可变回报
　　B. 拥有对被投资方的权力
　　C. 有能力运用对被投资方的权力影响其回报金额
　　D. 投资方与被投资方是否发生关联方交易

2. 母公司在编制合并财务报表前,对子公司所采用会计政策与其不一致的情形进行的下列会计处理中,正确的有(　　)。
　　A. 按照子公司的会计政策另行编报母公司的财务报表
　　B. 要求子公司按照母公司的会计政策另行编报子公司的财务报表
　　C. 按照母公司自身的会计政策对子公司财务报表进行必要的调整
　　D. 按照子公司的会计政策对母公司自身财务报表进行必要的调整

3. 下列有关合并财务报表的表述,正确的有(　　)。
　　A. 在确定能否控制被投资单位时,应当考虑企业和其他企业持有的被投资单位的当期可转换公司债券、当期可执行的认股权证等潜在表决权因素
　　B. 企业只要持有被投资单位半数以上表决权,就拥有对被投资单位的权力
　　C. 在编制合并财务报表时,母公司应在合并工作底稿中按照权益法调整对子公司的长期股权投资,编制相关调整分录
　　D. 将子公司向母公司销售存货相关的销售收入、销售成本以及其入账价值中包含的未实现内部销售损益予以抵销

4. 关于母公司在报告期增减子公司对编制合并报表的影响,下列说法正确的有(　　)。
　　A. 因同一控制下企业合并增加的子公司,在编制合并现金流量表时,应当将该子公司合并当期期初至报告期末的现金流量纳入合并现金流量表
　　B. 母公司在报告期内处置子公司,应将该子公司处置日至期末的现金流量纳入合并现金流量表
　　C. 因非同一控制下企业合并增加的子公司,在期末编制合并利润表时,应当将该子公司合并当期期初至报告期末的收入、费用、利润纳入合并利润表

D. 母公司在报告期内处置子公司，编制合并资产负债表时，不应当调整合并资产负债表的期初数

5. 下列各项中，企业编制合并财务报表时，需要进行抵销处理的有（　　）。
   A. 母公司对子公司长期股权投资与其对应的子公司所有者权益中所享有的份额
   B. 母公司向子公司转让无形资产价款中包含的未实现内部销售损益
   C. 子公司向母公司销售商品价款中包含的未实现内部销售利润
   D. 母公司和子公司之间的债权与债务

三、判断题

1. 一个企业如果没有对外长期股权投资，则不存在合并财务报表的编制问题。（　　）
2. 母公司应当将其全部子公司(不包括母公司所控制的被投资单位可分割部分)纳入合并范围。（　　）
3. 当母公司由投资性主体转变为非投资性主体时，应仅将为其投资活动提供相关服务的子公司纳入合并财务报表范围，对其他子公司不再予以合并。（　　）
4. 合并财务报表中，少数股东权益项目的列报金额不能为负数。（　　）
5. 编制合并现金流量表时，应当将母公司从全资子公司取得投资收益收到的现金与子公司分配股利支付的现金进行抵销。（　　）

四、业务题

1. 甲公司是乙公司的母公司，持有乙公司60%的股份。该合并于2×21年1月1日发生，初始成本为1 800 000元，以银行存款支付。合并日乙公司所有者权益的公允价值为2 050 000元，账面价值为2 000 000元(其中，股本为1 000 000元，资本公积为500 000元，盈余公积为300 000元，未分配利润为200 000元)。甲公司备查账簿中记录乙公司某项固定资产账面价值为500 000元，公允价值为530 000元；某项无形资产账面价值为170 000元，公允价值为190 000元；固定资产和无形资产的折旧及摊销年限均为10年。乙公司其他资产的账面价值与公允价值相同。2×10年乙公司实现净利润300 000元，按净利润的10%提取法定盈余公积30 000元，按净利润的50%向投资者分派现金股利150 000元。该合并属于非同一控制下的企业合并。

要求：
(1) 编制甲公司取得股权时的分录以及调整公允价值的分录。
(2) 长期股权投资由成本法调整为权益法的调整分录。
(3) 计算甲公司调整后的"长期股权投资——乙公司"项目的金额。
(4) 编制甲公司权益性投资与乙公司所有者权益的抵销分录。
(5) 编制甲公司投资收益有关的抵销分录。

2. 甲公司与其子公司乙、丙之间发生了下列内部存货交易。

(1) 2×21年5月6日，甲公司向乙公司销售A商品600 000元，毛利率为20%，款项以银行存款结算；当年乙公司从甲公司购入的A商品对集团外销售70%，售价为550 000元，其余商品尚未销售。

(2) 2×21年8月12日，甲公司向丙公司销售B商品300 000元，毛利率为15%，款项以银行存款结算；丙公司将所购商品在2×21年12月31日前全部销售给集团外某公司。

(3) 2×22 年 6 月 30 日，乙公司将 2×21 年 5 月 6 日从甲公司购入的剩余 30%的 A 商品对集团外销售，售价为 250 000 元，甲公司与乙公司之间未发生其他内部存货交易。

假设上述售价均为不含税价格。

要求：编制甲公司 2×21 年和 2×22 年与内部存货交易相关的抵销分录。

3. 2×21 年甲公司与其全资子公司乙公司之间发生了下列内部交易。

(1) 1 月 19 日，甲公司向乙公司销售 A 商品 300 000 元，毛利率为 15%，款项已存入银行。乙公司将所购商品作为管理用固定资产使用，该固定资产预计使用年限为 5 年，预计净残值为 0，从 2×21 年 2 月起计提折旧。

(2) 5 月 12 日，甲公司向乙公司销售 B 商品 160 000 元，毛利率为 20%，收回银行存款 80 000 元，其余款项尚未收回(应收账款)；乙公司从甲公司购入的商品中 60 000 元已在 2×21 年 12 月 31 日前实现销售，其余尚未销售。

(3) 12 月 31 日，甲公司对其应收账款计提了 10%的坏账准备。

要求：根据上述资料编制甲公司 2×21 年度合并工作底稿中的抵销分录。

8-5　本章课后练习答案　　　8-6　业务题 8-1 讲解(微课视频)

第九章 股份支付

【学习目标】
- 理解股份支付的含义、特征、分类。
- 理解支付的环节、时点及可行权条件的种类。
- 了解权益工具公允价值的确定。
- 掌握两种不同结算方式的股份支付的确认与计量原则及其会计处理。

【学习内容】
- 股份支付的环节与类型。
- 股份支付的确认与计量。

【学习重点】
- 股份支付的环节。
- 股份支付的确认与计量原则。
- 两种结算方式股份支付的异同。

【学习难点】

两种股份支付的确认与计量。

【准则依据】

《企业会计准则第11号——股份支付》。

9-1 《企业会计准则第11号——股份支付》(拓展阅读)

第一节 股份支付概述

一、股份支付的定义和特征

股份支付,是"以股份为基础的支付"的简称,是指企业为获取职工和其他方提供服务而授予权益工具或者承担以权益工具为基础确定的负债的交易。

股份支付具有以下几个特征。

(1) 股份支付是企业与职工或其他方之间发生的交易。以股份为基础的支付可能发生在企业与股东之间、合并交易中的合并方与被合并方之间或者企业与其职工之间，只有发生在企业与其职工或向企业提供服务的其他方之间的交易，才可能符合股份支付的定义。

(2) 股份支付是以获取职工或其他方服务为目的的交易。在股份支付交易中，企业旨在获取其职工或其他方提供的服务(费用)或取得这些服务的权利(资产)。企业获取这些服务或权利的目的是用于其正常生产经营，不是转手获利等。

(3) 股份支付交易的对价或其定价与企业自身权益工具未来的价值密切相关。这是股份支付交易与企业与其职工间其他类型交易的最大不同。在股份支付中，企业要么向职工支付其自身权益工具，要么向职工支付一笔现金，而其金额的高低取决于结算时企业自身权益工具的公允价值。

二、股份支付的四个主要环节

以薪酬性股票期权为例，典型的股份支付通常涉及四个主要环节：授予、可行权、行权和出售，如图9-1所示。

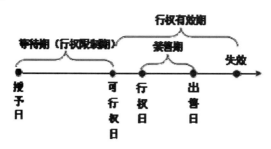

图 9-1 典型的股份支付交易环节示意图

1. 授予日

授予日是指股份支付协议获得批准的日期。其中，"获得批准"是指企业与职工或其他方就股份支付的协议条款和条件已达成一致，该协议获得股东大会或类似机构的批准。这里的"达成一致"，是指在双方对该计划或协议内容充分形成一致理解的基础上，均接受其条款和条件。如果按照相关法规的规定，在提交股东大会或类似机构之前存在必要程序或要求，则应履行该程序或满足该要求。

2. 可行权日

可行权日是指可行权条件得到满足、职工或其他方具有从企业取得权益工具或现金权利的日期。有的股份支付协议是一次性可行权，有的则是分批可行权。只有可行权的股票期权，才是职工真正拥有的"财产"，才能去择机行权。从授予日至可行权日的时段，是可行权条件得到满足的期间，因此称为"等待期"，又称"行权限制期"。

3. 行权日

行权日是指职工和其他方行使权利、获取现金或权益工具的日期。例如，持有股票期权的职工行使了以特定价格购买一定数量本公司股票的权利，该日期即为行权日。行权是按期权的约定价格实际购买股票，一般是在可行权日之后到期权到期日之前的可选择时段内行权。

4. 出售日

出售日是指股票的持有人将行使期权所取得的期权股票出售的日期。按照我国法规规定，用于期权激励的股份支付协议，应在行权日与出售日之间设立禁售期，其中国有控股上市公司的禁售期不得低于两年。

三、股份支付的主要类型

按照股份支付的方式和工具类型，主要可划分为两大类四小类。

(一)以权益结算的股份支付

以权益结算的股份支付，是指企业为获取服务而以股份或其他权益工具作为对价进行结算的交易。以权益结算的股份支付最常用的工具有两类：限制性股票和股票期权。

1. 限制性股票

限制性股票是指职工或其他方按照股份支付协议规定的条款和条件，从企业获得一定数量的本企业股票。企业授予职工一定数量的股票，在一个确定的等待期内或在满足特定业绩指标之前，职工出售股票要受到持续服务期限条款或业绩条件的限制。

2. 股票期权

股票期权是指企业授予职工或其他方在未来一定期限内以预先确定的价格和条件购买本企业一定数量股票的权利。

(二)以现金结算的股份支付

以现金结算的股份支付，是指企业为获取服务而承担的以股份或其他权益工具为基础计算的交付现金或其他资产的义务的交易。以现金结算的股份支付最常用的工具有两类：模拟股票和现金股票增值权。

1. 模拟股票

模拟股票是指企业授予激励对象的一种虚拟股票，激励对象可以据此享有一定数量的分红和股价升值收益，但不拥有股票的所有权和表决权，也不能对其进行转让和出售。虚拟股票在激励对象离开企业时自动失效。

2. 股份增值权

股份增值权是指企业给予激励对象的一种权利。这种权利使激励对象在规定的时间内获得规定数量的股份价格上升所带来的收益，但激励对象不拥有这些股份的所有权、表决权和配股权。激励对象在行权时，通常是从企业获得与股份升值收益等值的现金。

第二节 股份支付的确认和计量

一、股份支付的确认和计量原则

(一)权益结算的股份支付的确认和计量原则

1. 换取职工服务的股份支付的确认和计量原则

对于换取职工服务的股份支付,企业应当以股份支付所授予的权益工具的公允价值计量。企业应在等待期内的每个资产负债表日,以对可行权权益工具数量的最佳估计为基础,按照权益工具在授予日的公允价值,将当期取得的服务计入相关资产成本或当期费用,同时计入资本公积中的其他资本公积。

对于授予后立即可行权的换取职工提供服务的权益结算的股份支付(如授予限制性股票的股份支付),应在授予日按照权益工具的公允价值,将取得的服务计入相关资产成本或当期费用,同时计入资本公积中的股本溢价。

2. 换取其他方服务的股份支付的确认和计量原则

对于换取其他方服务的股份支付,企业应当以股份支付所换取的服务的公允价值计量。企业应当按照其他方服务在取得日的公允价值,将取得的服务计入相关资产成本或费用。

如果其他方服务的公允价值不能可靠计量,但权益工具的公允价值能够可靠计量,企业应当按照权益工具在服务取得日的公允价值,将取得的服务计入相关资产成本或费用。

3. 权益工具公允价值无法可靠确定时的处理

在极少数情况下,授予权益性工具的公允价值无法可靠计量,企业应在获取服务的时点、后续的每个资产负债表日和结算日,以内在价值计量该权益工具,内在价值的变动应计入当期损益。同时,企业应以最终可行权或实际行权的权益工具数量为基础,确认取得服务的金额。内在价值是指交易双方有权认购或取得的股份的公允价值,与其按照股份支付协议应当支付的价格间的差额。

企业对上述以内在价值计量的已授予权益工具进行结算时,应当遵循以下要求。

(1) 结算发生在等待期内的,企业应当将结算作为加速可行权处理,即立即确认本应于剩余等待期内确认的服务金额。

(2) 结算时支付的款项应当作为回购该工具处理,即减少所有者权益,结算支付的款项高于该权益工具在回购日内在价值的部分,计入当期损益。

(二)现金结算的股份支付的确认和计量原则

企业应当在等待期内的每个资产负债表日,以对可行权情况的最佳估计为基础,按照企业承担负债的公允价值,将当期取得的服务计入相关资产成本或当期费用,同时计入负债,并在结算前的每个资产负债表日和结算日对负债的公允价值重新计算,将其变动计入损益。

对于授予后立即可行权的现金结算的股份支付(如授予虚拟股票或业绩股票的股份支付),企业应当在授予日按照企业承担负债的公允价值计入相关资产成本或费用,同时计入负债,并在结算前的每个资产负债表日和结算日对负债的公允价值重新计量,将其变动计入损益。

二、可行权条件的种类、处理和变更

股份支付中通常涉及可行权条件。可行权条件是指能够确定企业是否得到职工或其他方提供的服务，且该服务使职工或其他方具有获取股份支付协议规定的权益工具或现金等权利的条件。反之，为非可行权条件。可行权条件包括服务期限制条件和业绩条件。在满足这些条件之前，职工或其他方无法获取股份。

(一)市场条件和非市场条件及其处理

业绩条件是指企业达到特定业绩目标的条件，具体包括市场条件和非市场条件。

市场条件是指行权价格、可行权条件以及行权可能性与权益工具的市场价格相关的业绩条件，如股份支付协议中关于股价上升至何种水平职工可相应地取得多少股份的规定。企业在确定权益工具在授予日的公允价值时，应考虑市场条件的影响，而不考虑非市场条件的影响；市场条件是否得到满足，不影响企业对预计可行权情况的估计。

非市场条件是指除市场条件之外的其他业绩条件，如股份支付协议中关于达到最低盈利目标或销售目标才可行权的规定。对于可行权条件为业绩条件的股份支付，在确定权益工具的公允价值时，应考虑市场条件的影响，只要职工满足了其他所有非市场条件，企业就应当确认已取得的服务。

市场条件与非市场条件处理的比较如图 9-2 所示。

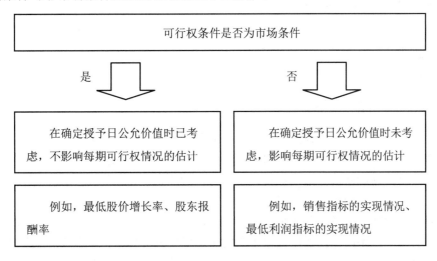

图 9-2 市场条件与非市场条件处理的比较

【例 9-1】2×20 年 1 月，为奖励并激励高管，上市公司 A 公司与其管理层成员签署了股份支付协议，规定如果管理层成员在其后 3 年中都在公司中任职服务，并且公司股价每年均提高 10%以上，管理层成员即可以低于市价的价格购买一定数量的本公司股票。

同时作为协议的补充，公司把全体管理层成员的年薪提高了 50 000 元，但公司将这部分年薪按月存入公司专门建立的内部基金，3 年后，管理层成员可用属于其个人的部分抵减未来行权时支付的购买股票款项。如果管理层成员决定退出这项基金，可随时全额提取。A 公司以期权定价模型估计授予的此项期权在授予日的公允价值为 6 000 000 元。

在授予日,A 公司估计 3 年内管理层离职的比例为每年 10%;第二年年末,A 公司调整其估计离职率为 5%;到第三年年末,公司实际离职率为 6%。

在第一年中,公司股价提高了 10.5%,第二年提高了 11%,第三年提高了 6%。公司在第一年年末、第二年年末均预计下一年能够实现当年股价增长 10%以上的目标。

请问:此例中涉及哪些条款和条件?A 公司应如何处理?

分析:如果不同时满足服务 3 年和公司股价年增长 10%以上的要求,管理层成员就无权行使其股票期权,因此两者都属于可行权条件,其中服务满 3 年是一项服务期限条件,10%的股价增长要求是一项市场业绩条件。虽然公司要求管理层成员将部分薪金存入统一账户进行保管,但不影响其可行权,因此统一账户条款不是可行权条件。

按照股份支付准则的规定,第一年年末确认的服务费用为:

6 000 000×1/3×90% = 1 800 000(元)

第二年年末累计确认的服务费用为:

6 000 000×2/3×95%= 3 800 000(元)

第三年年末累计应确认的服务费用为:

6 000 000×94%= 5 640 000(元)

由此,第二年应确认的费用为:

3 800 000-1 800 000=2 000 000(元)

第三年应确认的费用为:

5 640 000-3 800 000=1 840 000(元)

最后,94%的管理层成员满足了市场条件之外的全部可行权条件。尽管股价年增长 10%以上的非市场条件未得到满足,A 公司在第三年的年末也均确认了收到的管理层提供的服务,并相应确认了费用。

(二)可行权条件的修改

通常情况下,股份支付协议生效后,不应对其条款和条件随意修改。但在某些情况下,可能需要修改授予权益工具的股份支付协议中的条款和条件。例如,股票除权、除息或者其他原因需要调整行权价格或股票期权数量。此外,为取得更佳的激励效果,有关法规也允许企业依据股份支付协议的规定,调整行权价格或股票期权数量,但应当由董事会作出决议并经股东大会审议批准,或者由股东大会授权董事会决定。

在会计核算上,无论已授予的权益工具的条款和条件如何修改,甚至取消权益工具的授予或结算该权益工具,企业都应至少确认按照所授予的权益工具在授予日的公允价值来计量获取的相应服务,除非因不能满足权益工具的可行权条件(除市场条件外)而无法可行权。

1. 条款和条件的有利修改

企业应当分以下情况,确认导致股份支付公允价值总额升高以及其他对职工有利的修改的影响。

(1) 如果修改增加了所授予的权益工具的公允价值,企业应按照权益工具公允价值的增加相应地确认取得服务的增加。权益工具公允价值的增加,是指修改前后的权益工具在修改日的公允价值之间的差额。

(2) 如果修改增加了所授予的权益工具的数量，企业应将增加的权益工具的公允价值相应地确认为取得服务的增加。

(3) 如果企业按照有利于职工的方式修改可行权条件，如缩短等待期、变更或取消业绩条件(非市场条件)，企业在处理可行权条件时，应当考虑修改后的可行权条件。

2. 条款和条件的不利修改

如果企业以减少股份支付公允价值总额的方式或其他不利于职工的方式修改条款和条件，企业仍应继续对取得的服务进行会计处理，如同该变更从未发生，除非企业取消了部分或全部已授予的权益工具，具体包括以下几种情况。

(1) 如果修改减少了授予的权益工具的公允价值，企业应当继续以权益工具在授予日的公允价值为基础，确认取得服务的金额，而不应考虑权益工具公允价值的减少。

(2) 如果修改减少了授予的权益工具的数量，企业应当将减少部分作为已授予的权益工具的取消来进行处理。

(3) 如果企业以不利于职工的方式修改了可行权条件，如延长等待期、增加或变更业绩条件(非市场条件)，企业在处理可行权条件时，不应考虑修改后的可行权条件。

3. 取消或结算

如果企业在等待期内取消了所授予的权益工具或结算了所授予的权益工具(因未满足可行权条件而被取消的除外)，企业应当注意以下几方面。

(1) 将取消或结算作为加速可行权处理，立即确认原本应在剩余等待期内确认的金额。

(2) 在取消或结算时支付给职工的所有款项均应作为权益的回购处理，回购支付的金额高于该权益工具在回购日公允价值的部分，计入当期费用。

(3) 如果向职工授予新的权益工具，并在新的权益工具授予日认定所授予的新的权益工具是用于替代被取消的权益工具的，企业应以与处理原权益工具条款和条件修改相同的方式，对所授予的替代权益工具进行处理。权益工具公允价值的增加，是指在替代权益工具的授予日，替代权益工具公允价值与被取消的权益工具净公允价值之间的差额。被取消的权益工具的净公允价值，是指其在被取消前立即计量的公允价值减去因取消原权益工具而作为权益回购支付给职工的款项。如果企业未将新授予的权益工具认定为替代权益工具，则应将其作为一项新授予的股份支付进行处理。

企业如果回购其职工已可行权的权益工具，应当借记所有者权益，回购支付的金额高于该权益工具在回购日公允价值的部分，计入当期费用。

三、权益工具公允价值的确定

股份支付中权益工具的公允价值的确定，应当以市场价格为基础。一些股份和股票期权并没有一个活跃的交易市场，在这种情况下，应当考虑估值技术。通常情况下，企业应当按照《企业会计准则第 22 号——金融工具确认和计量》的有关规定确定权益工具的公允价值，并根据股份支付协议的条款进行调整。

(一)股份

对于授予员工的股份,企业应按照其股份的市场价格计量。如果其股份未公开交易,则应考虑其条款和条件估计其市场价格。例如,如果股份支付协议规定了期权股票的禁售期,则会对可行权日后市场参与者愿意为该股票支付的价格产生影响,并进而影响该股票期权的公允价值。

(二)股票期权

对于授予职工的股票期权,因其通常受到一些不同于交易期权的条款和条件的限制,因而在许多情况下难以获得其市场价格。如果不存在条款和条件相同的交易期权,就应通过期权定价模型来估计所授予的期权的公允价值。

在选择适用的期权定价模型时,企业应考虑熟悉情况和资源的市场参与者将会考虑的因素。所有适用于估计授予职工期权的定价模型至少应考虑以下因素。

1. 期权定价模型的输入变量的估计

在估计基础股份的预计波动率和股利时,目标是尽可能接近当前市场或协议价格所反映的价格预期。通常情况下,对于未来波动率、股利和行权行为的预期存在一个合理的区间。这时应将区间内的每项可能数额乘以其发生概率,加权计算上述输入变量的期望值。

2. 预计提早行权

出于各种原因,职工经常在期权失效日之前提早行使股票期权。考虑预计提早行权对期权公允价值的影响的具体方法,取决于所采用的期权定价模型的类型。但无论采用何种方法,估计提早行权时都要考虑以下因素。

(1) 等待期的长度。

(2) 以往发行在外的类似期权的平均存续时间。

(3) 基础股份的价格(有时根据历史经验,职工在股价超过行权价格达到特定水平时倾向于行使期权)。

(4) 职工在企业中所处的层级(有时根据历史经验,高层职工倾向于较晚行权)。

(5) 基础股份的预计波动率(一般而言,职工倾向于更早地行使高波动率的股份的期权)。

3. 预计波动率

预计波动率是对预期股份价格在一个期间内可能发生的波动金额的度量。期权定价模型中所用的波动率的量度,是一段时间内股份的连续复利回报率的年度标准差。波动率通常以年度表示,而不管计算时使用的是何种时间跨度基础上的价格,如每日、每周或每月的价格。一个期间股份的回报率(可能是正值也可能是负值)衡量了股东从股份的股利和价格涨跌中受益的多少。股份的预计年波动率是指一个范围(置信区间),连续复利年回报率预期处在这个范围内的概率大概为 2/3(置信水平)。估计预计波动率要考虑以下因素。

(1) 如果企业有股票期权或其他包括期权特征的交易工具(如可转换公司债券)的买卖,则应考虑这些交易工具所内含的企业股价波动率。

(2) 在与期权的预计期限(考虑期权剩余期限和预计提早行权的影响)大体相当的最近一个期间内企业股价的历史波动率。

(3) 企业股份公开交易的时间。与上市时间更久的类似企业相比，新上市企业的历史波动率可能更大。

(4) 波动率向其均值(即其长期平均水平)回归的趋势，以及表明预计未来波动率可能不同于以往波动率的其他因素。有时，企业股价在某一特定期间因为特定原因剧烈波动，如收购要约或重要重组失败，则在计算历史平均年度波动率时，可剔除这个特殊期间。

(5) 获取价格要有恰当且规则的间隔。价格的获取在各期应保持一贯性。例如，企业可用每周收盘价或每周最高价，但不应在某些周用收盘价、某些周用最高价。再如，获取价格时应使用与行权价格相同的货币来表示。

除了上述考虑因素外，如果企业因新近上市而没有关于历史波动率的充分信息，应按可获得交易活动数据的最长期间计算其历史波动率，也可考虑类似企业在类似阶段可比期间的历史波动率。如果企业是非上市企业，在估计预计波动率时没有历史信息可循，可考虑以下替代因素。

(1) 在某些情况下，定期向其员工(或其他方)发行期权或股份的非上市企业，可能已为其股份设立了一个内部"市场"。估计预计波动率时可以考虑这些"股价"的波动率。

(2) 如果上述方法不适用，而企业以类似上市企业股价为基础估计其自身股份的价值，企业可考虑类似上市企业股价的历史或内含波动率。

(3) 如果企业未以类似上市企业股价为基础估计其自身股份价值，而是采用了其他估价方法对自身股份进行估价，则企业可推导出一个与该估价方法基础一致的预计波动率估计数。

4. 预计股利

计量所授予的股份或期权的公允价值时是否应当考虑预计股利，取决于被授予方是否有权取得股利或股利等价物。

如果职工被授予期权，并有权在授予日和行权日之间取得基础股份的股利或股利等价物(可现金支付，也可抵减行权价格)，所授予的期权应当像不支付基础股份的股利那样进行估价，即预计股利的输入变量应为零。相反，如果职工对等待期内或行权日前的股利或股利等价物没有要求权，对股份或期权在授予日公允价值的估计就应考虑预计股利因素。一般来说，预计股利应以公开可获得的信息为基础。不支付股利且没有支付股利计划的企业应假设在预计期限内开始支付股利，可使用其历史股利收益率(零)与大致可比的同类企业的股利收益率的平均数。

5. 无风险利率

无风险利率一般是指期权行权价格以该货币表示的、剩余期限等于被估计期权的预计期限(基于期权的剩余合同期限，并考虑预计提早行权的影响)的零息国债当前可获得的内含收益率。如果没有此类国债，或环境表明零息国债的内含收益率不能代表无风险利率，应使用适当的替代利率。

此外，企业选择的期权定价模型还应考虑熟悉情况和自愿的市场参与者在确定期权价格时会考虑的其他因素，但不包括那些在确定期权公允价值时不考虑的可行权条件和再授予特征因素。确定授予职工的股票期权的公允价值，还需要考虑提早行权的可能性。

四、股份支付的会计处理

股份支付的会计处理必须以完整、有效的股份支付协议为基础。

(一)授予日

除了立即可行权的股份支付外,无论是权益结算的股份支付还是现金结算的股份支付,企业在授予日均不做会计处理。

(二)等待期内的每个资产负债表日

企业应当在等待期内的每个资产负债表日,将取得职工或其他方提供的服务计入成本费用,同时确认所有者权益或负债。对于附有市场条件的股份支付,只要职工满足了其他所有非市场条件,企业就应当确认已取得的服务。

在等待期内,业绩条件为非市场条件的,如果后续信息表明需要调整对可行权情况的估计的,应对前期估计进行修改。

在等待期内每个资产负债表日,企业应将取得的职工提供的服务计入成本费用,计入成本费用的金额应当按照权益工具的公允价值计量。

对于权益结算的涉及职工的股份支付,应当按照授予日权益工具的公允价值计入成本费用和资本公积(其他资本公积),不确认其后续公允价值变动;对于现金结算的涉及职工的股份支付,应当按照每个资产负债表日权益工具的公允价值重新计量,确定成本费用和应付职工薪酬。

对于授予的存在活跃市场的期权等权益工具,应当按照活跃市场中的报价确定其公允价值。对于授予的不存在活跃市场的期权等权益工具,应当采用期权定价模型等估值技术确定其公允价值。

在等待期内每个资产负债表日,企业应当根据最新取得的可行权职工人数变动等后续信息作出最佳估计,修正预计可行权的权益工具数量。在可行权日,最终预计可行权权益工具的数量应当与实际可行权权益工具的数量一致。

根据上述权益工具的公允价值和预计可行权的权益工具数量,计算截至当期累计应确认的成本费用金额,再减去前期累计已确认金额作为当期应确认的成本费用金额。

(三)可行权日之后

对于权益结算的股份支付,在可行权日之后不再对已确认的成本费用和所有者权益的总额进行调整。企业应在行权日根据行权情况,确定股本和股本溢价,同时结转等待期内确认的资本公积(其他资本公积)。

对于现金结算的股份支付,企业在可行权日之后不再确认成本费用,负债(应付职工薪酬)公允价值的变动应当计入当期损益(公允价值变动损益)。

(四)回购股份进行职工期权激励

企业以回购股份形式奖励本企业职工的,属于权益结算的股份支付。企业回购股份时,应按回购股份的全部支出作为库存股处理,同时进行备查登记。按照《企业会计准则第 11

号——股份支付》对职工权益结算股份支付的规定,企业应当在等待期内每个资产负债日按照权益工具在授予日的公允价值,将取得的职工服务计入成本费用,同时增加资本公积(其他资本公积)。在职工行权购买本企业股份时,企业应转销交付职工的库存股成本和等待期内资本公积(其他资本公积)累计金额,同时按照其差额调整资本公积(股本溢价)。

五、股份支付会计处理的应用举例

(一)附服务年限条件的权益结算股份支付

【例9-2】爱杉公司为一上市公司。2×20年1月1日,爱杉公司向其200名管理人员每人授予100股股票期权,这些职员从2×20年1月1日起在该公司连续服务3年,即可以5元每股的价格购买100股爱杉公司股票,从而获益。公司估计该期权在授予日的公允价值为18元。

第一年有20名职员离开爱杉公司,公司估计三年中离开的职员的比例将达到20%;第二年又有10名职员离开公司,公司将估计的职员离开比例修正为15%;第三年又有15名职员离开。

1. 费用和资本公积计算过程如表9-1所示。

表9-1 爱杉公司2×20—2×22年费用和资本公积计算过程

单位:元

年 份	计 算	当期费用	累计费用
2×20	200×100×(1-20%)×18×1/3	96 000	96 000
2×21	200×100×(1-15%)×18×2/3-96 000	108 000	204 000
2×22	155×100×18-204 000	75 000	279 000

2. 账务处理如下。

(1) 2×20年1月1日。

授予日不做账务处理。

(2) 2×20年12月31日。

借:管理费用　　　　　　　　　　　　　　　　96 000
　　贷:资本公积——其他资本公积　　　　　　　　96 000

(3) 2×21年12月31日。

借:管理费用　　　　　　　　　　　　　　　　108 000
　　贷:资本公积——其他资本公积　　　　　　　　108 000

(4) 2×22年12月31日。

借:管理费用　　　　　　　　　　　　　　　　75 000
　　贷:资本公积——其他资本公积　　　　　　　　75 000

(5) 假设全部155名职员都在2×23年12月31日行权,爱杉公司股份面值为1元。

借:银行存款　　　　　　　　　　　　　　　　77 500
　　资本公积——其他资本公积　　　　　　　　　279 000
　　贷:股本　　　　　　　　　　　　　　　　　15 500
　　　　资本公积——资本溢价　　　　　　　　　341 000

(二)附非市场业绩条件的权益结算股份支付

【例9-3】2×20年1月1日,喜达公司为其100名管理人员每人授予100份股票期权:第一年年末的可行权条件为企业净利润增长率达到20%;第二年年末的可行权条件为企业净利润两年平均增长15%;第三年年末的可行权条件为企业净利润三年平均增长10%。每份期权在2×20年1月1日的公允价值为24元。

2×20年12月31日,权益净利润增长了18%,同时有8名管理人员离开,企业预计2×21年将以同样的速度增长,因此预计将于2×21年12月31日可行权。另外,企业预计2×21年12月31日又将有8名管理人员离开企业。

2×21年12月31日,企业净利润仅增长了10%,因此无法达到可行权状态。另外,当年实际有10名管理人员离开,预计第三年将有12名管理人员离开企业。

2×22年12月31日,企业净利润增长了8%,三年平均增长率为12%,因此达到可行权状态。当年有8名管理人员离开。

分析:

按照股份支付会计准则,本例中的可行权条件是一项非市场业绩条件。

第一年年末,虽然没能实现净利润增长20%的要求,但公司预计下一年将以同样速度增长,因此能实现两年平均年增长15%的要求,所以公司将其预计等待期调整为2年。由于有8名管理人员离开,公司同时调整了期满(两年)后预计可行权期权的数量(100-8-8)。

第二年年末,虽然两年实现15%增长的目标再次落空,但公司仍然估计能够在第三年取得较理想的业绩,从而实现三年平均增长10%的目标,所以公司将其预计等待期调整为3年。由于第二年有10名管理人员离开,高于预计数字,因此公司相应调增了第三年预计离开的人数(100-8-10-12)。

第三年年末,目标实现,实际离开人数为8人。公司根据实际情况确定累计费用,并据此确认了第三年费用和调整。

费用和资本公积计算过程如表9-2所示。

表9-2 喜达公司2×20—2×22年费用和资本公积计算过程表

单位:元

年 份	计 算	当期费用	累计费用
2×20	(100-8-8)×100×24×1/2	100 800	100 800
2×21	(100-8-10-12)×100×24×2/3-100 800	11 200	112 000
2×22	(100-8-10-8)×100×24-112 000	65 600	177 600

相关会计处理如下。

(1) 2×20年1月1日。

授予日不做账务处理。

(2) 2×20年12月31日。

借: 管理费用　　　　　　　　　　　　　　　　100 800
　　贷: 资本公积——其他资本公积　　　　　　　　　100 800

(3) 2×21年12月31日。

借: 管理费用　　　　　　　　　　　　　　　　11 200

  贷：资本公积——其他资本公积   11 200
(4) 2×22 年 12 月 31 日。
  借：管理费用   65 600
    贷：资本公积——其他资本公积   65 600

(三)现金结算的股份支付

【例 9-4】2×20 年年初,胜祥公司为其 200 名中层以上职员每人授予 100 份现金股票增值权,这些职员从 2×20 年 1 月 1 日起在该公司连续服务 3 年,即可按照当时股价的增长幅度获得现金,该增值权应在 2×24 年 12 月 31 日之前行使。胜祥公司估计,该增值权在负债结算之前的每一资产负债表日以及结算日的公允价值和可行权后的每份增值权现金支出额如表 9-3 所示。

表 9-3 股票增值权的公允价值行权付现一览表

单位：元

年 份	公允价值	支付现金
2×20	14	
2×21	15	
2×22	18	16
2×23	21	20
2×24		25

  第一年有 20 名职员离开胜祥公司,该公司估计三年中还将有 15 名职员离开;第二年又有 10 名职员离开公司,公司估计还将有 10 名职员离开;第三年又有 15 名职员离开。第三年年末,有 70 人行使股份增值权取得了现金。第四年年末,有 50 人行使了股份增值权。第五年年末,剩余 35 人也行使了股份增值权。

  1. 各年负债和费用计算过程如表 9-4 所示。

表 9-4 胜祥公司 2×20—2×24 年负债和费用计算过程

单位：元

年 份	期末负债计算(1)	支付现金计算(2)	当期费用(3)
2×20	(200-35)×100×14×1/3=77 000		77 000
2×21	(200-40)×100×15×2/3=160 000		83 000
2×22	(200-45-70)×100×18=153 000	70×100×16=112 000	105 000
2×23	(200-45-70-50)×100×21=73 500	50×100×20=100 000	20 500
2×24	0	35×100×25=87 500	14 000
总额		299 500	299 500

  其中：当年(1)-上年(1)+当年(2)=当年(3)。
  2. 账务处理如下。
  (1) 2×20 年 12 月 31 日。

借：管理费用 77 000
　　贷：应付职工薪酬——股份支付 77 000

(2) 2×21年12月31日。
借：管理费用 83 000
　　贷：应付职工薪酬——股份支付 83 000

(3) 2×22年12月31日。
借：管理费用 105 000
　　贷：应付职工薪酬——股份支付 105 000
借：应付职工薪酬——股份支付 112 000
　　贷：银行存款 112 000

(4) 2×23年12月31日。
借：公允价值变动损益 20 500
　　贷：应付职工薪酬——股份支付 20 500
借：应付职工薪酬——股份支付 100 000
　　贷：银行存款 100 000

(5) 2×24年12月31日。
借：公允价值变动损益 14 000
　　贷：应付职工薪酬——股份支付 14 000
借：应付职工薪酬——股份支付 87 500
　　贷：银行存款 87 500

六、股份支付的信息披露

与股份支付相关的信息披露包括表内披露和报表附注中的披露。

(一)表内披露

股份支付中在资产负债表日确认的资产成本应在资产负债表中列示，费用则应在利润表中列示。权益结算的股份支付确认的资本公积在资产负债表中的所有者权益列示，现金结算的股份支付确认的应付职工薪酬在资产负债表中的流动负债列示。

(二)报表附注中的披露

根据《企业会计准则第11号——股份支付》的规定，企业应当在报表附注中披露两方面信息：一是与股份支付本身有关的信息；二是股份支付交易对当期财务状况和经营成果的影响。

1. 企业应当在附注中披露股份支付的信息。
(1) 当期授予、行权和失效的各项权益工具总额。
(2) 期末发行在外的股份期权或其他权益工具行权价格的范围和合同剩余期限。
(3) 当期行权的股份期权或其他权益工具以其行权日价格计算的加权平均价格。
(4) 权益工具公允价值的确定方法。

此外，企业对性质相似的股份支付信息可以合并披露。

2. 企业在附注中披露股份支付交易对当期财务状况和经营成果的影响，至少应包括的信息如下。

(1) 当期因以权益结算的股份支付而确认的费用总额。

(2) 当期因以现金结算的股份支付而确认的费用总额。

(3) 当期以股份支付换取的职工服务总额及其他方的服务总额。

9-2 股份支付(微课视频)

本章课后练习

一、单项选择题

1. 下列情况属于股份支付的是(　　)。
   A. 企业与其职工之间的以股份为基础的支付
   B. 甲公司用股份对乙公司进行投资
   C. 非同一控制下的企业合并中，发生在投资单位与被投资单位之间以股份为基础进行的支付
   D. 同一控制下的企业合并中，发生在投资单位与被投资单位之间以股份为基础进行的支付

2. 股份支付在下列时点一般不做会计处理的是(　　)。
   A. 授予日　　　　　　　　B. 等待期内的每个资产负债表日
   C. 可行权日　　　　　　　D. 行权日

3. 对于以现金结算的股份支付，企业在可行权日之后至结算日前的每个资产负债表日因负债公允价值的变动应计入(　　)。
   A. 管理费用　　　B. 制造费用　　　C. 资本公积　　　D. 公允价值变动损益

4. 对于现金结算的股份支付，企业在等待期内的每个资产负债表日不会涉及的会计科目是(　　)。
   A. 管理费用　　　B. 制造费用　　　C. 生产成本　　　D. 公允价值变动损益

5. 对于以权益结算换取职工服务的股份支付，企业应当在等待期内每个资产负债表日，按授予日权益工具的公允价值，将当期取得的服务计入相关资产成本或当期费用，同时计入(　　)。
   A. 资本公积——股本溢价　　　　B. 资本公积——其他资本公积
   C. 盈余公积　　　　　　　　　　D. 应付职工薪酬

三、多项选择题

1. 有关股份支付的下列说法，正确的有(　　)。
   A. 以权益结算的股份支付是企业为获取服务以股份或其他权益工具作为对价进行结算的交易
   B. 以权益结算的股份支付换取职工提供服务的应当以授予职工权益工具的公允价值计量

C. 权益结算的股份支付，在可行权日之后不再对已确认的成本费用和所有者权益总额进行调整

D. 现金结算的股份支付，在可行权日之后不再对已确认的成本费用和负债进行调整

2. 以下表述正确的有（　　）。

　A. 以股份支付形式进行激励或补偿实质上属于薪酬

　B. 股份支付与职工薪酬适用不同的计量原则

　C. 以权益结算的股份支付，等待期内每个资产负债表日应确认权益工具的公允价值变动

　D. 股份支付可以以权益结算

3. 企业以回购股份形式奖励本企业职工的，属于权益结算的股份支付，应当进行（　　）处理。

　A. 回购股份　　B. 确认成本费用　　C. 职工行权　　D. 发放股利

4. 对于以权益结算换取职工服务的股份支付，企业应当在等待期内每个资产负债表日，按授予日权益工具的公允价值，将当期取得的服务计入下列（　　）相关费用科目。

　A. 管理费用　　B. 制造费用　　C. 销售费用　　D. 研发支出

5. 企业以回购股份形式奖励本企业职工的，属于权益结算的股份支付，其会计处理正确的有（　　）。

　A. 企业回购股份时，应当按照回购股份的全部支出作为库存股处理，记入"库存股"科目，同时进行备查登记

　B. 对职工权益结算股份支付的规定，企业应当在等待期内每个资产负债表日按照权益工具在授予日的公允价值，将取得的职工服务计入成本费用，同时增加资本公积（其他资本公积）

　C. 企业回购股份时，应当按照回购股份的全部支出冲减股本

　D. 企业应按职工行权购买本企业股份时收到的价款，借记"银行存款"等科目，同时转销等待期内在资本公积（其他资本公积）中累计的金额，借记"资本公积——其他资本公积"科目，按回购的库存股成本，贷记"库存股"科目，按照上述借贷方差额，贷记"资本公积——股本溢价"科目

三、判断题

1. 企业在回购股份时，应当将回购股份的部分支出计入库存股，同时进行备查登记。（　　）

2. 权益结算的股份支付是对职工或其他方最终要授予股份或支付现金结算方式。（　　）

3. 股份支付协议中的可行权条件一经确定不得变更。（　　）

4. 完成等待期内的服务或达到规定业绩条件以后才可行权的以现金结算的股份支付，在等待期内的每个资产负债表日，依然按照账面价值计量。（　　）

5. 对职工以现金结算的股份支付，在授予日应进行会计处理。（　　）

四、业务题

A 公司为上市公司。2×20 年 1 月 1 日，公司向其 80 名高级管理人员每人授予 10 万份股票期权，这些高管从 2×20 年 1 月 1 日起在该公司连续服务 3 年，即可以每股 15 元的价

格购买 10 万股 A 公司股票。公司估计该期权在授予日的公允价值为 12 元。第 1 年有 5 名高管离开 A 公司，公司估计 3 年内离开的高管的比例将达到 20%；第 2 年又有 3 名高管离开公司，公司将估计的高管离开比例修正为 15%；第 3 年又有 2 名高管离开公司。假设有行权资格的高管都在 2×23 年年末行权，A 公司股票面值为 1 元。

要求：①计算 A 公司 2×20 年、2×21 年、2×22 年因股份支付应确认的费用，并编制所有相关会计分录；②编制 A 公司高级管理人员行权时的相关会计分录。

9-3　本章课后练习答案

第十章 会计信息披露

【学习目标】
- 了解会计信息披露的种类和意义。
- 理解分部报告的确定和形式。
- 理解中期财务报告的会计信息质量要求。
- 掌握关联方披露的内容和要求。

【学习内容】
- 分部报告。
- 中期财务报告。
- 关联方披露。

【学习重点】
- 分部报告的编制。
- 中期财务报告的编制。

【学习难点】
- 报告分部的确定。
- 关联方交易的认定和类型。

【准则依据】
- 《企业会计准则第35号——分部报告》。
- 《企业会计准则第32号——中期财务报告》。
- 《企业会计准则第36号——关联方披露》。

10-1 《企业会计准则第35号——分部报告》(拓展阅读)

10-2 《企业会计准则第32号——中期财务报告》(拓展阅读)

10-3 《企业会计准则第36号——关联方披露》(拓展阅读)

第一节 分部报告

一、分部报告概述

(一)分部报告的含义

分部报告是跨行业、跨地区经营的企业,按其确定的企业内部组成部分(业务分部或地区分部)编制的有关各组成部分收入、费用、利润、资产、负债等信息的财务报告。

随着市场经济的发展,企业的生产经营规模日益扩大,经营范围也逐步突破单一业务界限,成为从事多种产品生产经营或从事多种业务经营活动的综合经营体;同时经营的地域范围也日益扩大,有的企业分别在国内不同地区甚至在境外设立了分公司或子公司。在这种情况下,反映不同产品(或劳务)和不同地区经营的风险报酬信息越来越普遍地受到会计信息使用者的重视。

(二)分部报告的意义

随着企业跨行业和跨地区经营,许多企业生产和销售各种各样的产品和提供多种劳务,这些产品和劳务广泛地分布于各个行业或不同地区。由于企业各种产品在其整体的经营活动中所占的比重各不相同,其营业收入、成本费用以及产生的利润(亏损)也不尽相同。同样地,每种产品(或提供的劳务)在不同地区的经营业绩也存在差异。只有分析每种产品(或所提供劳务)和不同经营地区的经营业绩,才能更好地把握企业的整体经营业绩。

企业的整体风险,是由企业经营的各个业务部门(或品种)、或各个经营地区的风险和报酬构成的。一般来说,企业在不同业务部门和不同地区的经营,会具有不同的利润率、发展机会、未来前景和风险。要评估企业整体的风险和报酬,必须借助企业在不同业务和不同地区经营的信息(分部信息)。

企业提供分部信息,能够帮助会计信息使用者更好地理解企业以往的经营业绩,更好地评估企业的风险和报酬,以便更好地把握企业的整体经营情况,对未来的发展趋势作出合理的预期。

二、报告分部的确定

企业披露分部报告,首先需要确定作为报告主体的分部。分部是指企业内部可区分的、承担不同于其他组成部分风险和报酬的组成部分。某一组成部分是否承担了不同于其他组成部分的风险和报酬,是确定分部的主要依据。

企业在披露分部信息时,应当区分业务分部和地区分部。企业应当以对外提供的财务报表为基础,区分业务分部和地区分部披露分部信息。

(一)业务分部的确定

业务分部,是指企业内可区分的、能够提供单项或一组相关产品或劳务的组成部分。该组成部分承担了不同于其他组成部分的风险和报酬。

对于企业而言，某一业务部门可能是一个业务分部，也可能是由若干个业务部门组成一个业务分部；企业可能将生产某一种产品或提供某种劳务的部门作为一个业务分部，也可能将生产若干种(一组)相关产品或提供一组劳务的部门作为一个业务分部。作为一般规则，单个业务分部中不包括风险和报酬具有显著差异的产品或劳务。

通常情况下，一个企业的内部组织和管理结构，以及向董事会或者类似机构的内部报告制度，是企业确定分部的基础。企业在确定业务分部时，应当结合企业内部管理要求，并考虑下列因素。

1. **各单项产品或劳务的性质**

各单项产品或劳务的性质，包括产品或劳务的规格、型号、最终用途等。一般情况下，生产的产品和提供的劳务的性质相同或相似的，其风险、报酬率及其成长率可能较为接近，因此，可以将其划分到同一业务分部之中。而对于性质完全不同的产品或劳务，则不能将其划分到同一业务分部之中。

2. **生产过程的性质**

生产过程的性质，包括采用劳动密集或资本密集方式组织生产、使用相同或者相似的设备和原材料、采用委托生产或加工方式等。对于其生产过程相同或相似的，可以将其划分为一个业务分部。

3. **产品或劳务的客户类型**

产品或劳务的客户类型，包括大宗客户、零散客户等。对于购买产品或接受劳务的同一类型的客户，如果其销售条件基本相同，如相同或相似的销售价格、销售折扣，相同或相似的售后服务，因而具有相同或相似的风险和报酬。而不同的客户，其销售条件不尽相同，由此可能导致其具有不同的风险和报酬。

4. **销售产品或提供劳务的方式**

销售产品或提供劳务的方式，包括批发、零售、自产自销、委托销售、承包等。企业销售产品或提供劳务的方式不同，其承受的风险和报酬也不相同。

5. **生产产品或提供劳务受法律、行政法规的影响**

生产产品或提供劳务受法律、行政法规的影响，包括经营范围或交易定价限制等。对在不同法律环境下生产的产品或提供的劳务进行分类，进而向会计信息使用者提供在不同法律环境下产品生产或劳务的信息，有利于会计信息使用者对企业未来的发展走向作出判断和预测。对相同或相似法律环境下的产品生产或劳务提供进行归类，以提供其经营活动所生成的信息，同样有利于明晰地反映该类产品生产和劳务提供的会计信息。

企业在具体确定业务分部时，特定的分部不大可能同时符合上述列明的全部因素。通常情况下，业务分部应当在包含了上述所列明的大部分因素时予以确定。

(二)地区分部的确定

地区分部是指企业内可区分的、能够在一个特定的经济环境内提供产品或劳务的组成部分。该组成部分承担了不同于在其他经济环境内提供产品或劳务组成部分的风险和报酬。

企业在确定地区分部时，主要是以作为某一分部的组成部分是否承担了不同于其他组成部分的风险和报酬，而不单纯是以某个行政区域作为划分依据。这一区域可以是单一国家(或地区)，也可以是两个或两个以上具有相同或相似经营风险和报酬的国家(或地区)的组合；可以是一个国家内的一个行政区域，也可以是一个国家内的两个或两个以上行政区域的组合。有重大不同风险和报酬环境中经营的区域，不能将其作为同一个地区分部处理。

企业的风险和报酬，既可能受到其资产(经营)的地理位置的极大影响，也可能受到客户(市场)的地理位置的极大影响。前者是指产品的生产地或提供劳务的主要场所(即资产所在地)，后者是指产品的销售地或者劳务的提供地(即客户所在地)。在实务中，风险和报酬可能来自前者，也可能来自后者。然而，企业的组织形式和内部报告结构通常会提供证据，用于判断企业的地区风险究竟是来自资产所在地还是客户所在地。

企业在确定地区分部时，应当考虑分部经营活动的主要风险和报酬是与其生产产品或提供劳务的地区相关，还是与其经营活动的市场及客户所在地区相关，从而选择以资产所在地或者客户所在地为基础确定地区分部。如果分部经营活动的主要风险和报酬与其生产产品或提供劳务的地区相关，则应当选择以资产所在地划分地区分部；如果分部经营活动的主要风险和报酬与其经营活动的市场及客户所在地区相关，则应当选择以客户所在地划分地区分部。

企业在确定地区分部时，应当结合企业内部管理要求，并考虑下列因素。

1. 所处经济、政治环境的相似性

所处经济、政治环境的相似性，包括境外经营所在地区经济和政治的稳定程度等。不同生产经营所在地经济、政治环境的差异，意味着其生产经营活动所面临经济、政治风险的不同，因此不能将其归并为一个地区分部。反之，对于经济、政治环境基本相似的国家或地区，在确定地区分部时应将其归并为一个地区分部。

2. 在不同地区经营之间的关系

在不同地区经营之间的关系，包括在某地区进行产品生产，而在其他地区进行销售等。在不同地区的经营之间存在着紧密的联系，意味着这些不同地区的经营具有相同的风险和报酬，应当将这些地区的经营作为一个地区分部处理。反之，当两个地区的经营之间没有直接联系时，不应将其作为一个地区分部处理。

3. 经营的接近程度大小

经营的接近程度大小，包括在某地区生产的产品是否需在其他地区进一步加工生产等。生产经营接近程度较高的地区作为一个地区分部处理；反之，生产经营接近程度不高的地区，通常表明其在生产经营方面所面临的风险和报酬不同，因此在确定地区分部时，不将其作为一个地区分部处理。

4. 与某一特定地区经营相关的特别风险

与某一特定地区经营相关的特别风险，包括气候异常变化等。如果某一特定地区在生产经营上存在着特别风险，则不能将其与其他地区分部合并作为一个地区分部处理；反之，如果某一特定地区在生产经营上并不存在特别的经营风险，则可能会将其与其他地区分部合并作为一个地区分部处理。

5. 外汇管理规定

外汇管理规定，即境外经营所在地区是否实行外汇管制。外汇管制的规定直接影响着企业内部资金的调度和转移,从而有可能影响企业的经营风险。在实行外汇管制的国家或地区,转移资金相对较为困难,要承受较大的资金转移风险;而外汇可以自由流动的国家或地区,转移资金较为容易,其资金转移风险相对较小。因此,不能将实行外汇管制的国家和地区与外汇自由流动的国家和地区作为一个地区分部处理,对于实行外汇管制的国家和地区,也不能一概而论地将其作为一个地区分部处理。

6. 外汇风险

外汇风险,即外汇汇率变动的风险。通常情况下,在外汇汇率波动不大的国家或地区,其生产经营所面临的风险和报酬基本相同,可以作为一个地区分部处理;而在外汇汇率波动较大的国家或地区,其生产经营所面临的风险和报酬不同,不能作为一个地区分部处理。

但是,企业在具体确定地区分部时,特定的分部不大可能同时符合上述列明的全部因素。通常情况下,当包含了上述所列明的大部分因素时,就可认定为某个地区分部。

(三)业务分部和地区分部确定的特殊原则和合并条件

1. 特殊原则

通常情况下,一个企业的内部组织和管理结构,以及向董事会或者类似机构的内部报告制度,是企业确定分部的基础。但是,如果一个企业的内部组织和管理结构,以及向董事会或类似机构的内部报告制度,既不以产品或劳务为基础,也不以地区为基础,那么确定业务分部和地区分部时,应当遵循以下原则。

(1) 如果企业向董事会或类似机构进行报告所使用的分部符合业务分部或地区分部的定义,管理层就不必考虑低一级的内部信息分类标准。也就是说,对于符合分部报告准则相关定义的内部报告分部,并不要求对此作进一步细分。

(2) 如果企业向董事会或类似机构进行报告所使用的分部不符合业务分部或地区分部的定义,管理层就需要对内部管理单位作进一步细分,以便使所报告的信息与企业的产品和劳务分类或者企业的地区分类一致。

2. 合并条件

在实务中,并非所有内部报告的业务分部或地区分部均作为独立的业务分部或地区分部来考虑。在某些情况下,两个或两个以上的业务分部或地区分部具有实质上的相似性,此时,将它们合并披露可能更恰当。两个或两个以上的业务分部或地区分部同时满足下列条件的,可以予以合并。

(1) 具有相近和长期财务业绩,包括具有相近的长期平均毛利率、资金回报率、未来现金或流量等。

(2) 确定业务分部或地区分部所考虑的因素类似。

【例10-1】爱杉公司是一家全球性公司,总部在浙江,主要生产A、B、C、D四个品牌的运动服、各种休闲服、羽绒服、皮夹克等,以及相关产品的运输、销售,每种产品均由独立的业务部门完成。其生产的产品主要销往中国台湾、中国香港、日本、欧洲、美国等地。该公司各项业务2×20年度的相关收入、费用、利润等信息如表10-1(金额单位为万元)所示。假定经预测,生产运动服的4个部门今后5年内平均销售毛利率与本年度差异不大,并且各品种运动服的生产过程、客户类型、销售方式等类似,该公司将业务分部作为主要报告形式提供分部信息。

表 10-1 爱杉公司相关产品与损益项目汇总表

单位：万元

项目	运动服 A	运动服 B	运动服 C	运动服 D	休闲服	羽绒服	皮夹克	销售公司	运输公司	合计
营业收入	106 000	130 000	100 000	95 000	260 000	230 000	69 000	270 000	50 000	1 310 000
其中：对外交易	100 000	120 000	80 000	90 000	180 000	150 000	50 000	270 000	50 000	1 090 000
分部间交易	6 000	10 000	20 000	5 000	80 000	80 000	19 000			220 000
营业费用	74 200	92 300	69 000	66 500	156 000	142 600	55 200	220 000	30 000	905 800
其中：对外交易	60 000	78 300	57 000	62 000	149 000	132 000	47 200	205 000	30 000	820 500
分部间交易	14 200	14 000	12 000	4 500	7 000	10 600	8 000	15 000		85 300
营业利润	31 800	37 700	31 000	28 500	104 000	87 400	13 800	50 000	20 000	
销售毛利率	30%	29%	31%	30%	40%	38%	20%	18.5%	40%	
资产总额	350 000	400 000	300 000	250 000	650 000	590 000	250 000	700 000	300 000	3 790 000
负债总额	150 000	170 000	130 000	100 000	300 000	200 000	150 000	300 000	180 000	1 680 000

从上述资料可以看出，爱杉公司生产运动服的部门有 4 个，其销售毛利率分别是 30%、29%、31%、30%。由于其近 5 年平均销售毛利率差异不大，因此可以认为这 4 个运动服分部具有相近的长期财务业绩；同时，A、B、C、D 这 4 个部门都生产运动服，其生产过程、客户类型、销售方式等类似，符合确定业务分部所考虑因素的相似性。因此，爱杉公司在确定业务分部时，可以将生产 4 个品牌运动服的分部予以合并，组成一个"运动服"分部。合并后，运动服分部的分部收入为 431 000 万元，分部费用为 302 000 万元，分部利润为 129 000 万元。

(四)报告分部的确定

报告分部是指符合业务分部或地区分部的概念，按规定应予披露的业务分部或地区分部。报告分部的确定应当以业务分部或地区分部为基础，而业务分部或地区分部的划分通常是以不同的风险和报酬为基础，而不论其是否重要。存在多种产品经营或者跨多个地区经营的企业可能会拥有大量规模较小、不是很重要的分部，而大量单独披露如此之多的小分部信息会给报表编制者带来不必要的披露成本。因此，报告分部的确定应当考虑重要性原则，符合重要性标准的业务分部或地区分部才能确定为报告分部。

1. 重要性标准的判断

在确定报告分部时，除企业的内部管理采用垂直一体化经营方式以外，作为报告分部的业务分部或地区分部的大部分收入应当是企业对外部客户交易而获得。当业务分部或地区分部的大部分收入是对外交易收入，且满足下列条件之一的，企业应当将其确定为报告分部。

(1) 该分部的分部收入占所有分部收入合计的 10% 或者以上。

分部收入是指可归属于分部的对外交易收入和对其他分部交易收入。当某分部的分部收入大部分是对外交易收入，并且满足上述条件时，则可以将其确定为报告分部；反之，当某分部的分部收入大部分是通过与其他分部交易而取得，并且企业的内部管理不属于按垂直一体化经营的不同层次来划分的，即使满足上述10%的条件，也不能将其确定为报告分部。

【例10-2】沿用例10-1的资料，运动服分部合并后，其分部收入合计431 000万元，其中对外交易收入合计 390 000 万元。对外交易收入占该分部收入合计的比例为 90.49%(390 000/431 000×100%)，大部分收入为对外交易取得。同时，由于运动服分部收入占所有分部收入合计的比例为32.9% (431 000/1 310 000×100%)，满足了不低于10%的条件，因此，该企业在确定报告分部时，应当将运动服分部确定为报告分部。

(2) 该分部的分部利润(亏损)的绝对额，占所有盈利分部利润合计额或者所有亏损分部亏损合计额的绝对额两者中较大者的10%或者以上。

分部利润(亏损)，是指分部收入减去分部费用后的余额。分部费用，是指可归属于分部的对外交易费用和对其他分部交易费用。当企业的分部收入大部分是通过对外交易而取得，并且该分部的分部利润或者分部亏损的绝对额，占所有盈利分部利润合计额或者所有亏损分部亏损合计额的绝对额两者较大者的10%或者以上，则可以将其确定为报告分部。

【例10-3】喜达公司生产家用电器，其总部在上海市，产品主要销往全国各地，在北京、天津、辽宁、陕西、四川、浙江、湖南、广东等省(市)均设有分公司，假定各分公司之间没有内部交易，其营业收入均为对外交易而取得。各分公司有关财务信息如表10-2所示。

表10-2 喜达公司各地损益比较表

单位：万元

项　　目	上海	天津	北京	辽宁	陕西	浙江	四川	湖南	广东	合　计
营业收入	10 000	2 000	5 000	500	300	3 500	1 000	700	3 000	26 000
占收入合计的百分比	38.5%	7.7%	19.2%	1.9%	1.2%	13.5%	3.8%	2.7%	11.5%	100%
营业费用	8 000	1 500	3 500	700	950	2 500	1 580	600	2 400	21 730
营业利润(亏损)	2 000	500	1 500	-200	-650	1 000	-580	100	600	4 270

从上述资料可以看出，由于喜达公司各分公司均没有内部交易，因此各分公司取得的营业收入均为对外交易而产生，符合大部分收入为对外交易收入的条件。如果从分部收入占所有分部收入合计的10%或者以上的条件来看，只有上海、北京、浙江、广东分公司符合报告分部的确定条件。

由于喜达公司的各分公司经营有盈有亏，其中，盈利分部分别是上海、天津、北京、浙江、湖南、广东，其分部利润总额合计为5 700万元；亏损分部分别是辽宁、陕西、四川，其分部亏损总额合计的绝对额为1 430万元。由于5 700万元大于1 430万元，该公司在对各分部的分部利润或亏损进行比较时，应当以5 700万元作为比较的基数，通过各分部利润或亏损的绝对额占5 700万元的百分比是否达到10%或者以上来判断应否确定为报告分部(具体计算见表10-3)。通过计算可以看出，满足分部利润(亏损)达到规定条件的分部共有6个，分别是上海、北京、陕西、浙江、四川和广东。喜达公司在确定报告分部时，应当将上述6个分部作为报告地区分部。

表 10-3 喜达公司各地损益比较与比例表

单位：万元

项目	上海	天津	北京	辽宁	陕西	浙江	四川	湖南	广东	合计
营业收入	10 000	2 000	5 000	500	300	3 500	1 000	700	3 000	26 000
占收入合计的百分比	38.5%	7.7%	19.2%	1.9%	1.2%	13.5%	3.8%	2.7%	11.5%	100%
营业费用	8 000	1 500	3 500	700	950	2 500	1 580	600	2 400	21 730
营业利润(亏损)	2 000	500	1 500	−200	−650	1 000	−580	100	600	4 270
占分部利润总额的百分比	35%	8.8%	26%	3.5%	11.4%	17.5%	10.2%	1.8%	10.5%	—

(3) 该分部的分部资产占所有分部资产合计额的 10%或者以上。

分部资产，是指分部经营活动使用的可以归属于该分部的资产。具体来说，分部资产符合下列两个条件：一是在分部的经营中使用、可直接归属于该分部；二是能够以合理的基础分配给该分部。根据上述定义，分部资产应当包括但不限于以下项目：分部在经营活动中所使用的流动资产、固定资产、融资租入的资产、可直接归属于或者以合理的基础分配于某分部的商誉、无形资产等。而递延所得税资产，以及服务于整个企业或者管理总部的资产，则不属于分部资产。企业在计量分部资产时，应当按照分部资产的账面价值进行计量，即按扣除相关累计折旧或摊销额以及累计减值准备后的金额计量。

当某一分部的大部分收入是对外交易收入，并且分部资产占所有分部资产合计额的 10%或者以上，则可以将其确定为报告分部。

【例 10-4】沿用例 10-1 的资料，由于 4 个品牌运动服已经合并为一个运动服分部，因此，爱杉公司应比较生产运动服、休闲服、羽绒服、皮夹克的各个分部以及销售公司、运输公司等部门的分部资产情况(具体计算见表 10-4)。通过计算可以看出，运动服分部、休闲服分部、羽绒服分部、销售公司分部的分部资产占所有分部资产合计额的比例分别为 34.3%、17.1%、15.6%、18.5%，符合不低于 10%的要求，因此，爱杉公司在确定报告分部时，应当将运动服分部、休闲服分部、羽绒服分部、销售公司分部作为报告分部。

表 10-4 爱杉公司相关产品与损益项目汇总与比例表

单位：万元

项目	运动服	休闲服	羽绒服	皮夹克	销售公司	运输公司	合计
营业收入	431 000	260 000	230 000	69 000	270 000	50 000	1 310 000
其中：对外交易	390 000	180 000	150 000	50 000	270 000	50 000	1 090 000
分部间交易	41 000	80 000	80 000	19 000			220 000
……							
资产总额	1 300 000	650 000	590 000	250 000	700 000	300 000	3 790 000
占分部资产合计额的百分比	34.3%	17.1%	15.6%	6.6%	18.5%	7.9%	100%

2. 低于10%重要性标准的选择

业务分部或地区分部未满足三个重要性判断标准的,可以按照下列规定进行处理。

(1) 不考虑该分部的规模,直接将其指定为报告分部。

(2) 不将该分部直接指定为报告分部的,可将该分部与一个或一个以上类似的、未满足规定条件的其他分部合并为一个报告分部。

(3) 不将该分部指定为报告分部且不与其他分部合并的,应当在披露分部信息时,将其作为其他项目单独披露。

3. 报告分部75%的标准

企业的业务分部或地区分部达到规定的10%重要性标准确认为报告分部后,确定为报告分部的各业务分部或各地区分部的对外交易收入合计额占合并总收入或企业总收入的比重应当达到75%的比例。如果未达到75%的比例标准,企业必须增加报告分部的数量,将其他未作为报告分部的业务分部或地区分部纳入报告分部的范围,直到该比重达到75%。此时,其他未作为报告分部的业务分部或地区分部很可能未满足前述规定的三个10%的重要性标准,但为了使报告分部的对外交易收入合计额占合并总收入或企业总收入的比重能够达到75%的比例要求,也应当将其确定为报告分部。

【例10-5】沿用例10-1的资料,根据报告分部的确定条件,符合条件已被确定为报告分部的分别是运动服分部、休闲服分部、羽绒服分部、销售公司分部,由于各报告分部的对外交易收入占企业总收入的比重分别为35.8%、16.5%、13.7%和24.8%,合计为90.8%,已达到75%的限制性标准,不需再增加报告分部的数量(具体计算见表10-5)。

表10-5 爱杉公司相关产品与损益项目汇总与比例表

单位:万元

项 目	运动服	休闲服	羽绒服	销售公司	小 计	……	合 计
营业收入	431 000	260 000	230 000	270 000	1 191 000	……	1 310 000
其中:对外交易	390 000	180 000	150 000	270 000	990 000	……	1 090 000
分部间交易	41 000	80 000	80 000			……	220 000
对外交易收入占企业总收入百分比	35.8%	16.5%	13.7%	24.8%	90.8%		100%

【例10-6】沿用例10-3的资料,喜达公司根据规定已将上海、北京、陕西、浙江、四川和广东6个分部确定为报告分部,由于6个报告分部的对外交易收入合计额占企业总收入的比重为87.7%,已达到75%的限制性标准,无须再增加报告分部的数量(具体计算见表10-6)。

表10-6 喜达公司各地损益比较与比例表

单位:万元

项 目	北京	上海	陕西	浙江	四川	广东	小计	……	合 计
营业收入	10 000	5 000	300	3 500	1 000	3 000	22 800	……	26 000
占企业总收入的百分比	38.5%	19.2%	1.2%	13.5%	3.8%	11.5%	87.7%	……	100%
……									

4. 垂直一体化经营下报告分部的确定

如果企业的内部管理按照垂直一体化经营的不同层次来划分,即使其大部分收入不是通过对外交易取得,仍可将垂直一体化经营的不同层次确定为独立业务分部对外报告。

【例10-7】某石油化工企业的子公司分别从事石油勘探及生产、炼油、营销及分销、化工等业务,并独立进行管理,各子公司承担了不同的风险和报酬。在日常经营过程中,负责石油勘探及生产业务的子公司生产的90%左右的原油及天然气均销售给炼油公司,其余的销售给企业的外部客户。

虽然负责勘探及生产业务的子公司所取得的大部分收入来自负责炼油的子公司,不符合大部分收入应当来自对外交易取得的规定,但是,由于该企业对各个子公司分别进行经营管理,并且各个子公司分别承担了不同的风险和报酬,因此,该企业在确定报告分部时,可以将石油勘探及生产子公司、炼油子公司、营销及分销子公司、化工子公司等业务分部分别作为报告分部。

5. 为提供可比信息报告分部的确定

企业在确定报告分部时,除应当遵循相应的确定标准以外,还应当考虑不同会计期间分部信息的可比性和一贯性。对于某一分部,在上期可能满足报告分部的确定条件从而确定为报告分部,但在本期可能并不满足报告分部的确定条件。此时,如果企业认为该分部仍然重要,单独披露该分部的信息能够有助于报表使用者了解企业的整体情况,则不需考虑该分部的规模,仍应当将该分部确定为本期的报告分部。

三、分部信息的披露

企业在披露分部信息时,应当区分主要报告形式和次要报告形式,分别按照确定的报告分部披露相应的分部信息。

(一)分部信息披露的形式

分部报告的形式分为主要报告形式和次要报告形式。作为主要报告形式,按规定应当披露较为详细的分部信息;作为次要报告形式,可以披露较为简化的分部信息。在确定分部信息披露的形式为主要报告形式还是次要报告形式时,应当遵循下列原则。

1. 以风险和报酬的主要来源和性质为基础确定主要报告形式和次要报告形式

企业风险和报酬的主要来源和性质决定其主要报告形式是业务分部还是地区分部。作为风险和报酬的主要来源的分部,无论是业务分部还是地区分部,均应当作为主要报告形式,其余的分部作为次要报告形式。因此,如果企业的风险和报酬主要受其提供的产品和劳务的差异影响的,披露分部信息的主要形式应当是业务分部,次要形式是地区分部;反之,如果风险和报酬主要受企业在不同国家或地区经营活动的影响,披露分部信息的主要形式应当是地区分部,次要形式是业务分部。

2. 内部管理结构及内部财务报告制度是确定主要报告形式和次要报告形式应考虑的主要因素

通常,主要报告形式的确定需要基于内部组织和管理结构、企业向董事会或类似机构报告所采用的内部财务报告制度两个因素进行判断。对于大多数企业而言，一般根据其经营风险和报酬确定企业的内部组织和管理形式，而企业的内部组织和管理结构以及企业向董事会或类似机构报告所采用的内部财务报告制度，通常表明了该企业面临的经营风险和报酬的主要来源。

(二)主要报告形式下分部信息的披露

在主要报告形式情况下，不论作为报告分部的是业务分部还是地区分部，都应当按规定披露下列分部信息。

1. 分部收入

分部收入包括归属于分部的对外交易收入和对其他分部交易收入，主要由可归属于分部的对外交易收入构成，通常为营业收入。企业在披露分部收入时，对外交易收入和对其他分部交易收入应当分别披露。

可以归属分部的收入来源于两个渠道：一是可以直接归属于分部的收入，即直接由分部的业务交易而产生；二是可以间接归属于分部的收入，即将企业交易产生的收入在相关分部之间进行分配，按属于某分部的收入金额确认为分部收入。

分部收入通常不包括下列项目。

(1) 利息收入(包括因预付或借给其他分部款项而确认的利息收入)和股利收入，但分部的日常活动是金融性质的除外。

(2) 处置投资产生的净收益，但分部的日常活动是金融性质的除外。

(3) 采用权益法核算的长期股权投资收益，但分部的日常活动是金融性质的除外。

(4) 营业外收入。由于分部利润(亏损)采用的是日常经营收入的概念，与日常经营收入无关的营业外收入不应包括在内。

2. 分部费用

分部费用包括可以归属于分部的对外交易费用和对其他分部交易费用，主要由可归属于分部的对外交易费用构成，通常包括营业成本、税金及附加、销售费用等。企业在披露分部费用时，折旧费、摊销费以及其他重大的非现金费用应当单独披露。

与分部收入的确认相同，这里可以归属分部的费用也来源于两个渠道：一是可以直接归属于分部的费用，即直接由分部的业务交易而发生；二是可以间接归属于分部的费用，即将企业交易发生的费用在相关分部之间进行分配，按归属于某分部的费用金额确认为分部费用。

分部费用通常不包括下列项目。

(1) 利息费用(包括因预收或向其他分部借款而确认的利息费用)，如发行债券等，但分部的日常活动是金融性质的除外。

(2) 营业外支出，如处置固定资产、无形资产等发生的净损失。

(3) 处置投资发生的净损失，但分部的日常活动是金融性质的除外。

(4) 采用权益法核算的长期股权投资确认的投资损失，但分部的日常活动是金融性质的除外。

(5) 所得税费用，因为企业所得税通常是针对企业整体而不是针对某一部分。

(6) 与企业整体相关的管理费用和其他费用。

3. 分部利润(亏损)

分部利润(亏损)是指分部收入减去分部费用后的余额。因此,不属于分部收入和分部费用的项目,在计算分部利润(亏损)时不得作为考虑的因素。从这个意义上说,分部利润(亏损)与企业的利润(亏损)总额或净利润(净亏损)包含的内容不同。企业在披露分部信息时,分部利润(亏损)应当单独进行披露。如果企业需要提供合并财务报表的,分部利润(亏损)应当在调整少数股东损益前确定。

4. 分部资产

分部资产包括企业在分部的经营中使用的、可直接归属于该分部的资产,以及能够以合理的基础分配给该分部的资产。分部资产的披露金额应当按照扣除相关累计折旧或摊销额以及累计减值准备后的金额确定。具体披露分部资产总额时,当期发生的在建工程成本总额、购置的固定资产和无形资产的成本总额,应当单独披露。对于不属于任何一个分部的资产,应当作为其他项目单独披露。

通常,分部资产与分部利润(亏损)、分部费用等之间存在一定的对应关系。

(1) 如果分部利润(亏损)包括利息或股利收入,则分部资产中就应当包括相应的应收账款、贷款、投资或其他金融资产。

(2) 如果分部费用包括某项固定资产的折旧费用,则分部资产中就应当包括该项固定资产。

(3) 如果分部费用包括某项无形资产或商誉的摊销额或减值额,则分部资产中就应当包括该项无形资产或商誉。

5. 分部负债

分部负债,是指分部经营活动形成的可归属于该分部的负债,不包括递延所得税负债。与分部资产的确认条件相同,分部负债的确认也应当符合下列两个条件:一是可直接归属于该分部;二是能够以合理的基础分配给该分部。根据上述定义,分部负债应当包括但不限于以下项目:应付账款、其他应付款、预收账款、预计负债等。

分部负债通常不包括下列项目:借款、应付债券、融资租入固定资产所发生的相关债务、在经营活动之外为融资目的而承担的负债、递延所得税负债等。

【例10-8】沿用例10-1的资料,假定爱杉公司总部资产总额为20 000万元,总部负债总额为12 000万元,其他资料如表10-7所示。

表10-7 爱杉公司相关产品与损益项目汇总表

单位:万元

项目	运动服A	运动服B	运动服C	运动服D	休闲服	羽绒服	皮夹克	销售公司	运输公司	合计
折旧费用	8 250	8 850	5 900	5 320	20 620	13 150	8 100	23 620	14 500	108 310
摊销费用	750	900	1 040	490	860	1 350	230	210		5 830
资本性支出	20 000	15 000	50 000	8 500	35 000	7 600		850	400	137 350

根据上述相关资料可以判断,爱杉公司应当以业务分部作为主要报告形式披露分部信息。确定的报告分部分别是运动服分部、休闲服分部、羽绒服分部和销售公司分部;皮夹克

分部和运输公司分部等合并为其他分部。具体披露分部信息见表10-8。

表10-8 爱杉公司业务分部信息披露表

单位：万元

项　目	运动服	休闲服	羽绒服	销售公司	其　他	抵　销	合　计
一、营业收入	431 000	236 000	230 000	270 000	119 000	(220 000)	1 090 000
其中：对外交易收入	390 000	180 000	150 000	270 000	100 000		
分部间交易收入	41 000	80 000	80 000		19 000	(220 000)	
二、营业费用	302 000	156 000	142 600	220 000	85 200	(85 300)	820 500
三、营业利润	129 000	104 000	87 400	50 000	33 800	(134 700)	269 500
四、资产总额	1 300 000	650 000	590 000	700 000	570 000		3 810 000
五、负债总额	550 000	300 000	200 000	300 000	342 000		1 692 000
六、补充信息						—	—
1.折旧和摊销费用	31 500	21 480	14 500	23 830	22 830		
2.资本性支出	93 500	35 000	7 600	850	400		

(三)分部信息与企业合并财务报表或企业财务报表总额信息的衔接

企业披露的分部信息，应当与合并财务报表或企业财务报表中的总额信息相衔接。

1. 企业的对外交易收入包括企业对外交易取得的、未包括在任何分部收入中的收入

分部收入在与企业的对外交易收入相衔接时，需要将分部之间的内部交易进行抵销，各个报告分部的对外交易收入加上未包含在任何分部中的对外交易收入金额之和，应当与企业的对外交易收入总额一致。

2. 分部利润(亏损)应当与企业营业利润(亏损)和企业净利润(净亏损)相衔接

由于分部收入和分部费用与企业的对外交易收入和对外交易费用存在差异，导致企业分部利润(亏损)与企业营业利润(亏损)和企业净利润(净亏损)之间也存在一定差异。例如，非金融企业的长期股权投资实现的投资收益，构成了企业营业利润的一个组成，但却不属于分部利润；企业的净利润是通过利润总额扣除所得税费用以后计算得来的，但分部利润的计算并没有考虑所得税的扣除因素。因此，企业的分部利润(亏损)在进一步考虑不属于分部的收入或费用等调整因素之后，可以计算出企业的营业利润(亏损)和企业的净利润(净亏损)。

3. 分部资产总额应当与企业资产总额相衔接

企业资产总额由归属于分部的资产总额和未分配给各个分部的资产总额组成。分部资产总额加上未分配给各个分部的资产总额的合计额，与企业资产总额相一致。

4. 分部负债总额应当与企业负债总额相衔接

企业负债总额由归属于分部的负债总额和未分配给各个分部的负债总额组成。分部负债总额加上未分配给各个分部的负债总额的合计额，与企业负债总额相一致。

(四) 次要报告形式下分部信息的披露

1. 采用业务分部作为主要报告形式下次要信息的披露

分部信息的主要报告形式是业务分部的，企业应当就次要报告形式披露下列信息。

(1) 对外交易收入占企业对外交易收入总额10%或者以上的地区分部，以外部客户所在地为基础披露对外交易收入。

(2) 分部资产占所有地区分部资产总额10%或者以上的地区分部，以资产所在地为基础披露分部资产总额。

2. 采用地区分部作为主要报告形式下次要信息的披露

分部信息的主要报告形式是地区分部的，企业应当就次要报告形式披露下列信息。

(1) 对外交易收入占企业对外交易收入总额10%或者以上的业务分部，应当披露对外交易收入。

(2) 分部资产占所有业务分部资产总额10%或者以上的业务分部，应当披露分部资产总额。

(五) 其他披露要求

企业在编制分部报告时，除对上述信息进行披露以外，还应当对下列内容进行披露。

1. 分部间转移价格的确定及其变更

企业在计量分部之间发生的交易收入时，需要确定分部间转移交易价格。转移价格的确定基础应当在附注中予以披露。同时，因企业不同期间生产的产品的成本等不同，可能会导致不同期间分部间转移价格的确定产生差异，对于转移交易价格的变更情况，也应当在附注中进行披露。

2. 分部会计政策的披露

分部会计政策是指编制合并财务报表或企业财务报表时采用的会计政策，以及与分部报告特别相关的会计政策。与分部报告特别相关的会计政策包括分部的确定、分部间转移价格的确定方法，以及将收入和费用分配给分部的基础等。

当企业改变了其分部信息采用的会计政策，并且这种变更对分部信息产生了实质性影响时，企业应当披露这一变更情况，具体按照《企业会计准则第28号——会计政策、会计估计变更和差错更正》的规定披露，并按规定提供相关比较数据。如果提供的比较数据不切实可行，应当说明原因。

但是，如果分部会计政策与合并财务报表或企业财务报表一致，并且已按《企业会计准则第30号——财务报表列报》和《企业会计准则第33号——合并财务报表》等规定在附注中进行了相关披露，则不需要在披露分部信息时重复披露。

此外，企业改变分部的分类且提供比较数据不切实可行的，应当在改变分部分类的年度，分别披露改变前和改变后的报告分部信息。

3. 比较信息的披露

企业在披露分部信息时，为可比起见，应当提供前期的比较数据。对于某一分部，如果在本期满足报告分部的确定条件从而确定为报告分部的，即使前期没有满足报告分部的确定条件从而未确定为报告分部的,也应当提供前期的比较数据。但是,提供比较数据不切实可行的除外。

第二节 中期财务报告

一、中期财务报告概述

(一)中期财务报告的概念

在市场经济条件下,投资者、债权人等对公开披露的财务报告信息的及时性和相关性提出了更高的要求。中期财务报告可以使对企业业绩评价和监督管理更加及时,更有助于揭示问题,寻求相应的应对措施,从而规范企业经营者的行为,以满足投资者的决策需求。

中期财务报告,是指以中期为基础编制的财务报告。"中期"是指短于一个完整的会计年度(自公历1月1日起至12月31日止)的报告期间,可以是一个月、一个季度或者半年,也可以是其他短于一个会计年度的期间,如1月1日至9月30日的期间等。可见中期财务报告包括月度财务报告、季度财务报告、半年度财务报告,也包括年初至本中期末的财务报告。

(二)中期财务报告应遵循的原则

1. 基本原则

企业在编制中期财务报告时,应当遵循与年度财务报告相一致的会计政策原则,应当将中期视同为一个独立的会计期间,所采用的会计政策应当与年度财务报表所采用的会计政策相一致,包括会计要素确认和计量原则相一致。企业在编制中期财务报告时不得随意变更会计政策。

2. 特殊考虑

1) 重要性原则

企业编制中期财务报告,在遵循重要性原则时应注意以下几点。

(1) 重要性程度的判断应当以中期财务数据为基础,而不得以预计的年度财务数据为基础。这里所指的"中期财务数据",既包括本中期的财务数据,也包括年初至本中期末的财务数据。主要考虑有些对于预计的年度财务数据显得不重要的信息对于中期财务数据而言可能是重要的。

(2) 重要性原则的运用应当保证中期财务报告包括与理解企业中期末财务状况和中期经营成果及其现金流量相关的信息。企业在运用重要性原则时,应当避免在中期财务报告中由于不确认、不披露或者忽略某些信息而对信息使用者的决策产生误导。

(3) 重要性程度的判断需要根据具体情况作具体分析和职业判断。通常,在判断某一项目的重要性程度时,应当将项目的金额和性质结合在一起予以考虑,而且在判断项目金额的重要性时,应当以资产、负债、净资产、营业收入、净利润等直接相关项目数字作为比较基础,并综合考虑其他相关因素。

2) 及时性原则

编制中期财务报告的目的是向会计信息使用者提供比年度财务报告更加及时的信息,以提高会计信息的决策有用性。中期财务报告所涵盖的会计期间短于一个会计年度，其编报的时间通常也短于年度财务报告，所以，中期财务报告应当能够提供比年度财务报告更加及时的信息。为了体现企业编制中期财务报告的及时性原则，中期财务报告计量相对于年度财务数据的计量而言，在很大程度上依赖于估计。

二、中期财务报告的确认与计量

(一)中期财务报告的确认与计量的基本原则

1. 中期会计要素的确认和计量原则应当与年度财务报表相一致

中期财务报告中各会计要素的确认和计量原则应当与年度财务报告所采用的原则相一致，即企业在中期根据所发生交易或者事项，对资产、负债、所有者权益(股东权益)、收入、费用和利润等会计要素进行确认和计量时，应当符合相应会计要素定义和确认、计量标准，不能因为财务报告期间的缩短而改变。

常见的应注意事项包括以下几方面。

(1) 企业在编制中期财务报告时，不能根据会计年度内以后中期将要发生的交易或者事项来判断当前中期的有关项目是否符合会计要素的定义，也不能人为地均衡会计年度内各中期的收益。

【例10-9】某出版社对外征订图书，收到订单和购书款与发送图书分属于不同的中期，则出版社在收到订单和购书款的中期就不能确认图书的销售收入，因为此时与图书所有权有关的风险和报酬尚未转移，不符合收入确认的条件，该出版社只能在发送图书，并且与图书所有权有关的风险和报酬已经转移的中期才能确认收入。

(2) 企业在中期资产负债表日对于待处理财产损益项目，也应当像会计年度末一样，将其计入当期损益，不能递延到以后的中期，因为它已经不符合资产的定义和确认标准。

【例10-10】某公司为一家化工生产企业，需要编制季度财务报告。2×21年6月30日，该公司在盘点库存时，发现一批账面价值为100万元的存货已经毁损。本例中，对该公司而言，该批存货已无任何价值，不会再给企业带来经济利益，不再符合资产的定义。因此，在编制第二季度财务报告时，该批存货就不能再作为资产列报，而应当确认为一项损失。

(3) 企业在中期资产负债表日不能把潜在义务(即使该义务很可能在会计年度以后的中期变为现时义务)确认为负债，也不能把当时已经符合负债确认条件的现时义务(即使履行该义务的时间和金额还须等到会计年度以后中期才能够完全确定)递延到以后中期进行确认。

【例10-11】A公司是一家游戏软件开发商，需要编制季度财务报告。2×21年3月1日，A公司将一款手机付费游戏App投放市场，市场前景看好。4月10日，A公司收到另一家游戏软件开发商B公司来函，声明之前投放市场的游戏App中的细部程序与该公司开发的并已于2×19年申请专利的程序代码相同，要求A公司停止侵权，并赔偿损失1 000万元。A公司不服，继续销售其新产品。B公司遂于4月15日将A公司告上法庭。法院受理了此案，初步认定A公司侵权事实成立，根据有关法律规定，将判处赔偿B公司大约800万~1 000万元。A公司在6月30日提出，希望能够庭外和解，B公司初步表示同意。8月2日，双方经过数次调解，没有达成和解协议，只能再次通过法律诉讼程序。9月20日，法院判决，A公司立即停止对B公司的侵权行为，赔偿B公司损失980万元。A公司不服，继续上诉。12月1日，二审判决，维持原判。2×22年1月20日，根据最终判决，A公司被强制执行，向B公司支付侵权赔偿款980万元。

本例中，尽管从2×21年度财务报表的角度，该事项已经属于确定事项，980万元的赔偿款应当在A公司年度资产负债表中确认为一项负债。但是，由于A公司需要编制季度财务报告，于是在2×21年第二季度，该事项属于或有事项，且在2×21年第二季度末，A公司已经可以合理预计在诉讼案中本公司很可能会败诉，而且赔偿金额可以可靠估计，因此应当在第二季度末就应确认一项预计负债，金额为900[(800+1 000)/2]万元。在第三季度财务报告中，由于法院一审已经判决A公司赔偿980万元，所以A公司在第三季度财务报告中还应当再确认80万元负债，以反映A公司在第三季度末的现时义务。与此同时，作为预计负债和会计估计变更事项，A公司还应当根据中期财务报告准则的规定在附注中作相应披露。

2. 中期会计计量应当以年初至本中期末为基础

无论企业中期财务报告的频率是月度、季度还是半年度，企业中期会计计量的结果最终应当与年度财务报告中的会计计量结果相一致。因此，企业中期财务报告的计量应当以年初至本中期末为基础，即企业在中期应当以年初至本中期末作为中期会计计量的期间基础，而不应当以本中期作为会计计量的期间基础。

【例10-12】C公司于2×20年11月利用专门借款资金开工兴建一项固定资产。2×21年3月1日，固定资产建造工程由于资金周转发生困难而停工。公司预计在1个半月内即可获得补充专门借款，解决资金周转问题，工程可以重新施工。后来的事实发展表明，公司直至2×21年6月15日才获得补充专门借款，工程才重新开工。

根据《企业会计准则第17号——借款费用》的规定，固定资产的购建活动发生非正常中断且中断时间连续超过3个月的，应当暂停借款费用的资本化，将在中断期间发生的借款费用确认为当期费用，直至资产的购建活动重新开始。据此，在第一季度末，公司考虑到所购建固定资产的非正常中断时间将短于3个月，所以在编制2×21年第一季度财务报告时，没有中断借款费用的资本化，将3月份发生的符合资本化条件的借款费用继续资本化，计入在建工程成本。

当企业编制第二季度财务报告时，对于所购建固定资产中断期间所发生的借款费用的会计处理，应当以2×21年1月1日至6月30日的期间为基础。而以此为基础，所购建固定资产的中断期间超过了3个月，应当将中断期间所发生的所有借款费用全部费用化，所以在编制第二季度财务报告时，不仅第二季度4月1日至6月15日之间发生的借款费用应当费用化，计入第二季度的损益，而且上一季度已经资本化了的3月份的借款费用也应当费用化，调减在建工程成本，调增财务费用，这样计量的结果将能够保证中期会计计量结果与年度会计计量结果相一致，实现财务报告的频率不影响年度结果计量的目标。

需要说明的是，本例还涉及会计估计变更事项，因此企业还应当根据中期财务报告准则的规定，在其第二季度财务报告附注中作相应披露。

3. 中期采用的会计政策应当与年度财务报告相一致，会计政策、会计估计变更应当符合规定

为了保持企业前后各期会计政策的一贯性，以提高会计信息的可比性和有用性，企业在中期不得随意变更会计政策，应当采用与年度财务报告相一致的会计政策。如果上一年度资产负债表日之后按规定变更了会计政策，且该变更后的会计政策将在本年度财务报告中采用，中期财务报告应当采用该变更后的会计政策。

(二)季节性、周期性或者偶然性取得收入的确认和计量

企业经营的季节性特征，是指企业营业收入的取得或者营业成本的发生主要集中在全年度的某一季节或者某段期间内。例如，供暖企业的营业收入主要来自冬季；冷饮企业的营业收入主要来自夏季。企业经营的周期性特征，是指企业每隔一个周期就会稳定地取得一定的收入或者发生一定的成本的情况。例如，某房地产开发企业开发房地产通常需要一个周期，企业只有在将所开发完成的房地产对外出售之后才能确认收入。

因季节性、周期性或者偶然性取得的收入，往往集中在会计年度的个别中期内。对于这些收入，准则规定企业应当在发生时予以确认和计量，不应当在中期财务报告中予以预计或者递延，也不应当为了平衡各中期的收益而将这些收入在会计年度的各个中期之间进行分摊。

(三)会计年度中不均匀发生的费用的确认与计量

通常情况下，与企业生产经营和管理活动有关的费用往往是在一个会计年度的各个中期内均匀发生的，各中期之间发生的费用不会有较大差异。但是对于一些费用，如员工培训费等，往往集中在会计年度的个别中期内。对于这些会计年度中不均匀发生的费用，企业应当在发生时予以确认和计量，不应当在中期财务报表中予以预提或者待摊。企业不应当为了使各中期之间收益的平滑化而将这些费用在会计年度的各个中期之间进行分摊。

三、中期财务报表的编制

(一)中期财务报表编制的基本要求

中期财务报告至少应当包括资产负债表、利润表、现金流量表和附注。在编制中期财务报告时，应注意以下三点。

(1) 资产负债表、利润表、现金流量表和附注是中期财务报告至少应当编制的法定内容，对其他财务报表或者相关信息，如所有者权益(或股东权益)变动表等，企业可以根据需要自行决定。

(2) 中期资产负债表、利润表和现金流量表的格式和内容，应当与上一年度财务报表相一致。但如果当年新施行的会计准则对财务报表格式和内容作了修改，中期财务报表应当按照修改后的报表格式和内容编制，与此同时，在中期财务报告中提供的上一年度比较财务报表的格式和内容也应当作相应的调整。

(3) 中期财务报告中的附注相对于年度财务报告中的附注而言，是适当简化的，但企业至少应当在中期财务报告附注中披露中期财务报告准则规定的信息。

(二)中期合并财务报表和母公司财务报表的编报要求

中期财务报告准则规定,上一年度编制合并财务报表的,中期期末应当编制合并财务报表。上一年度财务报告除了包括合并财务报表,还包括母公司财务报表的,中期财务报告也应当包括母公司财务报表,具体包括以下内容。

(1) 上一年度编报合并财务报表的企业,其中期财务报告也应当编制合并财务报表,而且合并财务报表的合并范围、合并原则、编制方法和合并财务报表的格式与内容等也应当与上一年度合并财务报表相一致,但当年企业会计准则有新规定的除外。

(2) 上一年度财务报告包括了合并财务报表,但报告中期内处置了所有应纳入合并范围的子公司,中期财务报告应包括当年子公司处置的相关财务信息。

(3) 如果企业在报告中期内新增子公司,在这种情况下,企业在中期末就需要将该子公司财务报表纳入合并财务报表的合并范围中。

(4) 应当编制合并财务报表的企业,如果在上一年度财务报告中除了提供合并财务报表之外,还提供了母公司财务报表,如上市公司,那么在其中期财务报告中除了应当提供合并财务报表之外,也应当提供母公司财务报表。

(三)比较财务报表编制要求

为了提高财务报告信息的可比性、相关性和有用性,企业在中期末除了编制中期末资产负债表、中期利润表和现金流量表之外,还应当提供前期比较财务报表。中期财务报告准则规定,中期财务报告应当按照下列规定提供比较财务报表。

(1) 本中期末的资产负债表和上一年度末的资产负债表。

(2) 本中期的利润表、年初至本中期末的利润表以及上一年度可比期间的利润表。其中,上一年度可比期间的利润表包括:上一年度可比中期的利润表和上一年度年初至上一年可比中期末的利润表。

(3) 年初至本中期末的现金流量表和上一年度年初至上一年可比中期末的现金流量表。

需要说明的是,企业在中期财务报告中提供比较财务报表时,应当注意以下几个方面。

(1) 企业在中期内按新会计准则的规定,对财务报表项目进行了调整,则上一年度比较财务报表项目及其金额应当按照本年度中期财务报表的要求进行重新分类,以确保其与本年度中期财务报表的相应信息相互可比。同时,企业还应当在附注中说明财务报表项目重新分类的原因及内容。如果企业因原始数据收集、整理或者记录等方面的原因,无法对比较财务报表中的有关项目进行重新分类,应当在附注中说明不能进行重新分类的原因。

(2) 企业在中期内发生了会计政策变更的,其累积影响数能合理确定,且涉及本会计年度以前中期财务报表净损益和其他相关项目数字的,应当予以追溯调整,视同该会计政策在整个会计年度一贯采用;对于比较财务报表可比期间以前的会计政策变更的累积影响数,应当根据规定调整比较财务报表最早期间的期初留存收益,财务报表其他相关项目的数字也应当一并调整。同时,在附注中说明会计政策变更的性质、内容、原因及其影响数;无法追溯调整的,应当说明原因。

(3) 对于在本年度中期内发生的调整以前年度损益事项的,企业应当调整本年度财务报表相关项目的年初数,同时,中期财务报告中相应的比较财务报表也应当为已经调整以前年度损益后的报表。

【例10-13】D公司按照要求需提供季度财务报告，则该公司在截至2×20年3月31日、6月30日和9月30日分别提供各季度财务报告(即第1、2、3季度财务报告)中就应当分别提供以下财务报表。

(1) 2×20年第1季度财务报告应当提供的财务报表(见表10-9)。

表10-9　D公司2×20年第1季度财务报告时间(周期)汇总

报表类别	本年度中期财务报表时间(或者期间)	上年度比较财务报表时间(或者期间)
资产负债表	2×20年3月31日	2×19年12月31日
利润表	2×20年1月1日至3月31日	2×19年1月1日至3月31日
现金流量表	2×20年1月1日至3月31日	2×19年1月1日至3月31日

(2) 2×20年第2季度财务报告应当提供的财务报表(见表10-10)。

表10-10　D公司2×20年第2季度财务报告时间(周期)汇总

报表类别	本年度中期财务报表时间(或期间)	上年度比较财务报表时间(或期间)
资产负债表	2×20年6月30日	2×19年12月31日
利润表(本中期)	2×20年4月1日至6月30日	2×19年4月1日至6月30日
利润表 (年初至本中期末)	2×20年1月1日至6月30日	2×19年1月1日至6月30日
现金流量表	2×20年1月1日至6月30日	2×19年1月1日至6月30日

(3) 2×20年第3季度财务报告应当提供的财务报表(见表10-11)。

表10-11　D公司2×20年第3季度财务报告时间(周期)汇总

报表类别	本年度中期财务报表时间 (或期间)	上年度比较财务报表时间 (或期间)
资产负债表	2×20年9月30日	2×19年12月31日
利润表(本中期)	2×20年7月1日至9月30日	2×19年7月1日至9月30日
利润表 (年初至本中期末)	2×20年1月1日至9月30日	2×19年1月1日至9月30日
现金流量表	2×20年1月1日至9月30日	2×19年1月1日至9月30日

四、中期财务报告附注

(一)中期财务报告附注披露要求

中期财务报告附注，是对中期资产负债表、利润表、现金流量表等报表中列示项目的文字描述或明细阐述，以及对未能在这些报表中列示项目的说明等。

1. 中期财务报告附注应当以年初至本中期末为基础编制

编制中期财务报告的目的是向报告使用者提供自上年度资产负债表日之后所发生的重

要交易或者事项,因此,中期财务报告附注应当以"年初至本中期末"为基础进行编制,而不应当只披露本中期所发生的重要交易或者事项。

【例10-14】 E公司为一家水果生产和销售企业,需要对外提供季度财务报告,公司水果的收获和销售主要集中在每年的第三季度。该公司在2×21年1月1日至9月30日(即年初至第三季度末)累计实现净利润400万元,其中,第一季度发生亏损1 400万元,第二季度发生亏损1 200万元,第三季度实现净利润3 000万元。但第三季度末的存货(水果)为150万元,考虑到该批存货已经过了销售旺季,确认了存货跌价损失120万元。

本例中,尽管该批存货跌价损失仅占E公司第三季度净利润总额的4%(120/3 000),可能并不重要。但是该项损失占公司1—9月份累计净利润的30%(120/400),对于理解E公司1—9月份的经营成果来讲却属于重要事项。所以,E公司应当在第三季度财务报告附注中披露该事项。

2. 中期财务报告附注应当对自上一年度资产负债表日之后发生的重要交易或者事项进行披露

为了全面反映企业财务状况、经营成果和现金流量,中期财务报告附注应当以年初至本中期末为基础编制,披露自上一年度资产负债表日之后发生的,有助于理解企业财务状况、经营成果和现金流量变化情况的重要交易或者事项。此外,对于理解本中期财务状况、经营成果和现金流量有关的重要交易或者事项,也应当在附注中作相应披露。

【例10-15】 F公司在2×21年1月1日至6月30日累计实现净利润2 500万元,其中,第二季度实现净利润80万元,公司在第二季度转回前期计提的坏账准备为100万元,第二季度末应收账款余额为800万元。

本例中,尽管该公司第二季度转回的坏账准备仅占F公司1—6月净利润总额的4%(100/2 500),可能并不重要,但是该项转回金额占第二季度净利润的125%(100/80),占第二季度末应收账款余额的12.5%,对于理解4—6月份经营成果和6月末财务状况而言,属于重要事项,所以F公司应当在第二季度财务报告附注中披露该事项。

(二)中期财务报告附注披露内容

中期财务报告准则规定,中期财务报告附注至少应当包括以下信息。

(1) 中期财务报告所采用的会计政策与上一年度财务报表相一致的声明。企业在中期会计政策发生变更的,应当说明会计政策变更的性质、内容、原因及其影响数;无法进行追溯调整的,应当说明原因。

(2) 会计估计变更的内容、原因及其影响数;影响数不能确定的,应当说明原因。

(3) 前期差错的性质及其更正金额;无法进行追溯重述的,应当说明原因。

(4) 企业经营的季节性或者周期性特征。

(5) 存在控制关系的关联方发生变化的情况;关联方之间发生交易的,应当披露关联方关系的性质、交易类型和交易要素。

(6) 合并财务报表的合并范围发生变化的情况。

(7) 对性质特别或者金额异常的财务报表项目的说明。

(8) 证券发行、回购和偿还情况。

(9) 向所有者分配利润的情况，包括在中期内实施的利润分配和已提出或者已批准但尚未实施的利润分配情况。

(10) 根据《企业会计准则第35号——分部报告》规定披露分部报告信息的，应当披露主要报告形式的分部收入与分部利润(亏损)。

(11) 中期资产负债表日至中期财务报告批准报出日之间发生的非调整事项。

(12) 上一年度资产负债表日以后所发生的或有负债和或有资产的变化情况。

(13) 企业结构变化情况，包括企业合并，对被投资单位具有重大影响、共同控制或者控制关系的长期股权投资的购买或者处置、终止经营等。

(14) 其他重大交易或者事项，包括重大的长期资产转让及其出售情况、重大的固定资产和无形资产取得情况、重大的研究和开发支出、重大的资产减值损失情况等。

此外，在同一会计年度内，如果以前中期财务报告中的某项估计金额在最后一个中期发生了重大变更，而企业又不单独编制该最后中期的财务报告的，企业应当在年度财务报告的附注中披露该项会计估计变更的内容、原因及其影响金额。

第三节　关联方披露

一、关联方披露概述

关联方一般是指有关联的各方。关联方关系是指有关联的各方之间存在的内在联系。《企业会计准则第36号——关联方披露》规定：一方控制、共同控制另一方或对另一方施加重大影响，以及两方或两方以上同受一方控制、共同控制或重大影响的，构成关联方。

关联方关系往往存在于控制或被控制、共同控制或被共同控制、施加重大影响或被施加重大影响的各方之间。关联方具有以下特征。

(1) 关联方涉及两方或多方。关联方关系是有关联的双方或多方之间的相互关系。关联方关系必须存在于两方或多方之间，任何单独的个体都不能构成关联方关系。

(2) 关联方以各方之间的影响为前提。这种影响存在于控制或被控制、共同控制或被共同控制、施加重大影响或被施加重大影响的各方之间，即建立控制、共同控制和施加重大影响是关联方存在的主要特征。

关联方关系及其交易的披露，有助于会计信息使用者了解企业真实的财务状况和经营成果。

二、关联方关系的认定及例外情况

(一)关联方关系的认定

关联方关系的存在是以控制、共同控制或重大影响为前提条件的。在判断是否存在关联方关系时，应当遵守实质重于形式的原则。

根据准则的规定，关联方关系存在于以下关系中。

(1) 该企业的母公司。

该企业的母公司不仅包括直接或间接地控制该企业的其他企业，也包括能够对该企业实施直接或间接控制的单位等。

① 某一个企业直接控制一个或多个企业。例如，母公司控制一个或若干个子公司，则母公司与子公司之间即为关联方关系。

② 某一个企业通过一个或若干个中间企业间接控制一个或多个企业。例如，母公司通过其子公司，间接控制子公司的子公司，表明母公司与其子公司的子公司存在关联方关系。

③ 一个企业直接地和通过一个或若干中间企业间接地控制一个或多个企业。例如，母公司对某一企业的投资虽然没有达到控股的程度，但由于其子公司也拥有该企业的股份或权益，如果母公司与其子公司对该企业的投资之和达到拥有该企业一半以上表决权资本的控制权，则母公司直接和间接地控制该企业，表明母公司与该企业之间存在关联方关系。

(2) 该企业的子公司。

该企业的子公司包括直接或间接地被该企业控制的其他企业，也包括直接或间接地被该企业控制的企业、单位、基金等特殊目的实体。

(3) 与该企业受同一母公司控制的其他企业。

因为两个或多个企业有相同的母公司，对它们都具有控制能力，即两个或多个企业如果有相同的母公司，它们的财务和经营政策都由相同的母公司决定，各个被投资企业之间由于受相同母公司的控制，可能为自身利益而进行的交易受到某种限制。

(4) 对该企业实施共同控制的投资方。

这里的共同控制包括直接的共同控制和间接的共同控制。需要强调的是，对企业实施直接或间接共同控制的投资方与该企业之间是关联方关系，但这些投资方之间并不能仅仅因为共同控制了同一家企业而视为存在关联方关系。例如，A、B、C三个企业共同控制D企业，从而A和D、B和D以及C和D成为关联方关系。如果不存在其他关联方关系，A和B、A和C以及B和C之间不构成关联方关系。

(5) 对该企业施加重大影响的投资方。

这里的重大影响包括直接的重大影响和间接的重大影响。对企业实施重大影响的投资方与该企业之间是关联方关系，但这些投资方之间并不能仅仅因为对同一家企业具有重大影响而视为存在关联方关系。例如，A企业和C企业均能够对B企业施加重大影响，如果A企业和C企业不存在其他关联方关系，则A企业和C企业不构成关联方关系。

(6) 该企业的合营企业。

合营企业的主要特点在于投资各方均不能对被投资企业的财务和经营政策单独作出决策，必须由投资各方共同作出决策。因此，合营企业是以共同控制为前提的，两方或多方共同控制某一企业时，该企业为投资者的合营企业。例如，A企业、B企业、C企业、D企业各占F企业表决权资本的25%，按照合同规定，投资各方按照出资比例控制F企业，由于出资比例相同，F企业由A企业、B企业、C企业、D企业共同控制，在这种情况下，A企业和F企业、B企业和F企业、C企业和F企业以及D企业和F企业之间构成关联方关系。

(7) 该企业的联营企业。

联营企业和重大影响是相联系的，如果投资者能对被投资企业施加重大影响，则该被投资企业视为投资者的联营企业。

(8) 该企业的主要投资者个人及与其关系密切的家庭成员。

主要投资者个人，是指能够控制、共同控制一个企业或者对一个企业施加重大影响的个人投资者。

① 某一企业与其主要投资者个人之间的关系。例如，甲是 A 企业的主要投资者，则 A 企业与甲构成关联方关系。

② 某一企业与其主要投资者个人关系密切的家庭成员之间的关系。例如，A 企业的主要投资者甲的儿子乙与 A 企业构成关联方关系。

(9) 该企业或其母公司的关键管理人员及与其关系密切的家庭成员。

关键管理人员，是指有权力并负责计划、指挥和控制企业活动的人员。

① 某一企业与其关键管理人员之间的关系。例如，A 企业的总经理丙与 A 企业构成关联方关系。

② 某一企业与其关键管理人员关系密切的家庭成员之间的关系。例如，A 企业的总经理的儿子丁与 A 企业构成关联方关系。

(10) 该企业主要投资者个人、关键管理人员或与其关系密切的家庭成员控制、共同控制或施加重大影响的其他企业。

与主要投资者个人或关键管理人员关系密切的家庭成员，是指在处理与企业的交易时可能影响该个人或受该个人影响的家庭成员，如父母、配偶、兄弟、姐妹和子女等。对于这类关联方，应当根据主要投资者个人、关键管理人员或与其关系密切的家庭成员对两家企业的实际影响力具体分析判断。

① 某一企业与受该企业主要投资者个人控制、共同控制或施加重大影响的其他企业之间的关系。例如，A 企业的主要投资者甲拥有 B 企业 60%的表决权资本，则 A 企业和 B 企业存在关联方关系。

② 某一企业与受该企业主要投资者个人关系密切的家庭成员控制、共同控制或施加重大影响的其他企业之间的关系。例如，A 企业的主要投资者乙的妻子拥有 C 企业 60%的表决权资本，则 A 企业和乙存在关联方关系。

③ 某一企业与受该企业关键管理人员控制、共同控制或施加重大影响的其他企业之间的关系。例如，A 企业的关键管理人员丙控制了 D 企业，则 A 企业和 D 企业存在关联方关系。

④ 某一企业与受该企业关键管理人员关系密切的家庭成员控制、共同控制或施加重大影响的其他企业之间的关系。例如，A 企业的财务总监丁的妻子是 E 企业的董事长，则 A 企业和 E 企业存在关联方关系。

(11) 企业设立的企业年金基金也构成企业的关联方。

(二)关联方关系界定的例外情况

如上所述，控制、共同控制和重大影响是判断关联方关系的基本标准，因此，不符合标准的应当排除在外。具体而言，仅与企业存在下列关系的各方，不构成企业的关联方。

(1) 与该企业发生日常往来的资金提供者、公用事业部门、政府部门和机构，以及与该企业发生大量交易而存在经济依存关系的单个客户、供应商、特许商、经销商和代理商之间，不构成关联方关系。

(2) 与该企业共同控制合营企业的合营者之间,通常不构成关联方关系。因为如果两个企业按照合同分享一个合营企业的控制权,某个企业单方面无法作出合营企业的经营和财务的决策,而合营企业是一个独立的法人,合营方各自对合营企业有重大影响,但各合营者无法影响其他合营者。在没有其他关联关系的情况下,仅因为某一合营企业的共同合营者,不能认定各合营者之间是关联方。

(3) 仅仅同受国家控制而不存在控制、共同控制或重大影响关系的企业,不构成关联方关系。在我国,国家控制的企业如国有企业不同于关联方披露准则所讲的存在控制、共同控制、重大影响关系的企业,国有企业都是独立法人和市场主体,实行自主经营、自负盈亏,相互之间不存在关联方披露准则所指的控制、共同控制或重大影响关系,不符合关联方关系。此外,如果将仅受国家控制,但不存在控制、共同控制或重大影响关系的企业都视为关联方,这些企业之间的交易都作为关联交易来处理,在实务中无法操作,而且会扭曲关联方及其交易的本质,掩盖真正的关联方及其交易。

三、关联方交易

(一)关联方交易的确认

关联方交易,是指关联方之间转移资源、劳务或义务的行为,而不论是否收取价款。这一定义的要点包括以下几个方面。

(1) 按照关联方定义,构成关联方关系的企业之间、企业与个人之间的交易,即通常是在关联方关系已经存在的情况下,关联各方之间的交易。

(2) 资源或义务的转移是关联方交易的主要特征,一般情况下,在资源或义务转移的同时,风险和报酬也相应地转移。

(3) 关联方之间资源或义务的转移价格,是了解关联方交易的重要方面。

(二)关联方交易的类型

判断是否属于关联方交易,应以交易是否发生为依据,而不是以是否收取价款为前提。关联方的交易类型主要有以下几种。

(1) 购买或销售商品。购买或销售商品是关联方交易较常见的交易事项。例如,企业集团成员之间互相购买或销售商品,从而形成了关联方交易。

(2) 购买或销售除商品以外的其他资产。例如,母公司出售给其子公司设备或建筑物等。

(3) 提供或接受劳务。例如,A企业是B企业的联营企业,A企业专门从事设备维修服务,B企业的所有设备均由A企业负责维修,B企业每年支付设备维修费用300万元。

(4) 担保。担保包括在借贷、买卖、货物运输、加工承揽等经济活动中,为了保障其债权实现而实行的担保等。当存在关联方关系时,一方往往为另一方提供为取得借款、买卖等经济活动中所需要的担保。

(5) 提供资金(贷款或股权投资)。例如,企业从其关联方取得资金,或权益性资金在关联方之间的增减变动等。

(6) 租赁。租赁通常包括经营租赁和融资租赁等,关联方之间的租赁合同也是主要的交易事项。

(7) 代理。代理主要是依据合同条款，一方可为另一方代理某些事务，如代理销售货物，或代理签订合同等。

(8) 研究与开发项目的转移。在存在关联方关系时，有时某一企业所研究与开发的项目会由于一方的要求而放弃或转移给其他企业。例如，B公司是A公司的子公司，A公司要求B公司停止对某一新产品的研究和试制，并将B公司研究的现有成果转给A公司最近购买的、研究与开发能力超过B公司的C公司继续研制，从而形成关联方交易。

(9) 许可协议。当存在关联方关系时，关联方之间可能达成某项协议，允许一方使用另一方商标等，从而形成了关联方之间的交易。

(10) 代表企业或由企业代表另一方进行债务结算。

(11) 关键管理人员薪酬。企业支付给关键管理人员的报酬，也是一项主要的关联方交易。

四、关联方的披露

企业财务报表中应披露所有关联方关系及其交易的相关信息，具体内容如下所述。

(1) 企业无论是否发生关联方交易，均应当在附注中披露与该企业之间存在控制关系的母公司和子公司有关的信息。

关联方关系存在于母公司和子公司之间的，应当披露母公司和所有子公司的名称，母公司和子公司的业务性质、注册地、注册资本(或实收资本、股本)及其变化，以及母公司对于该企业对子公司的持股比例和表决权比例。在披露母公司名称时，母公司不是该企业最终控制方的，还应当披露企业集团内对该企业享有最终控制权的企业(或主体)的名称。母公司和最终控制方均不对外提供财务报表的，还应当披露母公司之上与其最相近的对外提供财务报表的母公司名称。

(2) 企业与关联方发生关联方交易的，应当在附注中披露该关联方关系的性质、交易类型及交易要素。

关联方关系的性质，是指关联方与该企业的关系，即关联方是该企业的子公司、合营企业、联营企业等；交易类型通常包括购买或销售商品、购买或销售商品以外的其他资产、提供或接受劳务、担保、提供资金(贷款或股权投资)、租赁、代理、研究与开发项目的转移、许可协议、代表企业或由企业代表另一方进行债务结算等；交易要素至少应当包括交易的金额，未结算项目的金额、条款和条件，以及有关提供或取得担保的信息，未结算应收项目坏账准备金额，定价政策。关联方交易的金额应当披露两年期的比较数据。

(3) 对外提供合并财务报表的，对于已经包括在合并范围内各企业之间的交易不予披露。

合并财务报表是将集团作为一个整体来反映与其有关的财务信息，在合并财务报表中，将企业集团作为一个整体看待，企业集团内的交易已不属于交易，并且已经在编制合并财务报表时予以抵销。因此，关联方披露准则规定对外提供合并财务报表的，对于已经包括在合并范围内并已抵销的各企业之间的交易不予披露。

10-4 会计信息披露(微课视频)

本章课后练习

一、单项选择题

1. 根据我国企业会计准则的规定,确定报告分部应遵循的基本原则是( )。
   A. 可比性　　　B. 重要性　　　C. 谨慎性　　　D. 可理解性
2. 下列各项中,属于主要报告形式下分部会计信息披露内容的是( )。
   A. 分部收入　　　　　　　　　B. 分部所有者权益
   C. 分部会计政策及其变更　　　D. 分部间转移价格确定及其变更
3. 下列关于中期财务报告的说法,正确的是( )。
   A. 我国编制中期财务报告的理论基础是一体观
   B. 中期会计计量应当以年初至本中期末为基础
   C. 中期财务数据的重要性判断应当以年度财务数据为基础
   D. 中期财务报告中的偶然性收入应在会计年度的各个中期之间进行分摊
4. 下列关于上市公司会计信息披露的说法,正确的是( )。
   A. 上市公告书的公布时间在招股说明书之前
   B. 中期报告应采用与年度财务报告一致的会计政策,不得随意变更
   C. 中期报告至少应包括资产负债表、利润表、所有者权益变动表和附注
   D. 确认分部的条件之一是分部收入占企业所有分部收入总额的15%及以上
5. 在编制中期财务报告时,对会计年度中不均匀发生的费用的处理,下列说法正确的是( )。
   A. 费用发生时不予确认和计量,但在中期财务报告中预提或待摊
   B. 费用发生时不予确认和计量,不在中期财务报告中预提或待摊
   C. 费用发生时予以确认和计量,并在中期财务报告中预提或待摊
   D. 费用发生时予以确认和计量,不在中期财务报告中预提或待摊

二、多项选择题

1. 下列各项中,确定地区分部时应考虑的因素有( )。
   A. 外汇管理规定　　　　　　　B. 各分部的利润
   C. 外汇风险的大小　　　　　　D. 不同地区经营之间的关系
2. 根据我国会计准则的规定,中期财务报告的内容至少应包括( )。
   A. 附注　　　　　　　　　　　B. 利润表
   C. 资产负债表　　　　　　　　D. 现金流量表
3. 关于中期报告的确认与计量,下列说法正确的有( )。
   A. 中期会计计量应当以本期期初至本中期末为基础
   B. 中期财务报表采用的会计政策应当与年度财务报表相一致,在同一会计年度各个中期之间不得变更
   C. 会计年度中不均匀发生的费用,均应在发生时予以确认和计量,不得在中期财务报告中预提或摊销

D. 季节性或偶然性取得的收入，除了在会计年度末允许预计或递延，中期财务报告也相应允许预计或递延外，均应在发生时予以确认和计量

4. 下列各项中，与甲企业存在关联关系的有(　　)。
   A. 甲企业的母公司　　　　　　B. 甲企业的联营公司
   C. 为甲企业提供贷款的银行　　　D. 对甲企业实施共同控制的投资方

5. 下列各项中，属于关联方交易主要类型的有(　　)。
   A. 购买或销售商品　　　　　　　B. 提供或接受劳务
   C. 研究与开发项目的转移　　　　D. 关键管理人员报酬

三、判断题

1. 判断是否属于关联方交易，是以交易是否发生为依据，而非是否收取价款。 (　　)
2. 作为企业的关联方的主要投资者个人，其对企业的投资额需要达到半数以上。(　　)
3. 母公司为子公司提供担保、抵押，均属于关联方交易。 (　　)
4. 母公司与子公司之间只要不发生交易，就不需要披露关联方关系。 (　　)
5. 甲公司为乙公司的主要材料供应商，甲、乙之间存在关联方关系。 (　　)

10-5　本章课后练习答案

参 考 文 献

[1] 中国注册会计师协会. 会计[M]. 北京：中国财政经济出版社，2022.
[2] 财政部会计资格评价中心. 中级会计实务[M]. 北京：经济科学出版社，2022.
[3] 徐文丽，章毓育. 高级财务会计[M]. 5版. 上海：立信会计出版社，2019.
[4] 周华. 高级财务会计[M]. 3版. 北京：中国人民大学出版社，2019.
[5] 罗素清，贾明月. 高级财务会计[M]. 北京：中国人民大学出版社，2021.
[6] 龙月娥. 高级财务会计[M]. 2版. 北京：中国人民大学出版社，2020.
[7] 黄中生，路国平. 高级财务会计[M]. 3版. 北京：高等教育出版社，2019.
[8] 胡燕. 高级财务会计[M]. 北京：中国财政经济出版社，2016.
[9] 常勋. 财务会计四大难题[M]. 4版. 上海：立信会计出版社，2008.
[10] 弗洛伊德·比姆斯，约瑟夫·安东尼，布鲁斯·贝丁豪斯，等. 高级会计学[M]. 英文版. 12版. 毛新述，张路，改编. 北京：中国人民大学出版社，2019.